そこが知りたい！
「のれん」の会計実務

EY新日本有限責任監査法人［編］

中央経済社

はじめに

　日常で使われる「のれん」という単語のイメージはどういうものでしょうか。飲食店の入口に掛かっている「のれん」か，または同じ屋号の店舗を出すことを許す「のれん分け」という単語は広く知られているでしょうか。手ごたえがないことを示す「のれんに腕押し」などという言葉もあります。

　会計で用いられる「のれん」はちょっと意味合いが異なっていて，かつては「連結調整勘定」や「営業権」などと呼ばれていたこともありました。基本的に企業結合（合併，会社分割における個別財務諸表上の会計処理，株式交換や株式移転，または株式取得（子会社化））によって生じる「計算上の差額」を意味します。何と何の差額かというと，購入（取得）された企業（事業）の会計上の純資産額（正確には，各資産，負債を時価評価した後の時価純資産額）を，購入（取得）に際して引き渡された対価が上回った場合の当該差額を指します。具体的には，対価100億円でA社がB社を買収（B社の発行済株式総数のすべてを，現金を対価として購入）し，買収されたB社の（時価）純資産額が70億円であったとすると，100億円－70億円＝30億円が「のれん」となるのです。こののれんは，無形固定資産に計上されますが，他の無形固定資産（法律上の権利である商標権や特許権，これらに含まれないソフトウェアなど）のように，それ自体を単独で購入できるものではなく，企業結合の際に「差額」として算出される点が最大の特徴といえるでしょう。

　その内容は，買収された企業における「超過収益力」などを示すと言われますが，その実態は買収差額であり，性質を単純に意味付けできるものではありません。そんなのれんの性質を反映してか，のれん固有の会計上の論点が実務上は色々と存在します。企業結合により生じ，その後の決算にも大きな影響を及ぼすのれんの会計上の論点を1冊にまとめたものが本書です。

　まず，第1章ではのれんの性質を掘り下げて考察し，続く第2章ではのれんの基本的な会計処理を解説していきます。第3章，第4章はより応用的な論点として第3章ではのれんの減損を，第4章では減損以外の実務上の会計論点

（事後的な持分変動，持分法におけるのれん，間接的な持分所有におけるのれん，在外子会社におけるのれん，税効果会計，開示など）を取り上げます。さらに，第5章ではのれんに関する税務上の取扱いを概説した上で，最後の第6章では在外子会社の決算に用いられる可能性もある国際財務報告基準（IFRS）や米国会計基準におけるのれんの会計処理を簡潔にまとめています。

　ときに多額に上ることも多く，金額的な重要性から決算に大きなインパクトを及ぼすこともあるのれんの会計処理ですが，本書が経理実務に携わる皆さまやM＆Aの検討をされている経営企画部門などの皆様のお役に立つ書籍となれば望外の喜びです。

　最後になりますが，遡ること数年前の企画段階からこのたびの刊行に至るまで，編集過程のすべての段階で，中央経済社の末永芳奈氏にはさまざまなご尽力をいただきました。記してここに御礼申し上げます。

　平成30年6月

EY 新日本有限責任監査法人

執 筆 者 一 同

目　　次

第1章

のれんの概念と基本的な考え方 ……………………………………………1

1　はじめに ……………………………………………………………………1

2　のれんの本質 ………………………………………………………………2

(1)　のれんの本質についての学説 ………………………………………2

　　① のれんの価格面に焦点をあてた考え方 ……………………………3

　　② のれんの本質的な性格に焦点をあてた考え方 ……………………4

(2)　差額で計上されるのれんと超過収益力の時価との関係 …………4

　　① 源泉への配分 …………………………………………………………5

　　② 減損の生じやすさ ……………………………………………………5

(3)　超過収益力 ……………………………………………………………7

　　① 超過収益力の定義 ……………………………………………………7

　　② 同業他社との比較の視点 ……………………………………………7

　　③ 赤字企業等に超過収益力はあるか …………………………………9

　　④ 自己創設のれんを計上しない理由 ………………………………10

　　⑤ のれんと営業権 ……………………………………………………10

3　のれんの構成要素と超過収益力の例 …………………………………11

(1)　のれんの構成要素 …………………………………………………11

(2)　買収価格の決定とのれんの構成要素との関係 …………………15

　　① 売手企業価値（下限価格） ………………………………………16

　　② 買手企業価値（上限価格） ………………………………………16

　　③ 買収価格の決定 ……………………………………………………16

(3)　被取得企業等固有の超過収益力とシナジーの例 ………………17

　　① 被取得企業等固有の超過収益力の例 ……………………………18

2

②　シナジーによる超過収益力の例 ……………………………………… 19

4　取得時の基本的な考え方 ……………………………………………… 21

(1)　のれんとその他の無形資産の区分 ……………………………… 21

①　取得原価配分の流れ …………………………………………… 21

②　貸借対照表に計上される無形資産 …………………………… 22

③　識別可能無形資産の例 ………………………………………… 24

5　取得後の基本的な考え方 ……………………………………………… 27

(1)　のれんを償却すべきか …………………………………………… 28

①　「償却および減損アプローチ」が支持される理由 ………… 29

②　「減損のみアプローチ」が支持される理由 ………………… 30

(2)　取得後ののれんの会計処理の難しさ …………………………… 30

| コラム・のれん取得時の計上額を誤るリスクへの対応 |　32

第2章

のれん発生時の基本的会計処理 …………………………………………… 33

1　企業結合によりのれんまたは負ののれんが発生する取引 ………… 33

(1)　取得の場合 ………………………………………………………… 33

(2)　共通支配下の取引の場合 ………………………………………… 33

2　企業結合が取得に該当する場合 ……………………………………… 34

(1)　のれんが発生する取引の種類 …………………………………… 34

①　取得による企業結合の代表的な取引形式 ………………… 34

②　逆取得の場合 …………………………………………………… 35

③　取得の場合の会計処理の概要 ………………………………… 36

④　みなし取得日 …………………………………………………… 36

| 設例2－1 | 取得による企業結合の場合 …………………………… 37

(2)　取得による企業結合の取得原価の算定 ………………………… 37

①　取得対価の種類ごとの時価の算定 …………………………… 37

②　支払対価が現金である場合の取得対価の算定 ……………… 38

目 次 *3*

③ 支払対価が取得企業の株式である場合の取得対価の算定 ……… 39

設例2－2 逆取得の場合の株式数の算定 ……………………… 39

④ 取得が複数の取引により達成された場合（段階取得）の

取得対価の算定 ……………………………………………………… 42

⑤ 子会社株式の追加取得時の会計処理 …………………………… 42

(3) **取得関連費用の会計処理** ……………………………………………… 43

① 株式取得など連結財務諸表での企業結合の場合 ……………… 43

② 吸収合併など個別財務諸表での企業結合の場合 ……………… 43

③ 決算期をまたぐ取得関連費用の取扱い ………………………… 44

④ 持分法適用関連会社の株式の付随費用の場合 ………………… 44

(4) **条件付取得対価の会計処理** …………………………………………… 44

① 条件付取得対価の会計処理の考え方 …………………………… 44

設例2－3 将来の業績の達成条件のある場合 ……………… 46

② 条件付取得対価の会計処理と暫定的な会計処理との相違点 …… 47

③ 条件付取得対価の会計処理と職務執行の対価となる報酬の関係

……………………………………………………………………………… 48

④ 株式の譲渡契約に定められた条項に従って譲渡人からの

補償金を受け取る場合 …………………………………………… 48

設例2－4 過去の誤謬等により対価の修正が行われる場合 ……50

(5) **取得原価の配分方法** …………………………………………………… 51

① 基本的な考え方 …………………………………………………… 51

② 識別可能資産および負債の範囲 ………………………………… 53

③ 識別可能資産および負債への取得原価の配分額の算定 ……… 54

④ 取得原価の配分額の算定における簡便的な取扱い …………… 54

⑤ 時価が一義的に定まりにくい資産への配分額の特例 ………… 55

⑥ 無形資産への取得原価の配分 …………………………………… 55

設例2－5 無形資産が識別される場合 ……………………… 58

設例2－6 無形資産が識別されない場合 …………………… 59

⑦ 企業結合に係る特定勘定への取得原価の配分 ………………… 61

⑧ 退職給付に係る負債への取得原価の配分 62

⑨ 被取得企業においてヘッジ会計が適用されていた場合の
取得原価の配分 62

⑩ 繰延税金資産および繰延税金負債への取得原価の配分と
繰延税金資産の回収可能性 63

設例2－7 繰延税金資産の金額が企業結合日前後で相違する場合 64

(6) 暫定的な会計処理の確定処理 66

① 基本的な考え方 66

② 暫定的な会計処理が行われる勘定科目 67

③ 確定時の会計処理 67

設例2－8 企業結合年度の翌年度に暫定的な会計処理が
確定した場合 68

(7) のれんの会計処理 71

① のれんの会計処理および開示 71

② のれん償却の基本的な考え方 72

③ のれんの償却期間の決定の方法 73

④ 企業結合により複数の資産グループを取得した場合の
のれんと負ののれん 75

⑤ 取得時にのれんの超過収益力を確認することの必要性 76

(8) 負ののれんの会計処理 77

① 負ののれんの会計処理および開示 77

② 負ののれんが生じると見込まれる場合の留意点 77

③ 負ののれん発生益の考え方 77

④ 関連会社と企業結合したことにより発生した負ののれん
の取扱い 78

コラム・企業結合会計基準適用前の実務 78

3 共通支配下の取引の場合 78

(1) のれんが発生する場合の取引種類 78

(2) 金融商品会計基準との関係 80

　　　　目　次　　5

　　　　設例2－9　共通支配下の取引により生じるのれん……………80
　(3)　親会社が連結子会社を吸収合併した場合ののれんの
　　　残存償却期間………………………………………………81
　コラム・負債に計上される「負ののれん」 82

第3章

のれんと減損会計 ……………………………………………83

1　のれんの減損判定の手順と方法 ……………………………83
　(1)　のれんの減損判定の概要 ……………………………………83
　　　①　のれんの減損判定の手順 ……………………………………83
　　　②　負ののれんを負債計上している場合の取扱い ……………84
　(2)　複数事業へののれんの分割 …………………………………85
　　　①　事業の単位 ……………………………………………………85
　　　②　合理的な基準 ………………………………………………85
　(3)　減損の兆候 ……………………………………………………86
　　　①　営業活動から生ずる損益またはキャッシュ・フローが
　　　　継続してマイナス ……………………………………………87
　　　②　使用範囲または方法について回収可能価額を
　　　　著しく低下させる変化がある ………………………………90
　　　③　経営環境の著しい悪化 ……………………………………93
　　　④　市場価格の著しい下落 ……………………………………94
　　　⑤　その他，のれんが過大に計上されているおそれがある場合 ……94
　(4)　減損損失の認識の判定および測定 …………………………96
　　　①　減損損失の認識の判定 ……………………………………96
　　　②　減損損失の測定 ……………………………………………96
　　　③　将来キャッシュ・フローの見積期間 ……………………97

|設例3－1|　のれんの減損
　　　　　　（より大きな単位でのれんをグルーピングする方法）……97

2　のれんの帳簿価額を各資産グループに配分する方法を
　　採用する場合……100

(1)　のれんの帳簿価額を各資産に配分する方法を
　　　採用するための要件……100

(2)　減損損失の認識の判定および測定の方法……101

|設例3－2|　のれんの減損
　　　　　　（のれんの帳簿価額を各資産グループに配分する方法）……101

3　子会社に係るのれんの減損……103

(1)　連結上ののれんの減損処理に伴う子会社株式の減損処理の要否
　　　……103

(2)　のれんの減損損失等の非支配株主持分への負担……104

　①　のれんの減損損失に係る親会社と非支配株主持分の
　　　負担の考え方……104

　②　支配が継続する子会社株式を一部売却した場合の取扱い……104

　③　子会社の個別財務諸表上で計上するのれんの取扱い……104

(3)　売却を予定し売却損が見込まれる子会社の
　　　のれんの減損判定……105

(4)　子会社株式の減損処理に伴うのれんの一時償却……105

　①　基本的な考え方……105

　②　四半期（および中間）決算における取扱い……106

　③　のれんの一時償却に係る開示上の論点……106

|設例3－3|　子会社株式の減損処理に伴うのれんの一時償却……107

(5)　連結上ののれんの減損損失がのれんの帳簿価額を超える場合の
　　　子会社の個別財務諸表上の取扱い……108

(6)　子会社の個別財務諸表上で孫会社株式を減損した場合の
　　　最上位の親会社連結財務諸表上ののれんの一時償却の要否……109

(7)　在外子会社に係るのれんの減損損失および一時償却の換算……109

目 次　7

　　　　① のれんの減損損失の換算 ································· 109

　　　　② のれんの一時償却の換算 ································· 110

　　(8)　子会社株式に投資損失引当金を計上した場合ののれんの

　　　　　一時償却の要否 ·· 110

4　持分法適用会社に係る論点 ································· 111

　　(1)　連結子会社と持分法適用会社に係るのれんの減損の相違点 ··· 111

　　(2)　持分法適用会社に係るのれんの減損の兆候 ················· 111

　　　コラム・のれんの減損に係る共用資産との取扱いの相違　113

第4章

会計上の実務論点 ································· 115

1　持分の変動 ·· 115

　　(1)　株式の追加取得 ·· 115

　　　　① 子会社株式を追加取得する場合（連結→連結）··········· 116

　　　　設例4－1　株式の追加取得により持分比率が80%（連結）から

　　　　　　　　　　90%（連結）になった場合 ···················· 116

　　　　② 子会社・関連会社以外から子会社とする場合

　　　　　（原価法→連結）··· 119

　　　　設例4－2　株式の段階取得により持分比率が10%（原価法）から

　　　　　　　　　　60%（連結）になった場合 ···················· 120

　　　　③ 関連会社から子会社とする場合（持分法→連結）········· 121

　　　　設例4－3　株式の段階取得により持分比率が30%（持分法）から

　　　　　　　　　　80%（連結）になった場合 ···················· 122

　　　　④ 関連会社株式を追加取得する場合（持分法→持分法）····· 125

　　　　設例4－4　株式の追加取得により持分比率が30%（持分法）から

　　　　　　　　　　40%（持分法）になった場合 ·················· 125

　　　　⑤ 子会社・関連会社以外から関連会社とする場合

　　　　　（原価法→持分法）······································· 128

| 設例4-5 | 株式の段階的な取得により持分比率が20%（持分法）になった場合 .... 129 |

(2) 株式の一部売却 132

① 子会社株式を一部売却しても引き続き子会社である場合（連結→連結） 133

| 設例4-6 | 株式の一部売却により持分比率が80%（連結）から70%（連結）になった場合 .... 133 |

② 子会社株式を一部売却することにより関連会社となる場合（連結→持分法） 135

| 設例4-7 | 株式の一部売却により持分比率が80%（連結）から30%（持分法）になった場合ののれん取崩額 .... 136 |

| 設例4-8 | 支配獲得後に追加取得や一部売却が行われた後に支配を喪失して関連会社となった場合 .... 137 |

③ 子会社株式を一部売却することにより子会社・関連会社以外となる場合（連結→原価法） 138

④ 関連会社株式を一部売却しても引き続き関連会社である場合（持分法→持分法） 138

⑤ 関連会社株式を一部売却することにより関連会社以外となる場合（持分法→原価法） 139

(3) 子会社の増資等により持分比率が変動する場合 139

(4) 複数の取引が一体取引と判断された場合 139

コラム・企業結合会計基準改正前の子会社株式の追加取得・一部売却 140

2 間接所有 141

(1) 子会社が孫会社株式を取得する場合 141

| 設例4-9 | 子会社が孫会社株式を取得する場合 .... 142 |

(2) 子会社をもつ会社の株式を取得する場合 144

| 設例4-10 | 子会社をもつ会社の株式を親会社が取得する場合 .... 144 |

(3) 子会社が企業結合を行う場合 146

① 非支配株主の存在する子会社（A社）が他の会社（B社）を

目　次　*9*

　　　　吸収合併する場合 ……………………………………………………146

　　　設例4－11　非支配株主の存在する子会社が他の会社を

　　　　　　　　　吸収合併する場合 ……………………………………………146

　　② 子会社（A社）と他の会社（B社）との共同新設分割により

　　　新設会社（C社）が子会社（A社）の子会社となる場合 ………149

3　過去に企業結合を行ったグループ会社間の事後的な企業結合 ………150

　(1)　のれんが計上されている子会社を吸収合併した場合の処理 ……151

　(2)　のれんが計上されている子会社の事業を他の子会社に分割後,

　　　親会社が分割会社を吸収合併した場合の処理 ……………………151

　　　設例4－12　のれんが計上されている子会社の事業を他の子会社に

　　　　　　　　　分割後, 親会社が分割会社を吸収合併する場合 ………152

　(3)　持分法適用関連会社から事業を取得する場合の未実現損益

　　　の取扱い ……………………………………………………………156

　　　設例4－13　持分法適用関連会社から事業を取得する場合 …………156

　(4)　非支配株主が存在する子会社を現金対価で合併した場合

　　　の処理 ………………………………………………………………158

　(5)　のれんが計上されている場合の子会社の重要性判定 ……………159

　(6)　連結子会社が決算期を変更した場合ののれん償却額の取扱い159

4　外貨建のれんの取扱い ……………………………………………………160

　(1)　親会社が在外子会社を連結する場合の外貨建のれんの

　　　算定方法 ……………………………………………………………160

　　① 親会社が在外子会社を連結する場合ののれん …………………160

　　　設例4－14　外貨建のれんの換算 ……………………………………160

　　　設例4－15　外貨建のれんの発生と持分の全部売却 ………………163

　　② 親会社が在外子会社を連結する場合の負ののれん ……………173

　　③ 在外子会社が在外孫会社を連結する場合ののれんまたは

　　　負ののれん ………………………………………………………173

　　④ 外貨建のれんに関する減損損失の換算 …………………………173

　(2)　みなし取得日の定めを適用して在外子会社を連結する場合の

のれんの換算方法 ……………………………………………… 174

　　設例4－16　みなし取得日に係るのれんの換算 ………… 175

　(3)　在外子会社の決算日が連結決算日と異なる場合ののれん ……… 177

　　①　在外子会社の決算日が連結決算日と異なる場合の連結処理 …… 177

　　②　在外子会社の決算日が連結決算日と異なる場合ののれん
　　　およびのれん償却額の換算 ……………………………… 177

　(4)　在外子会社株式の取得価額を為替予約でヘッジした
　　　場合の取扱い …………………………………………… 179

5　在外子会社等および持分法適用在外関連会社等に帰属する
　のれんの連結財務諸表上の取扱い ……………………………… 181

　(1)　連結決算手続における在外子会社等および持分法適用
　　　在外関連会社等の会計処理の統一 …………………………… 181

　　①　在外子会社等の会計処理の統一 …………………………… 181

　　②　持分法適用在外関連会社等の会計処理の統一 ……………… 182

　　③　当面の取扱い（修正項目）のうちのれんの償却 …………… 183

　　④　在外子会社においてのれんの減損処理が行われた場合の取扱い

　　　………………………………………………………………… 183

　　設例4－17　実務対応報告第18号におけるのれんの償却の修正 …… 185

　　⑤　米国会計基準を適用する非公開の連結子会社および持分法適用
　　　関連会社に帰属するのれんの取扱い ……………………… 187

　　⑥　在外子会社等および持分法適用在外関連会社等に帰属する
　　　のれんに関するその他の論点 ……………………………… 188

6　のれんに対する税効果 ………………………………………… 191

　(1)　当初認識時の税効果 …………………………………………… 191

　(2)　のれんの償却および負ののれんの償却等に係る税効果 …… 193

　　①　子会社への投資に係る一時差異 …………………………… 193

　　②　のれんの償却に係る将来減算一時差異 …………………… 194

　　③　負ののれんの償却等に係る将来加算一時差異 …………… 194

7　のれんに関する開示 …………………………………………… 195

目 次　*11*

　　(1)　財務諸表本表における取扱い ……………………………………… 195

　　　　①　貸借対照表における表示 ………………………………………… 195

　　　　②　損益計算書における表示・開示 ………………………………… 196

　　　　③　損益計算書の表示に係る実務上の論点 ………………………… 199

　　(2)　各財務諸表におけるのれんに関する注記事項 …………………… 200

　　　　①　のれんの償却方法および償却期間の注記 ……………………… 200

　　　　②　取得による企業結合が行われた場合の注記 …………………… 201

　　　　③　セグメント情報等に関する注記 ………………………………… 204

　　　　④　四半期（連結）キャッシュ・フロー計算書の開示省略と注記… 206

　　(3)　会社法におけるのれんの表示・開示 ……………………………… 206

　　　コラム・外貨建のれんに関する経過措置　207

第5章

税務上ののれん ……………………………………………………………… 209

1　税務上ののれんとは ………………………………………………… 209

　　(1)　資産調整勘定とは ……………………………………………………… 209

　　(2)　資産調整勘定等が生じる場合 ……………………………………… 211

　　(3)　資産調整勘定，差額負債調整勘定の算定方法 …………………… 211

　　　　①　「非適格合併等対価額」とは ……………………………………… 212

　　　　②　「時価純資産価額」とは …………………………………………… 212

　　　　③　「負債調整勘定」とは ……………………………………………… 213

　　　　④　資産等超過差額の金額 …………………………………………… 215

　　(4)　資産調整勘定および差額負債調整勘定の減額 …………………… 215

　　　　①　資産調整勘定 ……………………………………………………… 215

　　　　②　差額負債調整勘定 ………………………………………………… 216

2　会計上ののれんと税務上ののれんの相違点 …………………… 216

　　(1)　貸方差額の取扱い ……………………………………………………… 217

　　(2)　償却方法 ……………………………………………………………… 218

(3)	差額の計算方法		218

3　組織再編税制の概要 219

(1)　組織再編税制の意義 219

(2)　適格組織再編成 220

(3)　非適格組織再編成 221

①　譲渡損益の認識 221

②　移転された資産および負債の評価 221

(4)　組織再編成の会計と税務の相違 221

(5)　グループ法人税制の影響 222

設例5-1　完全支配関係がある場合の非適格合併 223

4　事業譲渡のケース 225

5　資産調整勘定に対する税効果会計 226

(1)　概　論 226

(2)　取得による企業結合 226

①　取得による企業結合（税務上非適格組織再編）により
　　資産調整勘定が計上された場合 226

設例5-2　取得における資産調整勘定に係る繰延税金資産 227

②　資産調整勘定に係る繰延税金資産が形上されている会社に
　　対して支配を獲得した場合 229

(3)　共通支配下の取引による企業結合 229

設例5-3　共通支配下の取引における資産調整勘定に係る
　　繰延税金資産 230

6　その他 232

(1)　組織再編が生じた場合の資産調整勘定等の取扱い 232

①　適格合併等 232

②　非適格合併 233

(2)　連結納税制度における資産調整勘定等の取扱い 233

(3)　営業権の取扱い 234

コラム・M＆Aにおける株式譲渡と事業譲渡の課税関係の違い　236

目 次 **13**

第6章

国際的な会計基準におけるのれん 239

1 国際財務報告基準および米国会計基準ののれん 239

  (1) 国際財務報告基準および米国会計基準におけるのれん
    の会計処理の概要 239

    ① のれんの会計処理の国際的統一化の流れ 239

    ② 会計基準間の相違点 240

    ③ 減損の検討単位 241

  (2) 連結決算手続における在外子会社等の会計処理の統一 242

2 日本基準と国際財務報告基準の相違点 245

  (1) のれんの定義と算定方法 245

    設例6－1 のれんの算定方法 246

  (2) 無形資産の範囲 247

  (3) 条件付対価の会計処理 250

    ① 条件付対価とは 250

    ② 条件付対価の会計処理 251

    設例6－2 条件付対価の会計処理 252

  (4) のれんの償却 254

    設例6－3 のれんの償却 254

  (5) のれんの減損―減損の兆候の把握 256

  (6) のれんの減損―認識・測定 259

    ① 回収可能価額の評価 259

    ② 減損検討の単位 262

  (7) 減損の戻入処理 263

3 日本基準と米国会計基準との相違点 263

  (1) のれんの定義と算定方法 263

  (2) 無形資産の範囲 264

  (3) 条件付対価の会計処理 266

(4) のれんの償却 ……………………………………………… 268

(5) のれんの減損―減損の兆候の把握 …………………… 269

(6) のれんの減損―認識・測定 …………………………… 271

設例6−4 のれんの減損テスト ………………………… 271

設例6−5 のれんの減損テスト（グルーピング）……… 273

(7) 減損の戻入処理 ………………………………………… 274

コラム・共通支配下の取引における対価と純資産の差額の基準比較 275

●参考文献／277

【凡　例】

正式名称	略　称
外貨建取引等会計処理基準	外貨建会計基準
固定資産の減損に係る会計基準	減損会計基準
固定資産の減損に係る会計基準の設定に関する意見書	減損会計意見書
企業会計基準第 7 号「事業分離等に関する会計基準」	事業分離等会計基準
企業会計基準第 10 号「金融商品に関する会計基準」	金融商品会計基準
企業会計基準第 12 号「四半期財務諸表に関する会計基準」	四半期会計基準
企業会計基準第 16 号「持分法に関する会計基準」	持分法会計基準
企業会計基準第 17 号「セグメント情報等の開示に関する会計基準」	セグメント会計基準
企業会計基準第 21 号「企業結合に関する会計基準」	企業結合会計基準
企業会計基準第 22 号「連結財務諸表に関する会計基準」	連結会計基準
企業会計基準第 30 号「時価の算定に関する会計基準」	時価算定会計基準
企業会計基準適用指針第 6 号「固定資産の減損に係る会計基準の適用指針」	減損適用指針
企業会計基準適用指針第 10 号「企業結合会計基準及び事業分離等会計基準に関する適用指針」	企業結合適用指針
企業会計基準適用指針第 28 号「税効果会計に係る会計基準の適用指針」	税効果適用指針
企業会計基準適用指針第 31 号「時価の算定に関する会計基準の適用指針」	時価算定適用指針
実務対応報告第 18 号「連結財務諸表作成における在外子会社等の会計処理に関する当面の取扱い」	実務対応報告第 18 号
実務対応報告第 24 号「持分法適用関連会社の会計処理に関する当面の取扱い」	実務対応報告第 24 号
会計制度委員会報告第 4 号「外貨建取引等の会計処理に関する実務指針」	外貨建実務指針
会計制度委員会報告第 7 号「連結財務諸表における資本連結手続に関する実務指針」	資本連結実務指針
会計制度委員会報告第 9 号「持分法会計に関する実務指針」	持分法実務指針
会計制度委員会報告第 14 号「金融商品会計に関する実務指針」	金融商品実務指針
連結財務諸表の用語，様式及び作成方法に関する規則（昭和 51 年大蔵省令第 28 号）	連結財規
財務諸表等の用語，様式及び作成方法に関する規則（昭和 38 年大蔵省令第 59 号）	財規
四半期連結財務諸表の用語，様式及び作成方法に関する規則（平成 19 年内閣府令第 64 号）	四半期連結財規

四半期財務諸表等の用語, 様式及び作成方法に関する規則（平成 19 年内閣府令第 63 号）	四半期財規
中間連結財務諸表の用語, 様式及び作成方法に関する規則（平成 11 年大蔵省令第 24 号）	中間連結財規
中間財務諸表等の用語, 様式及び作成方法に関する規則（昭和 52 年大蔵省令第 38 号）	中間財規
法人税法（昭和 40 年法律第 34 号）	法法
法人税法施行令（昭和 40 年政令第 97 号）	法令
法人税法施行規則（昭和 40 年大蔵省令第 12 号）	法規
IFRS 第 3 号「企業結合」	IFRS 第 3 号
IAS 第 36 号「資産の減損」	IAS 第 36 号
IAS 第 38 号「無形資産」	IAS 第 38 号
FASB ASC Topic 350「無形資産—のれん及びその他」	ASC350
FASB ASC Topic 805「企業結合」	ASC805
FASB ASC Topic 820「公正価値測定」	ASC820
FASB ASU 2017-04「のれんの減損テストの簡素化」	ASU2017－04

第**1**章

のれんの概念と基本的な考え方

1 はじめに

　本章ではのれんの本質とはどういうものなのか，会計実務の基本的な考え方にどのようにつながっているのかを説明する。ただし，本書は実務に役立つことを主眼としているため，本章での説明も学術的内容について詳述するのではなく，具体的な会計実務の理解に資することを目的としたものとする。

　取得原価の配分，のれんの源泉の特定，償却期間の決定など，企業等の取得時に検討されるのれんの主要な論点は，会計基準に詳細な手続がすべて記載されているわけではなく，個々の企業結合事例ごとに実務家がのれんの本質と基本的な考え方をもとに，さまざまな判断をしながら決定していくことが必要である。

　また，企業等の取得後の主要論点であるのれんの減損については，会計基準に沿って処理を行うことができるものの，やはりのれんの本質についての深い理解が求められる分野である。このため，これらの会計実務を行うにあたっては，企業等の取得の目的や被取得企業等のビジネスを深く理解するとともに，のれんの本質についての理解が不可欠である。

　図表1－1は，左側にのれんに関する会計実務の大まかな流れを示しており，各ステップに対応するように右側に記した項目は，本章で取り扱うのれんについての基本的な論点である。本書を読むにあたって，それぞれの論点が，実務のどの場面と密接に関係しているかを意識すると理解しやすいであろう。

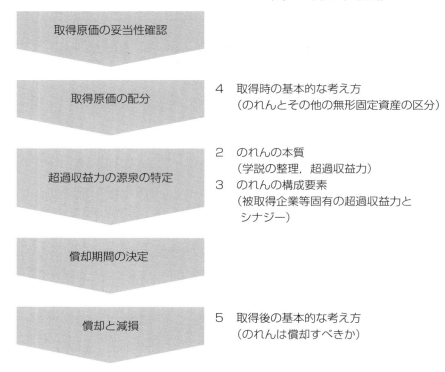

図表1-1 のれんに関する会計実務の流れ

2 のれんの本質

(1) のれんの本質についての学説

のれんとは何なのか。まず，会計基準上の定義を確認する。会計基準は「取得原価としての支払対価総額と，被取得企業等から受け入れた資産及び引き受けた負債に配分された純額との間に差額が生じる場合があり，この差額がのれん又は負ののれんである。」（企業結合会計基準98項）とのれんについて説明している。この説明は，会計上，のれんとして計上されるべき金額を定めてはいるが，ここではのれんの本質が何であるのかについては言及されていない。

次に、のれんについての学説を概観する。のれんとはいったい何なのかについては、差額説、超過収益力説、識別不能無形資産説などさまざまな学説がある。これらの学説をのれんの会計実務に役立つ範囲で理解しようとする場合、図表1－2のように、のれんの価格面に焦点をあてた考え方と、のれんの本質的な性格に焦点をあてた考え方とに簡便的に分けて整理すると理解しやすい。

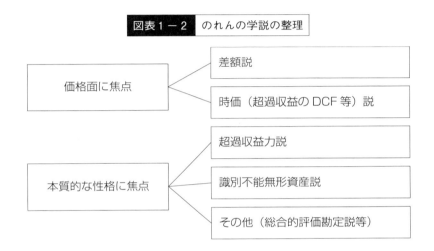

① のれんの価格面に焦点をあてた考え方

のれんの価格面に焦点をあてた考え方としては、差額説が代表的である。差額説では、企業等の取得原価を識別可能な資産および負債に配分した残余としてのれんを定義づける。先に紹介した会計基準上の説明では、この差額説が明確に採用されている。

価格面でのもう一方の考え方は、のれんとして会計処理されるべき額を差額として間接的に決定するのではなく、直接のれんの時価として把握すべきとする考え方である。貸借対照表に計上された資産および負債とは別に、超過収益力などのれんの本質を反映した資産が存在すると考え、のれんはこの超過収益力等自身の価値、たとえば、これらが生み出す将来キャッシュ・フローの割引現在価値等で会計処理すべきとする考え方である。これはのれんの本質的な性格に焦点をあてた考え方から生じるものであり、後記する超過収益力説等と整

合する考え方であるが，会計基準上は採用されていない。

② のれんの本質的な性格に焦点をあてた考え方

のれんの本質的な性格に焦点をあてた考え方としては，超過収益力説や識別不能無形資産説などがある。超過収益力説とは，同業他社を上回る収益を獲得する能力である超過収益力をのれんの本質とする考え方で，識別不能無形資産説とは広い意味では無形資産ではあるものの，貸借対照表上，個別には無形固定資産として計上するための要件を満たさないような資産をのれんの本質とする考え方である。

ただ，実務上はこれらの違いを厳密に議論する利点は大きくない。識別不能無形資産は，企業等に超過収益力をもたらす主要な源泉であり，広い意味では超過収益力説の一形態と考えても実務上はよいといえる。したがって，実務家としては，のれんの本質的な性格を超過収益力と理解しておけばよいと考えられる。

⑵ 差額で計上されるのれんと超過収益力の時価との関係

会計上のれんとして計上される額の決定方法は，差額説と整合している。一方，のれんの源泉や償却期間を考える実務の過程では，のれんの本質的な性格を超過収益力として議論することが通常である。のれんの本質的性格を超過収益力とする場合，価格の決定も超過収益力の時価とするほうが両者の整合性は高いが，現状では差額説と超過収益力説が混在していることが，実務上，のれんの議論をわかりにくくしている面がある。ここで紹介し整理することとする。

「残余」として計算されたのれんの計上額と超過収益力の時価とは，背景となる考え方（差額説，超過収益力説）と計算方法が異なるため，通常一致しない。また，後記「3⑵ 買収価格の決定とのれんの構成要素との関係」で詳述するように，企業等の買収価格は売手と買手との交渉で決定されるため，のれんの計上額は超過収益力の時価のすべてを含むわけではなく，また，過大支払いまたは過小支払いも生じ得る。このため，のれんの計上額と超過収益力の時価とは大きく乖離することがあり得る。取得時にのれんの源泉を理解する際や，減損損失を考える際には，当該乖離について留意が必要である。

① 源泉への配分

　超過収益力は複数の源泉から生じていることが多く，のれんの計上額をこれらの源泉ごとに配分し，それぞれの源泉の超過収益に対する貢献割合を理解するという実務が行われることがある。源泉ごとに効果の発現期間が異なるような場合には，償却期間決定に際しても源泉の構成比と整合した議論が必要となる。また，減損の兆候を考える上でも，それぞれの源泉に状況変化が生じた際に，対応するのれんが全体のどの程度であるかを把握していることは，状況変化のインパクトを理解し，減損損失の計上の要否を検討する際に重要である。

　前記のように，のれん計上額を複数の源泉に配分するにあたって，一部の源泉が時価評価可能である場合に，差額で他の源泉の価値を算出すると，のれんの計上額の全体は超過収益力の時価とは異なるため，実態の構成比を反映しないことになる場合がある点に留意が必要である。

② 減損の生じやすさ

ⅰ　超過収益力の時価との関係

　「のれんの計上額」と「超過収益力の時価」とのどちらが大きいか，およびその乖離度合いは減損の生じやすさと関係している。のれんの計上額が超過収益力の時価を下回るものの，両価格の乖離が小さい場合，またはのれんの計上額が超過収益力の時価を上回る場合には，見積将来キャッシュ・フローの小幅な減少で減損損失の計上が必要となることがあり得る。

　一方で，のれんの計上額が超過収益力の時価を下回り，価格の乖離が大きい場合には，のれんの当初計上額は，そもそも取得時の超過収益力の時価を相当程度下回っていると考えられ，この場合には当初事業計画を達成できず，見積将来キャッシュ・フローが相当程度減少していても減損損失が生じにくくなることがある。

　当初事業計画を実績が大きく下回ったにもかかわらず，減損損失が生じないことに違和感を覚えることがあるが，もともと当初想定された超過収益力の時価を大きく下回った価格で計上されているわけであるから，減損損失が生じないことによって財務諸表が実態を反映していないわけではないと考えられる。

　ただし，これは超過収益力の時価が適切に評価されている場合にのみいえる

ことである。減損損失の計上時の時価相当額の算定に用いる割引後将来キャッシュ・フローには多くの見積要素がある。

ii のれんの償却期間との関係

このうち本章との関係では，のれんの償却期間が重要である。のれんの償却期間，すなわちのれんの効果の発現期間はキャッシュ・フロー見積期間でもあるが，のれんの当初計上額と超過収益力の時価との乖離と同様，減損損失の生じやすさに大きく影響する。償却期間を長くとれば，割引後将来キャッシュ・フローは大きくなり減損損失は生じにくくなる，逆に短くとれば割引後将来キャッシュ・フローは小さくなり減損損失は生じやすくなる。業績が当初事業計画を下回り，将来計画を大きく下方修正したにもかかわらず，減損損失が生じないような場合，のれんの効果の発現期間が適切でない可能性を疑うことは重要である。

なお，償却期間と減損損失の生じやすさについて，前記のように，償却期間が長いため割引後将来キャッシュ・フローは大きくなり減損損失は生じにくくなるのは，主に償却期間の初期に見られる状況である。償却期間が長い場合はのれんの帳簿価額の減少はゆっくりと進み，ある程度の期間償却された後でも，相対的に大きな帳簿価額が残るため，前記とは逆に減損損失が生じやすくなる面もある。

このように，償却年数と減損損失の生じやすさは密接に関係しているものの，その関係は償却の段階により変化していくものである。20年に近いような長期の償却期間が設定されている場合，将来キャッシュ・フローが大きくなるため，償却期間の初期では，減損損失は生じにくくなる。一方で，ある程度年数が経過した段階では，償却が進まず帳簿価額が高止まりすることで減損損失は生じやすくなる面がある。

逆に5年等の短い償却年数が設定されている場合，将来キャッシュ・フローが小さくなるため，償却の初期段階では減損損失は生じやすくなる。一方で，ある程度年数が経過した段階では，償却が進み帳簿価額が早く小さくなることで減損損失は生じにくくなる面がある。比較的少額ののれんについて，厳密な検討を経ずに機械的に5年の償却年数が用いられ，減損損失が生じてしまうよ

第1章　のれんの概念と基本的な考え方　　7

うなケースもみられるので注意が必要である。

(3)　超過収益力

①　超過収益力の定義

　超過収益力について，会計基準では明確な定義は行われていない。ある
WEBサイト[1]では，超過収益力を「企業が経営を継続していく過程において
蓄積された他の企業にない優位的な取引関係や従業員の質の向上など，現時点
において測定しえない潜在的な企業価値」と説明している。

　ある企業等に超過収益力があるか否か，あるいは被取得企業等の超過収益力
がどのような源泉から生じているのかを考えるとき，超過収益力の「超過」と
は何と比べての「超過」であるのかの理解は重要である。この点については，
同業他社の平均的な利益水準と比べての超過と一般に解されている。つまり，
超過収益力があるということは，同業他社の平均的な利益水準を上回る収益を
獲得する能力があることを指すのである。

②　同業他社との比較の視点

ⅰ　のれんの源泉

　超過収益力が何に対する超過収益なのかについては，前記「①　超過収益力
の定義」で説明したように，同業他社の平均的な利益水準に対する超過として
通常は理解されている。しかし，実務において超過収益力の源泉や効果の発現
期間を議論する際に，超過収益力が同業他社を上回る収益力であることを十分
に意識していない議論を耳にすることがある。たとえば，業界平均程度の収益
しか生み出していない平凡な要素が超過収益力の源泉として取り上げられたり，
効果の発現期間，すなわちのれんの償却期間として，被取得企業等の存続可能
期間が議論されたりするケースを目にすることがある。

　なぜ，このような誤解が生じるのか。のれんの当初計上額は企業等の取得原
価と識別可能資産および負債の時価との差額であるため，当該差額としての計

1　企業会計ナビ　EY新日本有限責任監査法人WEBサイト
　https://www.shinnihon.or.jp/corporate-accounting/glossary/restructuring/chouka-
　shuueki-ryoku.html

算方法と超過収益力が何に対する超過なのかを関連づけて考えると，識別可能資産および負債が生み出す利益に対する超過という考えにつながりやすい。識別可能資産以外，すなわち，識別不能な無形資産が生み出す収益を単純に超過収益力と考えてしまう。ここには業界平均の利益水準との比較の考え方はないため，業界平均程度の利益水準しかなくても，単に識別不能な無形資産が存在することなどにより，業界平均程度の収益しか生まない平凡な要素がのれんの源泉として列挙されてしまうことになりかねない。また，超過収益力の発現期間についても，業界平均との比較の視点がないため，企業等の単純な存続可能期間を効果の発現期間として，のれんの償却期間の議論を行ってしまう要因となる。

業界平均程度の収益しか生み出さない識別不能な無形資産というのは確かに存在しうる。ただ，企業等を取得するにあたっては，識別不能であり業界平均程度のあるいはそれ以下の利益しか生まない要素に重要な対価は支払われていないと考えるべきである。したがって，企業等の取得にあたって，取得原価と識別可能な資産および負債との差額は，基本的には同業他社の平均を上回るような収益を生む要素から構成されると考えるべきである。超過収益力の源泉を考える際には，業界平均を超える利益を生み出す他社との差別化要因にフォーカスして検討することが必要である。

ⅱ　のれんの効果の発現期間

超過収益力を業界の平均的な水準を上回る利益を生み出す力と考えると，単に企業等が存続し継続的に利益が出ているだけでは超過収益力があるとはいえない。のれんの効果の発現期間は，事業が継続できる期間ではなく，同業他社の平均水準を上回る高い利益率や成長率が持続できる期間である点に留意が必要である。事業の継続期間と誤解し，非常に長い期間をのれんの償却期間と想定してしまうケースがみられる。企業等が存続していても，当初の超過収益力は平均に回帰するのが通常であり，同業他社との競争環境下で同業他社を上回るような超過収益力を長期間にわたって保持することは容易ではない。

③ 赤字企業等に超過収益力はあるか

ⅰ 赤字企業等における「将来の」超過収益力

被取得企業等が業界をリードする優良企業等で，明らかに超過収益力を有するような場合であればよいが，実際には赤字企業等や同業他社並みの平凡な企業等であることがある。超過収益力とは，同業他社を上回るような収益力であるので，赤字企業等には超過収益力はないと考えるのが基本であるが，現実には，このような企業等を買収する場合にも多くののれんが計上されるケースがある。この場合ののれんの性格をどう考えればいいであろうか。

超過収益力がいつの時点のものかというと，将来の超過収益力である。これは企業等の取得の対価は，将来得られるキャッシュ・フローに対する対価であり，将来の見積超過収益力に対する対価と考えられるためである。一方，赤字企業等であったり同業他社並みであったりというのは，過去または現在の状況である。したがって，過去あるいは現在の厳しい状況にもかかわらず同業他社を上回るような将来収益が期待できるのであれば，当該企業等に超過収益力をみることは可能となる。ただし，過去または現在の状況は将来を予測する上で非常に重要な要素であり，特別な要素を説明できなければ過去および現在の状況が続く可能性が高く，将来の超過収益力があると説明するのは通常困難である。

このような状況が考えられる例としては，試験研究や設備投資による負担から過去に赤字が生じていたが，これが成功し将来については高い収益が期待できる場合などが考えられ，大きな環境変化により将来については同業他社を上回るような利益が明確に期待できる状況が必要である。

ⅱ シナジーが生み出す超過収益力

のれんには，当該企業等がもともと単独で保有する被取得企業等の固有の超過収益力のほかに，企業結合がもたらす相乗効果（シナジー）が含まれる。被取得企業等が赤字企業等であり，被取得企業等単独では同業他社を上回る収益力があるとはいえないような場合でも，取得企業とのシナジーが期待できるのであれば，シナジーが発現することによって将来に向かって同業他社を上回る収益力が生じることも考えられる。

なお，赤字企業等の取得に関して多額ののれんが生じているような場合で，上記環境変化やシナジーで将来の超過収益力について十分な説明ができない場合は，取得対価の過払いを疑う必要がある。

④　自己創設のれんを計上しない理由

のれんの本質は超過収益力であり，ブランドイメージや社風，ノウハウといった要素から構成される。このような超過収益力は，企業等がビジネスを営んでいくなかで徐々に形成されていくものであり，長くビジネスを継続している会社には何らか存在することが想定される。このように，自社内でビジネスを継続するなかで生じたのれんを自己創設のれんと呼ぶが，会計基準上自己創設のれんの資産計上は認められない。自己創設のれん，たとえばブランドイメージや社風といった要素は，企業等のこれまでの様々な投資から生じたものであるが，どの投資がこれらの要素の形成に貢献したのかについて関係性や範囲が明確でなく，取得原価の算定がきわめて困難であり，恣意性を排除することができないことが自己創設のれんの計上が認められない理由と考えられる。

一方，企業等が取得された場合には，のれんを含む企業等の対価が客観的に測定できるため，差額としてではあるがのれんの取得原価の算定が可能となる。このため，自己創設のれんの計上は認められず，買入のれんの計上のみが認められるのである。

⑤　のれんと営業権

平成15年の「企業結合に係る会計基準」の公表および平成17年の会社法の施行以前において，現在のれんと呼ばれている項目は，旧商法上はのれんとされ，会計上は営業権[2]（「企業会計原則注解」（注25））とされていた。のれんと営業権とは基本的に超過収益力を本質とするもので，実務上ほぼ同じ意味で用いられている。ただ，厳密に考えると，若干の相違が存在する。

のれんは企業等の取得時に生じる取得原価と他の資産および負債との差額であり，のれんそのものが個別に取得されるものではないのに対し，営業権は，

2　連結財務諸表上は「連結調整勘定」という科目名称であった。

第1章　のれんの概念と基本的な考え方　　*11*

のれんに相当する差額としての超過収益力のほかに，超過収益力から生じた個別資産としての営業権や一定の権利のようなこれ自体が取得の目的となることもあり得る資産を含んでおり，のれんよりも広い概念と考えられる。この点を理解する上で，次の記載は役に立つ。

「我が国でこれまで営業権とされてきたものには，本論点整理がいう無形資産に該当するものと，のれんとが含まれることになる。平成15年に企業会計審議会から公表された「企業結合に係る会計基準注解」（注19）では「営業権のうちのれんに相当するもの及び連結調整勘定は，のれん又は負ののれんに含めて表示する。」とされており，「営業権」と呼ばれているものには，のれん以外にも，本論点整理でいう無形資産に含まれる，いわゆる独占販売権のようなものも含まれているものと考えられるからである。」（「無形資産に関する論点の整理」24項）

このように考えると，のれんと営業権とで会計上の取扱いが異なる事例も生じ得る。たとえば，被取得企業等の貸借対照表に営業権が計上されているような場合が考えられる。被取得企業等で計上されていたのれんは，通常新たに発生するのれんに包含される。しかし，営業権が計上されている場合には，内容を吟味し識別可能な無形資産として取得原価の配分の対象とし，のれん以外の無形固定資産として計上が必要でないか検討することが必要となる。

3 ┃ のれんの構成要素と超過収益力の例

(1)　のれんの構成要素

のれんとして貸借対照表に計上された金額はどのような要素から構成されているのであろうか。この点，国際財務報告基準（IFRS）では，結論の根拠のなかで以下のように実務においてのれんとして認識されていた金額の6つの構成要素が紹介されており，日本基準のもとでも参考になる。以下，枠内の文書はIFRS第3号BC313項からの引用であり，枠外に各要素の説明を付す。

構成要素1	取得日時点の被取得企業の純資産の帳簿価額に対する公正価値の超過分

構成要素1は，被取得企業等の資産および負債の帳簿価額と時価との差額から生じる。会計基準上，取得原価は，被取得企業等から受け入れた資産および引き受けた負債に企業結合日時点の時価を基礎として配分されるため，当該配分が厳密に行われれば構成要素1は生じない。実務上は，金額的重要性の低い資産および負債について時価評価が省略されるようなケースがあるため，のれんを構成することがあり得る。ただし，概念上構成要素1は本来のれんを構成しない要素である。

構成要素2	被取得企業が以前には認識していなかったその他の純資産の公正価値。それらは，認識の規準に合致していなかった（おそらく，測定上の困難のため）か，当該資産の認識を禁止する要求事項か，又は被取得企業が当該資産を個別に認識する費用は便益によっても正当化されるものではないという理由により，認識されていなかったのかもしれない。

構成要素2は，被取得企業等において貸借対照表に計上されていなかった資産および負債から生じる。これらは，企業結合時の資産および負債の調査の過程で把握され，時価により新たに計上されるべきものである。当該調査と資産および負債の計上が厳密に行われれば構成要素2は生じない。実務上は，金額的重要性の低い資産および負債，特に無形資産について，貸借対照表への計上が省略されるようなケースがあるため，のれんを構成することがあり得る。ただし，概念上構成要素2は本来のれんを構成しない要素である。

構成要素3	被取得企業の既存の事業における継続企業要素の公正価値。継続企業要素は，当該純資産を別々に取得しなければならなかったとした場合に予想されるよりも高い収益率を，確立された事業が純資産の集合体に対して稼得する能力を表すものである。当該価値は，当該事業の純資産の相乗効果及びその他の便益（例えば，独占的利益を得る能力や，法的及び取引コストの両面からの潜在的な競争者の市場への参入に対する障壁を含む，市場の不完全性に関する要因など）から生じる。

構成要素3は，被取得企業等が当該企業結合とは無関係に有する超過収益力である。被取得企業等が過去に内部創出したか，過去の被取得企業等による企業結合から生じたものであり，のれん本来の構成要素である。本章では，被取得企業等固有の超過収益力と記載する。取得企業とのシナジーを考慮しない被取得企業等単独での超過収益力である。継続企業のれんなどとも呼ばれることがある。

構成要素4	取得企業と被取得企業の純資産及び事業を結合することにより期待される相乗効果及びその他の便益の公正価値。当該相乗効果及びその他の便益は，企業結合ごとに特有のものであり，異なる企業結合では異なる相乗効果が創出され，したがって異なる価値が創出されることになる。

構成要素4は，取得企業と被取得企業等との結合により新たに生み出される超過収益力であり，のれん本来の構成要素である。本章では，シナジーと記載する。結合のれんなどとも呼ばれることがある。

構成要素3および4がのれん本来の構成要素であり，「コアのれん」と呼ばれる。

構成要素5	提示する対価を評価する際の誤謬により生じた，取得企業が支払う対価の過大評価。全額現金での取引における購入価格では，測定上の誤謬は関係しないが，取得企業の持分が関連する取引に関しては必ずしも同じことがいえない。例えば，日常的に取引される普通株式の数は，企業結合で発行される株式の数と比較して少ないかもしれない。その場合には，企業結合を実行するために発行された株式のすべてに現在の市場価格を帰属させることで，当該株式を現金で売買して，その現金を企業結合に使用する場合の株式の価値よりも，高い価値を創出することになる。

構成要素5は，現金以外の支払手段により対価が支払われた際の当該支払手段の評価に係る誤りから生じる要素である。株式等の現物支払手段が対価となる際に生じ得るが，測定上の誤りに過ぎず，のれん本来の構成要素ではない。

構成要素6	取得企業による過大支払又は過小支払。例えば，被取得企業に対する入札の過程で価格が引き上げられる場合に過大支払が生じるかもしれない。過小支払は強制売却（投売りとも呼ばれる）の場合に生じるかもしれない。

　構成要素6は，入札プロセスなどにより価格が高騰した場合などに生じる要素である。取得企業による過大支払（または過小支払）であり，のれん本来の構成要素ではない。

　まとめると，のれん本来の構成要素は，構成要素3「被取得企業等固有の超過収益力」および構成要素4「シナジー」の2つである。他の構成要素はのれん本来の構成要素ではない。構成要素1，2，5については，金額的重要性が低いことを前提に例外的にのれんを構成していると考えられる。一方，構成要素6の過大支払または過小支払は実務上多額になることがあり，取得原価の妥当性，のれんの減損を考える上でも重要な要素である。したがって，上記では実務においてのれんとして認識されていた金額を6つの構成要素に分けて紹介してきたが，実務上は構成要素3，4，6に焦点をあてて，**図表1－3**のようにのれんが3つの構成要素からなると考えることが有益である。

図表1－3　のれんの構成要素のまとめ

1	被取得企業等固有の超過収益力	企業結合の有無にかかわらず被取得企業等が単独の企業等としてもともと有している超過収益力
2	シナジー	取得企業と被取得企業等が結合することで新たに生じる超過収益力
3	過大支払または過小支払	被取得企業等の時価総額を超えて多額のプレミアムが支払われた場合や，取得時に明らかに識別可能なオークションまたは入札プロセスが存在していた場合等の過大支払または過小支払

のれんに配分された価格が，図表1－3の構成要素のいずれから生じているか慎重に検討することが重要である。

(2) 買収価格の決定とのれんの構成要素との関係

　企業や事業の売手は，売手自ら当該企業等を所有し経営した場合に得られる価値（将来キャッシュ・フローの割引現在価値等）を上回る価格で当該企業等を売却したいと考える。一方，企業等の買手は，買手が企業等を所有し経営した場合に得られる価値を下回る価格で買収しなければ，当該企業結合から利益を生むことができない。したがって，合意される買収価格は，理論上，売手所有による企業価値と，買手所有による企業価値との間で決定されることとなる。

　図表1－4に沿って，より詳細に説明する。

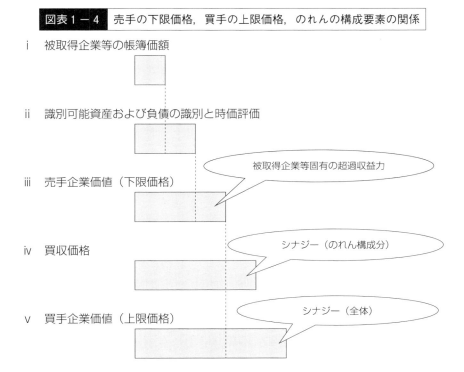

図表1－4　売手の下限価格，買手の上限価格，のれんの構成要素の関係

ⅰ　被取得企業等の帳簿価額

ⅱ　識別可能資産および負債の識別と時価評価

ⅲ　売手企業価値（下限価格）　　被取得企業等固有の超過収益力

ⅳ　買収価格　　シナジー（のれん構成分）

ⅴ　買手企業価値（上限価格）　　シナジー（全体）

① 売手企業価値（下限価格）

売手にとっての企業価値（売却下限価格）は，ⅲのように被取得企業等の貸借対照表上の帳簿価額に，識別可能な資産および負債を追加認識し，既計上資産および負債を含めて時価評価した額に，被取得企業等固有の超過収益力を加えた額となる。ここまでは，売手自身により実現可能な企業価値であり，これを下回る買収価格であれば，企業等を売却せずに自ら所有し経営するほうが有利である。

② 買手企業価値（上限価格）

一方，買手は，買手が所有し経営することによって，売手の所有と経営では実現できない価値を生み出すことができる場合がある。買手の経営による企業価値が売手の経営による企業価値を上回る部分は，買手の経営資源が加わることにより新たに生じるキャッシュ・フローであり，理論上は，シナジーを意味する。ⅲの売手の企業価値を上回る価格で企業等を買収したとしても，当該シナジーの範囲であれば，買手は当該企業結合から利益を生み出すことができる。よって買手にとっての企業価値（買収上限価格）は，被取得企業等固有の超過収益力までを含む売手の企業価値ⅲに，さらに，シナジーを加えた額ⅴとなる。買収価格は売手と買手の企業価値の間で決定されるはずであるから，決定される企業価値は被取得企業等固有の超過収益力の全額を含み，シナジーについては一部を含んだ金額ⅳとなる。

③ 買収価格の決定

結果として，買手による企業等の買収価格は，被取得企業等の貸借対照表上の帳簿価額に識別可能な資産および負債を加えた上で時価評価し，被取得企業等固有の超過収益力全額とシナジーの一部を加えた額となる。ここで，のれんにシナジーがもたらす価値の一部しか含まれないことは，留意が必要である。

この価格決定プロセスは，企業等の取得時の実務として，まず取得原価の配分すなわち，貸借対照表に計上されていなかった資産および負債の調査とこれを含む資産および負債の時価評価が行われ，当該識別可能資産および負債の時

価と企業等の取得原価の比較でのれんの額が決定されるプロセス，さらに，のれんについて，被取得企業等固有の超過収益力の源泉，シナジーの源泉が特定されていくプロセスと整合している。

なお，実際には，被取得企業等固有の超過収益力やシナジーの価値が正確に測定できるわけではなく，売手と買手の考える超過収益力の評価額には通常差が生じているものと考えられる。したがって，上記買収価格が被取得企業等固有の超過収益力にシナジーの一部を加えた額で決定されるとするのは，あくまでも，超過収益力の測定が正確にできると仮定した理論上の世界での話であり，実際には被取得企業等固有の超過収益力に限らず，識別可能な資産の評価（これらの評価差に起因する将来業績予想）にも双方の差が生じると考えられ，これらの差の中で実際の買収価格が決定される。このため，のれんとして会計処理された額が，被取得企業等固有の超過収益力が将来実際に生み出すキャッシュ・フローの一部しか反映しないことや，シナジーが将来実際に生み出すキャッシュ・フローの総額から導かれる価値を上回る価格で買収価格が決定されることがあり得る。

(3)　被取得企業等固有の超過収益力とシナジーの例

のれんの当初計上額を構成する超過収益力は，その性格から２つに大別できる。１つは，企業結合の有無にかかわらず被取得企業等が単独の企業等としてもともと有している超過収益力，すなわち被取得企業等固有の超過収益力である。もう１つは，企業等が結合することで新たに生じる超過収益力であり，いわゆるシナジーがこれにあたる。ある企業等の超過収益力の源泉について考えるとき，超過収益力が被取得企業等固有の超過収益力とシナジーの双方から構成されていることを念頭に置いておくことは重要である。

なお，多くの企業では企業等の買収にあたり，なぜ被取得企業等を買収するのかという理由付け，被取得企業等の強みや弱み，自社のビジネスとの親和性など詳細な検討が行われているはずである。したがって，買収の検討にあたって取締役会等に上程された検討資料，第三者機関から入手されたビジネスデューディリジェンス報告書，株価算定資料といった資料類から，多くの場合，被取得企業等固有の超過収益力やシナジーを特定できると考えられる。会計上

の検討にあたっては，これらの資料の精査から検討を始めることが重要である。

①　被取得企業等固有の超過収益力の例

　被取得企業等の強み，すなわち超過収益力が生じている項目を，もれなく抽出するためには，どのような項目が超過収益力の源泉となりうるのか，一般的な例を把握しておくことは有意義である。また，超過収益力の源泉を分類しておくことも，役立つことがある。

　様々な分類が考えられ，また，必ずしも分類が必要なわけでもないが，たとえば独立行政法人中小企業基盤整備機構は「中小企業のための知的資産経営マニュアル」のなかで，のれんと類似性が高い知的資産について人的資産，組織（構造）資産，関係資産の分類を紹介しており，知的資産に係る書籍等で多く引用されている。当該3分類は超過収益力の源泉を洗い出す上で便利であるため，以下紹介する。

　人的資産は，役員や従業員といった人に属する資産で，関連する役員や従業員の退職とともに失われるような資産である。たとえば，すぐれた経営陣や特定のノウハウに精通した従業員の存在といった項目が該当する。組織資産は，組織に帰属する資産で，関連する役員や従業員が退職しても企業等に残る資産である。たとえば，マニュアル化されたノウハウや社風といった項目が該当する。関係資産は対外的な関係に関連した資産で，たとえば，取引先との関係や企業イメージなどの項目が該当する。

　超過収益力の源泉の例を，前記の分類にそってまとめたものが**図表1-5**である。

| 図表1-5 | 被取得企業等固有の超過収益力の例 |

分類	超過収益力の源泉例
人的資産	・すぐれた経営陣 ・特定の業界や知識，ノウハウに精通した従業員の存在 ・モチベーションの高い人材の存在

	・人脈
組織資産	・社風 ・生産技術 ・マニュアル，ノウハウ ・レシピ ・良好な労使関係 ・教育システム ・生産体制，供給網（個々の固定資産ではなく，全体として）
関係資産	・顧客との関係（有力な顧客に対する高いシェア，特定地域の顧客との幅広い取引関係） ・仕入先との関係（希少な材料製造元との取引関係，代理店契約など） ・許認可 ・市場でのポジション（市場の主要プレイヤーであること，独占寡占的な地位，ニッチな市場での高い占有率，新市場での先行など） ・ブランド，ブランドイメージ（広く知られている，信頼性があるなど）

　なお，後記「図表1－9　識別可能無形資産の例示」は，無形資産として計上されうる項目の例ではあるが，個々の資産の内容によりのれんを構成することもあり得る資産が多く含まれており，被取得企業等固有の超過収益力にどのような項目が含まれ得るかを理解する上でも参考になる。**図表1－9**の主要部分，すなわちマーケティング関連資産，顧客関連資産，契約関連資産，といった項目は，前記の分類のうち関係資産が中心となっている。人的資産や組織資産は相対的に無形資産としての識別可能性が低く，主にのれんを構成する要素である。

②　シナジーによる超過収益力の例

　シナジーは，被取得企業等単独ではもっていなかった収益力が，取得企業との協働により新たに生じるものである。被取得企業等の既存顧客に取得企業の

製品を新たに販売できるようになることや，両者の技術の相互利用により新製品開発が可能になることなどが典型的な例である。シナジーによる収益は被取得企業等側に生じることもあれば，取得企業側に生じることもある。

　一般事業会社が，企業等の取得を行う場合，自社とのシナジーを目的の一部としないケースは多くないと考えられる。前記のように，売却側は被取得企業等がもともと有する収益力により算定された企業価値以上での売却を目指すのが理論的であり，シナジーが望めない場合，買手側は当該買値のもとで，企業等の買収から大きな利益を望むのは通常困難である。当該買値のもとで取得側が大きな利益を生むにはシナジーの発揮が必要であり，シナジーの発揮を目的として買収が計画されるのが自然である。

　したがって，のれんの源泉を考えるにあたって，買収の目的をよく理解し，被取得企業等固有の強みに加えて，どのようなシナジーが想定されるかについても検討を行うことが重要である。

　シナジーについても被取得企業等固有の超過収益力同様，網羅的な把握をする上で分類が役立つことがある。分類方法としては，資源の相互利用や規模の経済といった効果が生じる理由で考えることや，売上やコストなどシナジーが及ぶ分野で分類することが考えられる。**図表1－6**では，シナジーが及ぶ分野として，売上面，コスト面，その他の面に分類してシナジーの例を紹介する。

図表1－6　シナジーの例

分類	シナジーの例
売上面	・販路の利用：一方の既存顧客に他方の商品を販売する ・ブランドの利用 ・シェア向上による市場でのポジションの改善
コスト面	・原材料の供給元の切替：一方の製品を他方が原材料として利用することでコスト削減を図る ・共同仕入：規模拡大による価格交渉力の向上 ・設備等相互利用：工場の相互利用など既存設備の稼働率改善や物流コストの削減 ・管理部門の統合，共通化

| その他 | ・技術やノウハウの相互利用：新製品の開発など
・信用力の利用：低利の資金調達による財務改善 |

4 取得時の基本的な考え方

　企業等の取得時ののれんに関する会計実務としては，取得原価の妥当性確認，取得原価の配分，超過収益力の源泉の特定，償却期間の決定といった項目の検討が必要となる。今一度，前記の「図表1－1　のれんに関する会計実務の流れ」を確認してほしい。ここでは，このうち取得原価の配分を理解する上で必要となる基本的な考え方を紹介する。

(1) のれんとその他の無形資産の区分

① 取得原価配分の流れ

　被取得企業等の取得原価は，被取得企業等の資産および負債に時価をベースに配分され，残額がのれんとなる。取得原価の配分作業は図表1－7のように，大きく，①被取得企業等の貸借対照表にすでに計上されている資産および負債の時価評価と，②被取得企業等の既存の貸借対照表に計上されていなかった資

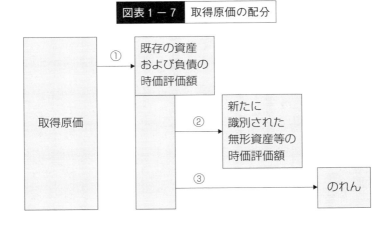

図表1－7　取得原価の配分

産および負債の洗出しと時価評価に分けられ，①，②を経た残額③がのれんとなる。

　このうち，貸借対照表にすでに計上されている資産および負債について，時価評価対象資産の把握は比較的容易であり，のれんの額の特定にあたっては，貸借対照表に計上されていない資産および負債，特に無形資産の洗出しが鍵となる。言い換えると，のれんの金額の特定作業は，貸借対照表にすでに計上されている資産および負債を時価評価した残額を，のれんとその他の無形資産に分ける作業の側面が強いといえる。

　ここでのれんとその他の無形資産との区分を理解することが重要であるのは，両者の境界があいまいで，その区別には実務上の幅がある一方で，のれんとその他の無形資産との区分が各期の費用処理額に大きな影響を及ぼし得るからである。ある資産がのれんとして計上される場合，当該資産を含むのれん全体の効果の発現期間で償却される。一方，その他の無形資産として計上された場合は，当該個々の資産の償却年数で償却されるが，現行の実務では無形固定資産の償却年数は税法耐用年数の影響を受けており，のれんとして償却する場合とは異なる年数で償却されるケースが多いと考えられる。また，のれんに対しては原則として税効果は認識されないことも損益に影響を及ぼす。

　なお，日本基準のもとではのれんも大部分のその他の無形資産も償却されるため，のれんの償却を行わないIFRSや米国基準ほどには，のれんとその他の無形資産との区別が損益に与える影響は大きくないともいえる。

②　貸借対照表に計上される無形資産

　把握された無形資産のうち貸借対照表に計上されるのは「法律上の権利など分離して譲渡可能な無形資産」（企業結合会計基準29項）に限定される。このため，当該要件を満たさない無形資産はのれんに含まれることとなる。

　基準は分離して譲渡可能かどうか実態に基づいて判断すべき無形資産の例として，ソフトウェア，顧客リスト，特許で保護されていない技術，データベース，研究開発活動の途中段階の成果を挙げており（企業結合適用指針367項），このような資産は，実態によってのれんまたはその他の無形資産を構成することとなる。実務上は，まず「法律上の権利など分離して譲渡可能な無形資産」

第1章　のれんの概念と基本的な考え方　　*23*

をその他の無形資産と捉え，残余をのれんと考えることとなる。

　ある無形資産が新たに識別され貸借対照表に計上されるためには，「法律上の権利など分離して譲渡可能」である必要がある。法律上の権利であることは，分離して譲渡可能な無形資産の例であり，分離して譲渡可能であれば，法律上の権利である必要はない。

　「法律上の権利」であるかの判断は通常困難ではない。基準上は「「法律上の権利」とは，特定の法律に基づく知的財産権（知的所有権）等の権利をいう。特定の法律に基づく知的財産権（知的所有権）等の権利には，産業財産権（特許権，実用新案権，商標権，意匠権），著作権，半導体集積回路配置，商号，営業上の機密事項，植物の新品種等が含まれる。」（企業結合適用指針58項）とされている。

　「分離して譲渡可能」であるかの考え方については，基準上「「分離して譲渡可能な無形資産」とは，受け入れた資産を譲渡する意思が取得企業にあるか否かにかかわらず，企業又は事業と独立して売買可能なものをいい，このためには，当該無形資産の独立した価格を合理的に算定できなければならない。」（企業結合適用指針59項）とされており，少なくとも独立した価格が算定可能であるかどうかを検討する必要がある。その上で，実際に売却可能であるか否かを検討することとなる。

　なお，通常個々に売却することが困難に思える無形資産であっても，「特定の無形資産に着目して企業結合が行われた場合など，企業結合の目的の1つが特定の無形資産の受入れであり，その無形資産の金額が重要になると見込まれる場合には，当該無形資産は分離して譲渡可能なものとして取り扱う。」（企業結合適用指針59-2項）とする定めに該当するケースが考えられるため，留意が必要である。

　また，無形資産の識別可能性については，日本基準とIFRSとの間に文言の差異[3]があり，実務上，日本基準で識別される範囲と異なる無形資産がIFRSで識別されるケースがある。企業会計基準委員会の「無形資産に関する論点の整理」では，今後の方向性として，識別可能性に関する具体的な内容について

3　差異の内容については，後記「第6章2⑵無形資産の範囲」参照のこと。

24

IFRSと同様とすることが考えられるとしており，今後の動向に留意が必要である。

　ある無形資産が分離して譲渡可能か否かは個々の実態に基づいて判断していくことになるが，図表1－8，1－9に掲げた有価証券報告書事例やIFRSにおける事例は，当該判断対象となる無形資産を把握する上で参考になる。

③　識別可能無形資産の例
i　有価証券報告書事例

　図表1－8は，平成29年3月31日以前1年間に終了した事業年度に係る有価証券報告書の企業結合に関する注記から，無形資産の計上例を抽出したものである。

図表1－8	無形資産計上の有価証券報告書事例
顧客関係資産 （顧客関連資産）	日本写真印刷，藤森工業，リクルートホールディングス，帝人，ウィザス，東京センチュリー，武蔵精密工業，綜合警備保障，メタウォーター，トランコム，三井住友ファイナンス＆リース，シチズン時計，博展，ダイキン工業，大同メタル工業，三井住友フィナンシャルグループ，アルファグループ，レンゴー，関西ペイント，資生堂，日本経済新聞社，日本電気硝子，横浜ゴム，パソナグループ
商標権	日本写真印刷，リクルートホールディングス，帝人，カドカワ，武蔵精密工業，ダイキン工業，レンゴー，関西ペイント，ジーエス・ユアサ・コーポレーション，ダイドーグループホールディングス，資生堂，日本経済新聞社，横浜ゴム，日本工営，住江織物
技術関連資産	帝人，武蔵精密工業，テルモ，博展，ダイキン工業，関西ペイント，ジーエス・ユアサ・コーポレーション，日本電気硝子，横浜ゴム，住江織物
契約関連無形資産	サカイ引越センター，イントランス，カドカワ，ジーエス・ユアサ・コーポレーション

第1章 のれんの概念と基本的な考え方　*25*

仕掛研究開発	日医工，住友化学，大日本住友製薬，テルモ
借地権	ベルーナ，サトレストランシステムズ
販売権	日医工
受注残関係資産	武蔵精密工業
マーケティング関連資産	シチズン時計
FC契約	サトレストランシステムズ
コンテンツ関連資産	アサツーディ・ケイ
ソフトウェア	東陽テクニカ

　当該事例によると，顧客関係資産，商標権の計上事例が多く，次いで技術関連資産，契約関連無形資産などについて無形資産の識別，計上が行われていることがわかる。

　ⅱ　IFRSにおける例示

　顧客関連資産，技術関連資産のような項目に計上された無形資産の具体的内容は，有価証券報告書には開示されておらず，会計基準の中でも具体的な言及がない。しかしながら，IFRSでは，**図表1－9**のように識別可能無形資産の例示が紹介されており，各項目に具体的にどのような無形資産が計上されるか知るための参考になる。

図表1－9　識別可能無形資産の例示

契約上またはその他の法的権利 から生じる無形資産	分離可能なその他の無形資産
マーケティング関連	
• 商標，商号，ロゴなどのサービスマーク，団体マーク，および認証マーク • トレードドレス（製品やサービスの独特な色彩，形状，またはパッケージ）	

• 新聞の名称 • インターネットのドメイン名 • 非競合契約	
顧客関連	
• 注文または製品受注残高 • 顧客との契約および関連する顧客との関係	• 顧客リスト • 契約に基づかない顧客との関係
芸術関連	
• 演劇，オペラ，およびバレエ • 書籍，雑誌，新聞，その他の文学作品 • 作曲，歌詞，コマーシャルソングなどの音楽作品	
• 絵画および写真 • ビデオおよびオーディオビジュアル素材（映画，音楽ビデオおよびテレビ番組を含む）	
契約に基づくもの	
• ライセンス，ロイヤルティ，およびスタンドステイル契約（ライセンス前に実施される対象の評価に係る取決め） • 広告，建設，管理，サービスまたは供給契約 • リース契約 • 建設許可 • フランチャイズ契約 • 営業権および放送権 • 不動産担保貸付の回収などのサービシング契約	

• 雇用契約 • 掘削，水資源，大気，鉱物資源，森林伐採および道路などの利用権	
技術に基づくもの	
• 特許を取得した技術 • コンピュータ・ソフトウェアおよびマスクワーク（半導体の回路配置） • 成分，プロセス，製法などの企業秘密	• 特許を取得していない技術 • タイトル・プラントを含むデータベース

　なお，日本基準において貸借対照表に計上されるのは「法律上の権利など分離して譲渡可能な無形資産」（企業結合会計基準29項）に限定されており，上記識別可能な無形資産の例示項目のすべてが自動的に無形資産として識別されるわけではない点に留意が必要である。個々の具体的なケースについて吟味し，分離して譲渡可能ではないと判断されれば，のれんの一部を構成することとなる。その意味では，図表1－9の例示はのれんの源泉を特定する上でも参考になるであろう。

5 取得後の基本的な考え方

　のれんの基本的な考え方に関する主要な論点としては，これまでに説明してきた当初取得時の論点（のれんの本質の議論，取得原価の配分等）とともに，取得後の費用化の論点（のれんの償却と減損）がある。

　償却と減損については，そもそものれんを償却すべきであるかという，会計基準設定上の論点と，償却期間の決定と減損損失の計上の実務上の論点とがある。後者は次章以降でカバーされるため，本章では前者について，企業会計基準委員会のディスカッションペーパー「のれんはなお償却しなくていいのか　のれんの会計処理及び開示」における論点整理を踏まえて取り上げる。

(1) のれんを償却すべきか

　企業等の取得後の，のれんの費用化の考え方については，のれんを定期的に償却すべきであるとする考え方「償却および減損アプローチ」と，償却すべきでないとする考え方「減損のみアプローチ」とがある。

　図表1－10にあるように，日本基準では「償却および減損アプローチ」を採用しており，のれんは20年以内の効果の及ぶ期間にわたって償却される。

　これに対し，IFRSおよび米国基準では，のれんの償却を行わない「減損のみアプローチ」が採用されており，日本基準とIFRSおよび米国基準との顕著な差の1つとなっている。なお，米国基準では，非公開会社においてのれんの償却処理を採用可能である。

図表1－10　各アプローチの採用状況

アプローチ	採用している基準
減損のみアプローチ	IFRS 米国基準
償却および減損アプローチ	日本基準 （米国基準では非公開会社について採用可能）

　現在の採用状況だけをみると，のれんの取得後の会計処理について国際的には「減損のみアプローチ」が定着しており，日本だけが償却を支持しているようにも考えられがちであるが，のれんの償却をめぐる処理の変遷をみると状況がまた違ってみえる面もある。

　IFRSおよび米国基準が「減損のみアプローチ」を採用したのは，2000年代前半と歴史は浅く，のれんの償却は国際的にも長く行われてきた実務である。また，米国基準では平成26年（2014年）12月15日以降開始事業年度に関して非公開会社におけるのれんの償却が認められており，平成26年には日本の会計基準委員会（ASBJ），欧州財務報告諮問グループ（EFRAG），イタリアの基準設定主体（OIC）が共同でディスカッションペーパー「のれんはなお償却しな

第1章 のれんの概念と基本的な考え方　*29*

くていいのか　のれんの会計処理及び開示」を公表し，のれん償却の再導入を提案している。

　このような状況から見て取れるように，のれんの償却要否に関する議論は，現在進行中の議論として理解しておくことが適当であるようにも思われる。

　図表1－11は，償却および減損アプローチ，減損のみアプローチが支持される理由をまとめたものである。

図表1－11 各アプローチが支持される理由

アプローチ	支持される理由
償却および減損アプローチ	・自己創設のれん計上防止 ・減損テストの信頼性への疑問 ・減損損失の計上の遅れ
減損のみアプローチ	・償却の恣意性 ・償却終了による業績変動 ・アナリスト等による利用状況

①　「償却および減損アプローチ」が支持される理由

ⅰ　自己創設のれんの計上の防止

　のれんの償却が必要だとする理論的な根拠としては，自己創設のれんの計上防止があげられる。取得時に存在しているのれん，すなわち超過収益力は，そのまま放置されていれば，企業間の競争により失われていくものであり，超過収益力を維持するためには，取得後の企業等による継続的な投資が必要である。

　つまり，企業等の超過収益力が継続している場合でも，取得時に存在した超過収益力は次第に失われていくものであり，取得後の投資により獲得された超過収益力に置き換わっていくものだと考えられる。このため，償却をしない場合には実質的に自己創設のれんの計上を認めることになってしまうため，償却が必要とされるのである。

ⅱ 「減損のみアプローチ」への批判

次の2つの理由は，「減損のみアプローチ」への批判から，「償却および減損アプローチ」を支持するものである。

1つ目は，減損テストの信頼性への疑問である。減損テストを行うにあたっては，将来キャッシュ・フロー，永続的成長率，割引率等の見積りが必要となるが，これらの見積りに関して十分な信頼性を確保するのは難しいとする意見がある。のれんの償却期間は最長で20年という長期にわたるが，長期間の将来キャッシュ・フロー見積りは通常不確実性の高い見積りといえる。

2つ目は，過去の実態として，減損損失の計上時期は遅すぎる傾向があると考えられていることである。上記のように見積りが困難であることは減損損失の計上が遅れる要因として考えられる。また，金融危機などの際に減損損失が一度で多額に計上されると景気変動を増幅させる効果があることにも批判がある。

② 「減損のみアプローチ」が支持される理由

「減損のみアプローチ」を支持する理由は，主に「償却および減損アプローチ」による償却への批判の面から説明される。のれんを償却するには，償却期間や償却方法を決定する必要があるが，のれんの効果の発現期間や費消パターンを信頼性をもって決定することは困難であり，償却費の計算は恣意的な見積りになりがちであると主張されている。また，償却が完了すると，その後の期間利益が増加するが，企業実態に変化がなくても業績に変動が生じるため，これは会社業績の忠実な表現ではないと考えられている。

これらを踏まえた結果として，多くのアナリストや企業が，のれんの償却費を無視し，のれんの償却に係る恣意性や業績変動の影響を排除したキャッシュ・フローベースに類似する形で業績の分析を行っているとする調査結果も，償却が必要ではないとする根拠となっている。

(2) 取得後ののれんの会計処理の難しさ

上記のれんの費用処理をめぐるアプローチで議論されているように，どちらのアプローチでも，償却と減損とそれぞれの見積りの難しさが論点となってお

第1章　のれんの概念と基本的な考え方　　*31*

り，それぞれのアプローチを支持するあるいは批判する大きな根拠となっている。このことからもわかるように，企業等の取得後の主要論点である償却，減損は客観的な見積りを行うことの難易度が高い実務であることを特徴としているといえる。

　しかし，償却および減損アプローチを採用する日本基準のもとでは，償却期間や長期間に及ぶ将来キャッシュ・フローの見積りが不可避であり，どのように見積りを行っていくかの検討は非常に重要である。これらの実務の詳細は，次章以降で説明されるが，ここでは，本章で取り上げたのれんの本質に関する深い理解，被取得企業等や買収の目的に関する深い理解，企業等の買収に係る意思決定過程の各段階での明確な議論およびその記録が，これら見積りの信頼性を確保するのに重要である点を強調しておく。

コラム・のれん取得時の計上額を誤るリスクへの対応

　のれんの取得時の計上額の適切性は，近年しばしば議論になっているところである。のれんは他の固定資産と異なり，のれん自体の金額を直接測定することができない点や，企業の超過収益力等の見積りに係る将来予測には不確実性を伴う点などが，のれんの計上額に係る判断を難しくしている要因であると考えられる。

　一般的に，企業または事業の取得原価は，上場企業であれば市場価格に基づいて買収価額が決定され，それ以外であれば被取得企業等の資産および負債の時価を評価した上で，貸借対照表上では識別不能な無形資産や，企業結合によるシナジー等の将来予測を踏まえて算定した将来キャッシュ・フロー等に基づいて決定される。また，入札や競合等により，当事者間の言い値に近い形で決まってしまうこともある。いずれの場合であっても，当該取得原価が適切に決定されているかどうか，およびのれんが過大に計上されていないかどうかについて，入手し得る情報やデューディリジェンスのレポート等の内容を深く理解するとともに，企業結合によるシナジー等の実現可能性について，複数の仮定やシナリオを考慮しながら多面的に検討する必要がある。

　また，企業の内部統制上，取得原価の決定に係る職務分掌，権限，報告，承認，モニタリングの基本的枠組み等を規程等で明確にするとともに，取得原価を決定する際の議案や稟議書には，結論としての金額だけでなく算定根拠（被取得企業の将来性，同業他社との比較，デューディリジェンスを実施した専門家の評判・実績，デューディリジェンスのレポートの要約（発見された問題点等を含む），企業結合によるシナジー等）についても，具体的に文書化することが望まれる。

第 2 章

のれん発生時の基本的会計処理

1 企業結合によりのれんまたは負ののれんが発生する取引

　企業結合適用指針第448項では，のれんまたは負ののれんが発生する場合の例示があり，取得による企業結合のほか，一定の条件のもと，共通支配下の取引においてものれんが発生する会計処理が定められている。

　取得による企業結合の場合と，共通支配下の取引の場合で発生するのれんまたは負ののれんは，その性格がそれぞれ異なるものの，企業結合会計基準の定めに従って図表2－1のように整理される。

(1) 取得の場合

　取得による企業結合は，パーチェス法により会計処理が行われる。取得原価と被取得企業の識別可能資産と識別可能負債に配分された純額（時価純資産）との間に差額が生じる場合に，のれんまたは負ののれんが発生する。

(2) 共通支配下の取引の場合

　共通支配下の取引において，現金を対価とするケースなど，一定の条件のもとで，個別財務諸表上のれんが発生するケースがある。共通支配下の取引は，当該企業結合が企業グループ内の内部取引として取り扱われるため，当該企業結合前後で帳簿価額が一致する必要がある。適正な帳簿価額により資産および負債は引き継がれるが，引き継いだ純資産額と交付した現金等の適正な帳簿価額（取引価格）が相違するため，差額としてのれんが発生する。

34

図表2－1	取得による企業結合の場合と，共通支配下の取引の場合で発生するのれん

【取得による企業結合】

受け入れた資産 時価	引き受けた負債 時価
のれん 差額	取得原価 時価

【共通支配下の取引による企業結合】

受け入れた資産 適正な帳簿価額	受け入れた負債 適正な帳簿価額
のれん 差額	取得原価 交付した現金等の適正な帳簿価額

2 企業結合が取得に該当する場合

(1) のれんが発生する取引の種類

① 取得による企業結合の代表的な取引形式

　共同支配企業の形成および共通支配下の取引等に該当しない企業結合は，取得と判定され，取得企業はパーチェス法による会計処理を行う。個別財務諸表上でのれんが発生する取引，連結財務諸表上でのれんが発生する取引，また，逆取得により連結財務諸表上でのれんが発生する取引に分類できる（**図表2－2**参照）。

図表2－2	のれんが発生する取引の分類

個別財務諸表上でのれんが発生する取引形式例	連結財務諸表上でのれんが発生する取引形式例	逆取得により連結財務諸表上でのれんが発生する取引形式例
合併 会社分割（分割承継会社） 事業譲受	株式交換 株式移転 株式取得	吸収合併 吸収分割 現物出資 株式交換

第2章　のれん発生時の基本的会計処理　　*35*

　企業結合とは，ある企業または企業を構成する事業と他の企業または他の企業を構成する事業とが1つの報告単位に統合されることをいう（企業結合会計基準5項）。合併，会社分割，事業譲受，株式交換，株式移転等の組織再編行為に加え，株式取得による子会社化も親会社の連結財務諸表の報告単位に追加されることから，企業結合として取り扱うことになる。

②　逆取得の場合

　通常は，企業結合の対価として株式を交付した企業が取得企業となるが，対価として株式を発行していない企業または事業の規模が相対的に大きいことなどにより，主従関係が逆転するケースが発生する。

　企業結合会計基準では，会社法の規定などとの関係から複数の会計処理が考えられる逆取得の個別財務諸表上の会計処理について，その法的な形式ごとに定め，**図表2－3**のように整理されている（企業結合会計基準112項）。連結財務諸表上は経済的な実態を反映するため，会社法の規定などの制約がなく，通常の取得の会計処理が行われる。

　逆取得は，取得に該当する（共同支配企業の形成や共通支配下の取引に該当しない）ため，連結財務諸表上で被取得企業の識別可能資産および負債の時価評価を行うことから，連結財務諸表上でのみのれんが発生する。

図表2－3　法的形式別の逆取得の例と会計処理

法的な取引形式	逆取得の典型例	個別財務諸表上の処理
吸収合併	株式を発行する存続会社が被取得企業となり，存続会社に吸収される消滅会社が取得企業となる場合	存続会社において，消滅会社（取得企業）の資産および負債を合併直前の適正な帳簿価額で計上する
吸収分割（分社型分割）	株式を発行する吸収分割承継会社が被取得企業となり，吸収分割承継会社に事業を移転する吸収分割会社が取得企業となる場合	取得企業（吸収分割会社）において，吸収分割承継会社が発行した株式を移転事業の株主資本相当額で算定する

現物出資	事業が現物出資され，株式を発行する会社が被取得企業となり，現物出資会社が取得企業となる場合	現物出資会社（取得企業）において，被取得企業が発行した株式を現物出資した事業の株主資本相当額で算定する
株式交換	株式を発行する完全親会社が被取得企業となり，完全子会社が取得企業となる場合	完全親会社（被取得企業）において，完全子会社株式の取得原価を株式交換直前の同社の株主資本相当額で算定する

③ 取得の場合の会計処理の概要

　企業結合が取得に該当する場合，パーチェス法による会計処理が行われる。

　企業または事業の購入（取得）であるため，パーチェス法の取得原価は，建物などの固定資産の取得などと同様に時価が基礎となる。

　上場会社など市場価格のある企業を取得する場合や取得時のプレミアムの発生などにより，取得価額と被取得企業の識別可能資産および負債の差額（時価純資産）とは通常一致しない。

　取得による企業結合においては，企業または事業を取得することを目的としていることから，受け入れた資産および引き受けた負債は，被取得企業が記録していた帳簿価額を基礎とするものの，識別可能資産および負債を新たに識別し，取得原価を識別可能資産および負債に対して時価を基準に配分する必要がある。

　当該取得価額と，被取得企業の識別可能資産および負債の時価との差額は，のれんまたは負ののれんとして処理される。

④ みなし取得日

　みなし取得日とは，子会社の支配獲得日，株式の取得日または売却日等が子会社の決算日以外の日である場合に，当該日の前後いずれかの決算日に支配獲得，株式の取得または売却等が行われたものとみなして処理した場合の，当該日のことをいう（連結会計基準（注5））。なお，この場合の決算日には四半期

第2章　のれん発生時の基本的会計処理　*37*

決算日または中間決算日も含まれる（資本連結実務指針7項また書き）。

| 設例2－1 | 取得による企業結合の場合 |

[前提条件]
① X1年4月1日を企業結合日（吸収合併日）とし，A社（3月決算）はB社（3月決算）を吸収合併した。対価として現金1,000の支払いを行ったA社が取得企業となる。
② B社の企業結合日前日の個別貸借対照表は次のとおりである。

科目	金額	科目	金額
諸資産	400	諸負債	200
		資本金	100
		利益剰余金	100

③ 資産および負債は，評価が完了し，諸資産の時価は500，諸負債の時価は帳簿価額と同額である。その他の識別可能資産および負債はない。
④ 企業結合以前にA社とB社に資本関係はない。
⑤ 税効果は考慮しない。

[会計処理]
＜企業結合日のA社個別財務諸表上の会計処理（X1年4月1日）＞

（借）	諸資産	（※1）500	（貸）	諸負債	（※2）200
	のれん	（※4）700		現金	（※3）1,000

（※1）500…前提条件③の諸資産の時価
（※2）200…前提条件③の諸負債の時価
（※3）1,000…前提条件①の取得対価
（※4）差額により算出

(2) 取得による企業結合の取得原価の算定
① 取得対価の種類ごとの時価の算定
企業結合が取得となる場合，被取得企業または取得した事業の取得原価は，

38

原則として，取得の対価（支払対価）となる財の企業結合日における時価で算定する（企業結合会計基準23項，企業結合適用指針36項）。

具体的な時価の算定方法は**図表2−4**のように整理できる。

図表2−4 時価の算定方法

支払対価	測定額
現金の場合	現金支出額
取得企業による市場価格のある株式の交付の場合	当該株式の企業結合日における株価に交付した株式数を乗じた額
現金以外の資産の引渡し，負債の引受けまたは株式の交付の場合（上記の市場価格のある株式を除く）	支払対価である財の時価と受け入れた純資産の時価のうち，より高い信頼性をもって測定できる時価で測定した額

② 支払対価が現金である場合の取得対価の算定

i 円貨の場合

企業結合の対価が円建取引での契約の場合，企業結合日の時価である円貨建てでの現金支出額で測定される。

ii 外貨の場合

外貨建取引での契約の場合は，企業結合日の為替レートにより現金支出額を換算した金額で測定される。

なお，実務上は，企業結合の意思決定時点から企業結合の実施日までの為替相場の変動のリスクに対応するために為替予約を締結する場合がある。為替予約を締結した場合には，当該為替予約の予約レートに基づいた現金支出額で測定する方法とヘッジ会計を適用した金額で測定する方法などが考えられる。

なお，みなし取得日を用いる場合などでは，在外子会社を新たに連結の範囲に含めた時点で為替換算調整勘定が計上される[1]。

---

1 「為替換算調整勘定の会計実務（第2版）」新日本有限責任監査法人編，中央経済社，P.25。

③　支払対価が取得企業の株式である場合の取得対価の算定

市場価格のある取得企業等の株式が取得の対価として交付される場合には，取得の対価となる財の時価は，原則として，企業結合日における株価を基礎として算定する（企業結合会計基準24項）。当該株式に付すべき時価は市場価格とし，市場において公表されている取引価格の終値を原則として適用し，終値がなければ気配値を適用することが考えられる（時価算定適用指針9項）。企業結合日において上場廃止となった場合は，直前において公表された終値または気配値を用いることになると考えられる。

支払対価として取得企業の株式が交付された場合の取得の対価の算定は，**図表2-5**（41頁）のように行う（企業結合適用指針38項）。また，支払対価が取得企業の種類株式の場合や自社以外の株式（たとえば親会社株式）の場合は，当該方法に準じて算定する。

また，支払対価として取得企業の株式ではなく，たとえば，逆取得となる合併などで被取得企業の株式が交付された場合は，取得の対価となる時価は，被取得企業の株主が結合後企業に対する実際の議決権比率と同じ比率を保有するのに必要な数の取得企業株式を，取得企業が交付したとみなして算定する（設例2-2の計算例も参照）。株式移転により株式移転完全親会社の株式が交付された場合も同様とする（企業結合会計基準（注1））。

設例2-2　逆取得の場合の株式数の算定

[前提条件]

①　X1年4月1日を企業結合日（吸収合併日）とし，A社（決算日：3月31日）はB社（決算日：3月31日）を吸収合併した。対価としてA社株式（時価800）を交付したが，相対的に規模の大きいB社が取得企業であった。

②　企業結合日前日のA社の個別貸借対照表は次のとおりである。

科目	金額	科目	金額
諸資産	300	諸負債	200
		資本金	50
		利益剰余金	50

③ 企業結合日前日のB社の個別貸借対照表は次のとおりである。

科目	金額	科目	金額
諸資産	800	諸負債	400
		資本金	200
		利益剰余金	200

④ 資産および負債は，評価が完了し，A社の諸資産の時価は350，諸負債の時価は200である。その他の識別可能資産および負債はない。

⑤ 企業結合以前にA社とB社に資本関係はない。

⑥ 税効果は考慮しない。

⑦ B社の株主資本の内訳項目は，企業結合適用指針第84項(1)①イの定めに従い，そのまま引き継ぐ。

⑧ 合併時の発行済株式総数は，A社は50株，B社は50株であり，合併比率は1：2であった。合併によりA社は100株を発行し，合併後のA社の発行済株式総数は150株となった。

⑨ 合併時のA社の企業価値は400，B社の企業価値は800と算定された。

⑩ A社およびB社の利益剰余金は，すべて取得後利益剰余金である。

⑪ 合併期日のB社の株価は1株当たり16であった。

［会計処理］

＜企業結合日の会計処理（X1年4月1日）＞

① 個別財務諸表上の会計処理（A社）

(借) 諸資産	（※1）800	(貸) 諸負債	（※2）400
		資本金	（※3）200
		利益剰余金	（※3）200

（※1）800…前提条件③の諸資産の適正な帳簿価額
（※2）400…前提条件③の諸負債の適正な帳簿価額
（※3）200…前提条件⑦の株主資本の内訳項目

第2章　のれん発生時の基本的会計処理　*41*

② 　連結財務諸表上の会計処理（個別財務諸表の影響の消去）

(借) 諸負債	（※1）200	(貸) 諸資産	（※4）300
資本金	（※2）50		
利益剰余金	（※3）50		

（※1）200…前提条件②の諸負債の適正な帳簿価額
（※2）50…前提条件②の株主資本の適正な帳簿価額
（※3）50…前提条件②の株主資本の適正な帳簿価額
（※4）300…前提条件②の諸資産の適正な帳簿価額

③ 　連結財務諸表上の会計処理（パーチェス法の処理）

(借) 諸資産	（※1）350	(貸) 諸負債	（※2）200
のれん	（※6）250	資本金	（※3）50
		資本剰余金	（※4）350

（※1）350…前提条件④の諸資産の適正な帳簿価額
（※2）200…前提条件④の諸負債の適正な帳簿価額
（※3）50…「② 　連結財務諸表上の会計処理（個別財務諸表の影響の消去）」の振戻し（連結財務諸表上の資本金の額を合併後のA社の個別財務諸表上の資本金の額に合わせる）
（※4）350＝前提条件①の取得に要した対価400（＝B社株価@16×B社が交付したとみなす株式数25株（※5））－資本金への振替額50（※3）
（※5）B社が交付したとみなす株式数
　　　旧A社株主の結合後企業に対する議決権比率は33.3%（A社合併前発行済株式総数50÷A社合併後発行済株式総数150）である。当該議決権比率になるようにB社が株式を交付したとみなす株式数は，25株である（25株÷（旧B社発行済株式総数50株＋25株））
（※6）50…差額により算出

| 図表2－5 | 支払対価が取得企業の株式である場合の取得対価の算定 |

支払対価	測定額
ⅰ 　取得企業の株式に市場価格がある場合	企業結合日における株価に交付株式数を乗じた額

ii　ⅰがない場合（ⅲを除く。）	時価算定会計基準に従って，マーケット・アプローチまたはインカム・アプローチ（またはこれらを併用した方法）により算定した時価に交付株式数を乗じた額
ⅲ　ⅰがない場合で，被取得企業が公開企業の場合	原則として，被取得企業の企業結合日の株価に交付株式数（交換比率考慮後）を乗じた額（企業結合適用指針356項）
ⅳ　上記以外で，非公開企業同士の株式の交換において，企業結合会計上の測定値として妥当と認められる時価純資産が算定されている場合	被取得企業から受け入れた識別可能資産および負債の企業結合日の時価を基礎とした正味の評価額をもって評価することもできる

（※）企業結合適用指針38項の定めは，時価算定会計基準の公表により改正され，具体的な算定方法が削除されているが，基本的な考え方を大きく変えるものではないと考えられる。

④　取得が複数の取引により達成された場合（段階取得）の取得対価の算定

被取得企業の株式取得が複数の取引により達成された場合の個別財務諸表と連結財務諸表での会計処理は，以下のように整理される。

ⅰ　個別財務諸表

支配を獲得するに至った個々の取引ごとの原価の合計額をもって，被取得企業の取得原価とする（企業結合会計基準25項(1)）。

ⅱ　連結財務諸表

支配を獲得するに至った個々の取引すべての企業結合日における時価をもって，被取得企業の取得原価を算定する。なお，当該被取得企業の取得原価と，支配を獲得するに至った個々の取引ごとの原価の合計額（持分法適用関連会社と企業結合した場合には，持分法による評価額）との差額は，原則として，当期の段階取得に係る損益として処理する（企業結合会計基準25項(2)，企業結合適用指針305-2項）

⑤　子会社株式の追加取得時の会計処理

平成25年改正の企業結合会計基準等において，子会社株式を追加取得した場

合には，追加取得した株式に対応する持分を非支配株主持分から振り替えて親会社持分を増加させ，親会社の追加取得持分と追加投資額とを相殺消去し，追加取得持分と追加投資額との間に生じた差額は，資本剰余金とするものと改正されている（連結会計基準28項）。このため，子会社株式の追加取得時には，のれんまたは負ののれんは発生しない。

(3) 取得関連費用の会計処理

① 株式取得など連結財務諸表での企業結合の場合

取得関連費用（外部のアドバイザー等に支払った特定の報酬・手数料等）の個別財務諸表と連結財務諸表での会計処理は，以下のように整理される。

i 個別財務諸表

個別財務諸表における子会社株式の取得原価には，他の有価証券と同様に，購入手数料その他，その有価証券の購入のために直接要した費用を含める（企業結合会計基準94項，金融商品実務指針56項）。

ii 連結財務諸表

取得関連費用は，発生した連結会計年度の費用として処理する（企業結合会計基準26項）。

なお，当該取得関連費用と前記「i　個別財務諸表」における付随費用の関係については，前者の取得関連費用は後者の付随費用だけでなく，より広い範囲の支出が含まれるものとされている（「金融商品会計に関するQ&A」Q15-2）。このため，個別財務諸表上，子会社株式の取得原価に含められた付随費用は，連結財務諸表上は全額を費用処理するとともに，付随費用以外の取得関連費用についても，発生時の連結会計年度に費用として処理することになる。

② 吸収合併など個別財務諸表での企業結合の場合

吸収合併や事業譲受など個別財務諸表で取得の会計処理が行われる企業結合は，組織再編の形式が異なるのみであり，連結財務諸表での企業結合と同様に，取得関連費用が発生することが実務上多いと考えられる。

個別財務諸表上での企業結合においては，株式を取得する際の付随費用を取得原価へ算入する処理が行われないため，個別財務諸表上でも取得関連費用を

発生した事業年度の費用として処理する必要がある（企業結合会計基準26項）。

③　決算期をまたぐ取得関連費用の取扱い

一般的な企業買収のプロセスにおいて，買収企業の選定以後に取得関連費用が発生した時点で費用認識する必要があるが，決算期をまたぐ取得関連費用の費用処理の事業年度には留意が必要である。

個別財務諸表上は，成立の可能性が高いと判断される場合に仮払金等の資産に計上した金額を，買収が成立した場合には取得原価に含め，不成立になった場合には不成立が確定した時点で費用計上することになると考えられる。

連結財務諸表上は，取得関連費用が発生した連結会計年度の費用として処理する必要があるため，アドバイザリー契約等の役務提供の内容ごとの発生時期と対価を明確にする必要があると考えられる。

また，役務提供に係る消費税の認識は，役務提供を受けた事業年度に課税仕入を認識する必要があると考えられる。

④　持分法適用関連会社の株式の付随費用の場合

関連会社に対する投資に適用される持分法の取扱いは，平成25年改正の企業結合会計基準等の影響を受けず，付随費用は，引き続き取得原価を構成することとなる。このため，連結子会社の取得関連費用との相違点に留意する必要がある（持分法実務指針36－3項）。

なお，持分法適用非連結子会社については，連結子会社における取扱い（発生時費用処理）と関連会社と同様の取扱い（取得原価に含める）のいずれも適用できる（持分法実務指針2－2項，3－2項）。

(4)　条件付取得対価の会計処理
①　条件付取得対価の会計処理の考え方

一般的に条件付取得対価とは，企業結合後の将来の特定の事象または取引の結果に依存して，企業結合後に追加的に交付または引き渡される取得対価である（企業結合会計基準（注2））。企業結合後の被取得企業の業績が契約時の条件を上回った場合や株価が一定金額以上となった場合に，追加的に取得対価を

第2章　のれん発生時の基本的会計処理　*45*

支払うものが挙げられる。また，反対に契約時の条件を満たした場合に対価の返還を受けるもの（マイナスの条件付対価）も含まれると考えられる[2]。

　たとえば，被取得企業が企業結合契約締結後の特定年度において契約で定めた利益水準を維持または達成したときに，取得企業が株式を追加で交付する条項や1株当たりの株式価値の修正を行う条項などが該当すると考えられる（企業結合会計基準27項(1)，(2)）。

　会計基準において条件付取得対価の会計処理は，将来の業績に依存する条件付取得対価と特定の株式または社債の市場価格に依存する条件付取得対価に分けて整理されている。

ⅰ　将来の業績に依存する条件付取得対価

> 条件付取得対価の交付または引渡しが確実となり，その時価が合理的に決定可能となった時点で，支払対価を取得原価として追加的に認識するとともに，のれんまたは負ののれんを追加的に認識する。

ⅱ　特定の株式または社債の市場価格に依存する条件付取得対価

> 条件付取得対価の交付または引渡しが確実となり，その時価が合理的に決定可能となった時点で，次の処理を行う。
> - 追加で交付可能となった条件付取得対価を，その時点の時価に基づき認識する。
> - 企業結合日現在で交付している株式または社債をその時点の時価に修正し，当該修正により生じた社債プレミアムの減少額またはディスカウントの増加額を将来にわたって規則的に償却する。

　追加的に認識するのれんまたは負ののれんは，企業結合日時点で認識されたものとして仮定して計算し，追加認識する事業年度以前に対応する償却額および減損損失額は損益として処理する（企業結合会計基準（注4））。

2　平成25年11月20日　第19回基準諮問会議　全資料(1)-4。なお，当該論点については，対価が返還されるケースも条件付取得対価に含まれるという点を企業結合会計基準の改正により明確化するよう，企業会計基準委員会（ASBJ）において審議が進められている（平成29年10月26日　第371回企業会計基準委員会　審議資料(4)-2参照）。

46

> ### 設例2-3　将来の業績の達成条件のある場合

［前提条件］

① X1年4月1日を企業結合日（株式取得日）とし，A社（3月決算）はB社（3月決算）の発行済株式総数の100%を取得した。対価として現金1,000の支払いを行ったA社が取得企業となる。

② 株式の売買契約の条件として，B社のX3年3月期の経常利益が300を超過した場合に，追加の支払額を200とする定めがある。X3年3月期のA社の決算作業中に，B社が経常利益300を達成することが合理的に見込まれた。

③ B社の企業結合日前日の個別貸借対照表は次のとおりである。

科目	金額	科目	金額
諸資産	400	諸負債	200
		資本金	100
		利益剰余金	100

④ 資産および負債は，評価が完了し，帳簿価額と同額である。その他の識別可能資産および負債はない。

⑤ のれんの償却期間は5年である。

［会計処理］

＜企業結合日の会計処理（X1年4月1日）＞

① 個別財務諸表上の会計処理（A社）

> （借）子会社株式　　　　　（※）1,000　（貸）現金　　　　　　　　（※）1,000

（※）1,000…前提条件①の取引価額

② 連結財務諸表上の会計処理（A社）

> （借）資本金　　　　　　　（※1）100　（貸）子会社株式　　　（※3）1,000
> 　　　利益剰余金　　　　　（※2）100
> 　　　のれん　　　　　　　（※4）800

（※1）100…前提条件③の個別貸借対照表上の適正な帳簿価額
（※2）100…前提条件③の個別貸借対照表上の適正な帳簿価額
（※3）1,000…前提条件①の取引価額

第2章 のれん発生時の基本的会計処理　*47*

（※4）差額により算出

＜企業結合事業年度ののれんの償却の会計処理（X2年3月31日）＞

① 連結財務諸表上の会計処理（A社）

| （借）のれん償却額 | （※）160 | （貸）のれん | （※）160 |

（※）160＝X1年4月1日ののれん発生額800÷5年

＜取得原価の追加認識の会計処理（X3年3月31日）＞

① 個別財務諸表上の会計処理（A社）

| （借）子会社株式 | （※）200 | （貸）未払金 | （※）200 |

（※）200…前提条件②の追加支払額

② 連結財務諸表上の会計処理（A社）

| （借）のれん | （※）200 | （貸）子会社株式 | （※）200 |

（※）200…前提条件②参照

＜企業結合年度の翌事業年度ののれんの償却の会計処理（X3年3月31日）＞

① 連結財務諸表上の会計処理（A社）

追加認識されたのれんは，企業結合日時点で認識されたものと仮定して計算し，追加認識する時点までに対応する償却額も当期の損益として処理する。

（借）のれん償却額	（※1）160	（貸）のれん	（※1）160
（借）のれん償却額	（※2）40	（貸）のれん	（※2）40
（借）のれん償却額	（※3）40	（貸）のれん	（※3）40

（※1）160＝X1年4月1日ののれん発生額800÷5年
（※2）40…X2年3月31日事業年度の償却費負担額（X3年3月31日ののれん発生額200÷5年）
（※3）40…X3年3月31日事業年度の償却費負担額（X3年3月31日ののれん発生額200÷5年）

---

② 条件付取得対価の会計処理と暫定的な会計処理との相違点

条件付取得対価の場合には，将来事象の確定などがトリガーとなるため，取得原価の変動により調整されるのれん償却額等は，過年度に遡及せずに，取得原価を追加認識した事業年度で損益として処理される。

一方，企業結合の翌事業年度に取得原価の配分が確定するような暫定的な会

計処理の場合には，企業結合（過去の事象）の暫定的な処理の確定であること
から，のれんや無形資産への取得原価の配分などの会計処理の確定の影響額を
比較情報に反映することとなる（**図表2－6**参照）。

	図表2－6	条件付取得対価の会計処理と暫定的な会計処理	

	条件付取得対価の条件確定	暫定的な会計処理の確定
会計処理の目的	将来事象の確定などにより，企業結合時点で発生していたのれんの金額が確定する	企業結合時点で評価額が困難な見積項目の金額が確定する
過年度遡及の必要性	（キャッチアップ・アプローチ）企業結合日後の事象の確定によるものであり，過年度に遡及せず決算日時点ののれん残高を調整する	（レトロスペクティブ・アプローチ）企業結合時点（過去）の事象の確定のため，比較情報に当該影響を反映する

③ 条件付取得対価の会計処理と職務執行の対価となる報酬の関係

　企業結合において，被取得企業がオーナー企業であり，株式の対価の支払い
先である株主が職務執行を行う取締役でもある場合，企業結合の対価と，前株
主である取締役等の職務執行の対価としての役員報酬等との区分に留意が必要
である。

　被取得企業に前株主である取締役等が職務執行者として残ることに加え，イ
ンセンティブを目的として，将来の業績達成をトリガーとする株式の取得価額
の追加の支払いを行う条件のある契約を締結する場合がある。当該状況におい
ては，企業価値の上昇の対価としての株式の取得価額の追加支払いと，職務執
行の対価としての役員報酬の業績連動報酬の支払いとを明確に区分する必要が
ある。

④ 株式の譲渡契約に定められた条項に従って譲渡人からの補償金を受け取る場合

　i　基本的な考え方

一般的に株式の譲渡契約の条件として，いわゆる表明保証の条項をつけることがある。表明保証とは，企業結合の契約時点やクロージング時点などにおいて，契約当事者に関する事実，契約の目的物の内容等について，真実かつ正確である旨を契約当事者がそれぞれ表明し，契約内容を保証するものである（図表2－7参照）。

図表2－7　一般的な表明保証違反の例
一般的な表明保証違反の例
企業結合日時点の事業年度の決算書で事後的に不正または誤謬が発見され，時価純資産が著しく変動した場合
事後的に売主の不法行為が発生した場合
契約書に虚偽記載を行い，適法に取引が成立しなかった場合
契約締結以後に売主により，超過収益力の源泉としていた機密情報の流出，従業員の意図的な引き抜き行為，得意先の故意の契約解除等により対象会社の収益性が著しく害された場合

取得企業は，株式譲渡代金等の契約条件の交渉を行うにあたり，被取得企業の財務・法務・労務・営業等に関する様々な点について，外部の専門家などがデューディリジェンスに関与するものの，重要な問題点を短期間にすべて把握することは困難であり，その問題点を株式譲渡代金の交渉に織り込むことも現実的ではないと考えられる。

このため，株式の譲渡契約において，売主および買主が表明保証の条項を明示し，表明保証違反の当事者に補償請求することができる等の条項（の一部）が規定されることが通常である。また，表明保証違反があった場合には，違反の金額的重要性と質的重要性の影響度や，その発見時期によって，契約をクローズしないこと，解除すること，譲渡価額を調整すること，および表明保証違反の当事者に補償請求することができるなどの条項を契約書に明記することが多いと考えられる。

株式の譲渡契約に定められた表明保証の違反については，発生原因により，

株式の取得原価の調整を行う場合や賠償金などとして即時に損益処理する場合などが考えられる。

ⅱ　契約に定められた条項に従った補償請求の会計処理の概要

売買契約上，株式の売主が支払う補償金が株式の取得対価の減額であることが明示的に示されていない場合であっても，表明保証や瑕疵担保条項等により，取引実態から実質的に取得対価の値引きであると判断される場合には，株式の取得原価から受け取った補償金を減額処理することになると考えられる。

設例2－4　過去の誤謬等により対価の修正が行われる場合

[前提条件]
① 　X 1 年 4 月 1 日を企業結合日（株式取得日）とし，A社（ 3 月決算）はB社（ 3 月決算）の発行済株式総数の100％を取得した。対価として現金1,000の支払いを行ったA社が取得企業となる。
② 　株式の売買契約に，売主であるB社の前株主は，企業結合日から起算して過去 3 年間の偶発債務で損害が生じた場合には，買主であるA社に対して損害額を補償する旨の条件がある。
③ 　B社の企業結合日前日の個別貸借対照表は次のとおりである。

科目	金額	科目	金額
諸資産	400	諸負債	200
		資本金	100
		利益剰余金	100

④ 　資産および負債は，評価が完了し，帳簿価額と同額である。その他の識別可能資産および負債はない。
⑤ 　X 2 年 3 月31日に企業結合時点で識別していた偶発債務（X 1 年 3 月期の税金関連の誤謬による修正申告）の蓋然性が高まり損失額が確定し，売主である前株主に損害額200を請求した。
⑥ 　のれんの償却期間は 5 年である。

第2章　のれん発生時の基本的会計処理　51

⑦　税効果は考慮しない。

[会計処理]

＜企業結合日の会計処理（X1年4月1日）＞

①　個別財務諸表上の会計処理（A社）

（借）　子会社株式	（※）1,000	（貸）　現金	（※）1,000

（※）1,000…前提条件①の取引価額

②　連結財務諸表上の会計処理（A社）

（借）　資本金	（※1）100	（貸）　子会社株式	（※3）1,000
利益剰余金	（※2）100		
のれん	（※4）800		

（※1）100…前提条件③の個別貸借対照表上の適正な帳簿価額
（※2）100…前提条件③の個別貸借対照表上の適正な帳簿価額
（※3）1,000…前提条件①の取引価額
（※4）差額により算出

＜企業結合年度年度末の会計処理（X2年3月31日）＞

①　個別財務諸表上の会計処理（A社）

（借）　未収入金	（※）200	（貸）　子会社株式	（※）200

（※）200…前提条件⑤の請求額

②　連結財務諸表上の会計処理（A社）

（借）　子会社株式	（※1）200	（貸）　のれん	（※1）200
（借）　のれん償却額	（※2）120	（貸）　のれん	（※2）120

（※1）200…X1年4月1日の開始仕訳ののれん残高のうち取得価額修正（前提条件⑤参照）
（※2）120＝X2年3月31日ののれん認識額600÷5年

(5)　取得原価の配分方法

①　基本的な考え方

　取得原価は，被取得企業から受け入れた資産および引き受けた負債のうち企業結合日において識別可能なもの（識別可能資産および負債）に対して，その

企業結合日における時価を基礎として配分し，取得原価と取得原価の配分額との差額はのれん（または負ののれん）とするとされている（企業結合適用指針51項）。取得原価の配分について，識別可能資産および負債を原則として時価評価していく必要があるが，そのプロセスにおいて，留意すべき事項を後記する（**図表2－8**参照）。

図表2－8 取得原価の配分の留意点

勘定科目/種類		一般的な評価方法
金銭債権および金銭債務		時価算定会計基準に従って算定した企業結合日における時価（通常，将来キャッシュ・フローを割り引いた現在価値になると考えられるが，短期のものは通常重要性がなく割引計算されない。） 一般債権に係る貸倒引当金は金銭債権の評価額から直接控除しないことができる
有価証券		時価算定会計基準に従って算定した企業結合日における時価（市場価格がありそれを利用できる場合は市場価格，それ以外の場合は評価技法を用いて算定）
棚卸資産		企業結合日における正味売却可能価額（通常の利益率を控除したコスト・アプローチベースの価額とすることも考えられる）
有形固定資産	不動産	不動産鑑定評価額等の価額（重要性が乏しい土地には，公示価格，路線価等を基礎として算定された評価額も考えられる）
	不動産以外	マーケット・アプローチ，インカム・アプローチ，コスト・アプローチなど（併用を含む）の評価額

第2章　のれん発生時の基本的会計処理　　53

無形固定資産	マーケット・アプローチ，インカム・アプローチ，コスト・アプローチなど（併用を含む）の評価額
退職給付引当金	退職給付債務および年金資産の正味の価額
その他引当金	引当金の要件を満たす場合には，合理的に算定された評価額
偶発債務	引当金の要件を満たす場合には，合理的に算定された評価額 企業結合に係る特定勘定の要件を満たす場合には，合理的に算定された評価額
ヘッジ手段に係る資産および負債	時価算定会計基準に従って算定した企業結合日における時価
繰延税金資産	企業結合日において取得企業が判断した回収可能性に基づく評価額

出所：「ケースから引く組織再編の会計実務」新日本有限責任監査法人編，中央経済社，P.1039
　　を一部修正。

②　識別可能資産および負債の範囲

　識別可能資産および負債の範囲は，被取得企業の企業結合日前の貸借対照表において計上されていたかどうかにかかわらず，企業がそれらに対して対価を支払って取得した場合，原則として，我が国において一般に公正妥当と認められる企業会計の基準のもとで認識されるものに限定するとされている（企業結合適用指針52項）。

　なお，被結合企業の個別財務諸表において「のれん」が計上されているとしても，当該のれんに対して時価評価を行い，取得原価を配分するようなことは行われない。のれんはあくまで取得原価と識別可能資産および負債の純額（純資産）との差額で算出されるものであるため，のれん自体は識別可能資産とはなり得ない。

③ 識別可能資産および負債への取得原価の配分額の算定

識別可能資産および負債への取得原価の配分額は，企業結合日における時価（図表2-9参照）を基礎として，算定するとされている。なお，金融商品，退職給付に係る負債など個々の識別可能資産および負債については，一般に公正妥当と認められる企業会計の基準において示されている時価等の算定方法が利用されることとなる（企業結合適用指針53項）。

図表2-9	識別可能資産および負債への取得原価の配分額

状況	価額の算出方法
観察可能な市場価格がある場合	当該市場価格に基づき測定された価額
観察可能な市場価格がない場合	合理的に算定された価額 一般的には以下の見積方法（特性等により併用や選択することも可能）により算定する ・インカム・アプローチ ・マーケット・アプローチ ・コスト・アプローチ

出所：「M&AにおけるPPA（取得原価配分）の実務」EY Japan編，中央経済社，P.45。

④ 取得原価の配分額の算定における簡便的な取扱い

取得原価の配分額は，受け入れた資産および引き受けた負債の企業結合日における時価を基礎として算定することが原則であるが，実務の負担を考慮して，被取得企業の帳簿価額が適正であり，かつ，その帳簿価額と時価との差異が重要でないと見込まれる場合には，被取得企業の適正な帳簿価額を基礎として取得原価の配分額を算定できるとされている。なお，土地など，通常は帳簿価額と時価との差異が重要になると想定される項目は，当該方法の適用について慎重に検討する必要がある（企業結合適用指針363項）。

たとえば，装置産業や製造業を営む企業または事業を対象とした買収において，耐用年数の大部分を経過して簿価が僅少となっている固定資産を引き続き主たる資産として利用する場合には，固定資産の簿価が少額であることをもっ

て簡便的な取扱いをするのではなく，観察可能な市場価額がない場合であっても合理的に算定された価額の算出の検討が必要であると考えられる。

一方，営業所等の簡易的な内部造作や備品など，企業結合の主たる目的に該当しない資産等には，簡便的な取扱いが適用できると考えられる。

重要性の考え方は，帳簿価額と時価との差異の金額的な重要性に加え，被取得企業または事業への投資目的との関連性やビジネスへの影響度などの質的な重要性も考慮する必要があると考えられる。

⑤　時価が一義的に定まりにくい資産への配分額の特例

受け入れた資産が，近郊が開発されていない土地やビジネスモデルが確立されていない新興事業を営んでいる株式など時価が一義的には定まりにくい資産が含まれ，これを評価することにより，負ののれんが多額に発生することが見込まれる場合には，その金額を当該資産に合理的に配分した評価額も，合理的に算定された時価であるとされている。したがって，当該資産に対する取得原価の配分額は，負ののれんが発生しない範囲で評価した額とすることができる。

ただし，企業結合条件の交渉過程で取得企業が利用可能な独自の情報や前提など合理的な基礎に基づき当該資産の価額を算定しており，それが取得の対価の算定にあたり考慮されている場合には，その価額を取得原価の配分額とする（企業結合適用指針55項）。

取得企業が交渉を行う過程で割安購入できた場合などは，取得時に負ののれんとして発生する可能性があるため，慎重な検討が必要であると考えられる。

⑥　無形資産への取得原価の配分

ⅰ　識別可能な無形資産の認識

受け入れた資産に法律上の権利など分離して譲渡可能な無形資産が含まれる場合には，当該無形資産は識別可能なものとして取り扱う（企業結合会計基準29項）。

無形資産としては，特許権や商標権等の法律上の権利や，自社開発ソフトウェアや顧客リスト，データベースなど分離して譲渡可能な資産が該当する（企業結合適用指針367項）。

一方,法律上の権利などの裏付けがない労働力の相乗効果(いわゆるシナジー効果や人的資産)は識別不能な資産として,のれんに含まれることになる(企業結合適用指針368項)。また,独立した価額を合理的に算出できないいわゆるブランドは,独立した価額を合理的に算定でき,かつ,分離可能性があるかどうかに留意する必要がある(企業結合適用指針370項)。

識別可能な資産は,取得企業に企業結合以後に売却する意思の有無にかかわらず,独立して譲渡可能なものであり,独自に価格が算定されなければならない(企業結合適用指針59項)。一般的な識別可能な無形資産は**図表2-10**のとおりである。

図表2-10 識別可能な無形資産例

主な分類	主な無形資産の例
マーケティング関連の無形資産	商標,商号,非競合契約等
顧客関連の無形資産	顧客リスト,顧客関係等
芸術関連の無形資産	映画フィルム,音楽作品等
契約関連の無形資産	ライセンス契約,フランチャイズ契約等
技術関連の無形資産	特許技術,内部製作ソフトウェア等

出所:「M&AにおけるPPA(取得原価配分)の実務」EY Japan編,中央経済社,P.44。

ii 無形資産の評価の流れ

取得原価の配分は,原則として,被取得企業または事業の無形資産を含むすべての識別可能資産および負債を時価により受け入れまたは引き受けることにより行われる。企業結合においては,すでに営んでいる有機的一体としての企業または事業を取得するため,一般的に,被取得企業または事業で計上されている純資産よりも取得原価が超過することとなる。取得企業は,投資の目的の特定,事業環境の検討,事業内容の把握,被取得企業の財務内容の把握等により,時価純資産の算定を行う。

時価純資産の算定において,取得企業は被取得企業または事業に対して無形資産の識別および評価額の算定を行う必要がある。当該プロセスは,取得によ

る企業結合の中でも重要なプロセスであることから，デューディリジェンスなど初期の段階から，取得原価の配分まで長い期間を経て慎重に行う必要がある。

無形資産を含む取得原価の配分においては，対象資産の性質により，**図表2－11**のような評価アプローチが存在する。

図表2－11 一般的な評価手法と留意点

一般的な評価手法	手法の説明	使用する際の留意点	無形資産の代表例
マーケット・アプローチ	評価対象資産と類似しているとみなされる資産等の対価を基礎とした価値算定方法	上場株式の時価等と同様に信頼性および有用性の確保が必要。一般的に日本では無形資産が個別に取引されることは稀である。	―
インカム・アプローチ	経済的耐用年数にわたり享受することが可能な経済的便益の現在価値合計により測定する方法	予測キャッシュ・フロー，経済的耐用年数の予測，割引率の予測が必要であり，それぞれの見積りの合理性の検討が必要である。	特許権，借地権等
コスト・アプローチ	同等の資産の取得に要するコストをもって価値を測定する方法	再調達原価等が代表例であるが，継承時点で一定期間使用されている資産が対象となることが一般的であり，経過年数や残存耐用年数を適切に把握することが必要である。	内部開発ソフトウェア等

出所：「M&AにおけるPPA（取得原価配分）の実務」EY Japan編，中央経済社，P.46。

ⅲ　識別された無形資産に対する税効果の認識

無形資産が識別された場合，その無形資産が将来加算一時差異に該当するときには，繰延税金負債を計上する必要があり，のれんの金額は当該繰延税金負債を計上した後の差額として認識される。

株式取得等の企業結合の場合，税務上の資産調整勘定は識別されない。商標

58

権などの無形資産を連結財務諸表上で識別可能資産として識別し取得原価を配分した場合は、当該新たに識別した無形資産は一時差異に該当し、税効果会計を適用する必要がある。すなわち、当該無形資産を識別したことで、その将来加算一時差異に対する繰延税金負債の認識が必要となる。

このため、取得原価の配分により、企業結合により無形資産が識別される場合には、それが認識されない場合よりもその金額だけのれんの額が異なるが、さらに繰延税金負債が計上されることで、のれんの額が変動することになる。

設例2－5　無形資産が識別される場合

[前提条件]

① X1年3月31日を企業結合日（株式取得日）とし、A社（3月決算）はB社の発行済株式総数の100%を取得した。対価として現金1,500の支払いを行ったA社が取得企業となる。

② 年度決算（X1年3月期）における、B社の商標権の適正な評価額は200とする。また、その他の資産および負債については、時価と帳簿価額が等しいものとする。

③ B社の企業結合日前日の個別貸借対照表は次のとおりである。

科目	金額	科目	金額
諸資産	1,200	諸負債	500
		資本金	400
		利益剰余金	300

④ B社の法定実効税率は30%とする。

[会計処理]

＜企業結合日の会計処理（X1年3月31日）＞

① 個別財務諸表上の会計処理（A社）

（借）　子会社株式	（※）1,500	（貸）　現金	（※）1,500

（※）1,500…前提条件①の取引価額

第2章 のれん発生時の基本的会計処理 **59**

② 連結財務諸表上の会計処理（A社）

（借）	商標権	（※1）200	（貸）	繰延税金負債	（※2）60
				評価差額	（※3）140

（※1）200…前提条件②の適正な評価額
（※2）60＝商標権への取得原価の配分額200×法定実効税率30%
（※3）差額により算出

（借）	資本金	（※1）400	（貸）	子会社株式	（※4）1,500
	利益剰余金	（※2）300			
	評価差額	（※3）140			
	のれん	（※5）660			

（※1）400…個別貸借対照表上の適正な帳簿価額
（※2）300…個別貸借対照表上の適正な帳簿価額
（※3）140…税効果考慮後の商標権の適正な評価額
（※4）1,500…前提条件①の取引価額
（※5）差額により算出

設例2－6　無形資産が識別されない場合

［前提条件］

① X1年3月31日を企業結合日（株式取得日）とし，A社（3月決算）はB社の発行済株式総数の100%を取得した。対価として現金1,500の支払いを行ったA社が取得企業となる。

② 年度決算（X1年3月期）において，B社に，新たな無形資産は識別されなかったものとする。

③ B社の企業結合日前日の個別貸借対照表は次のとおりである。

科目	金額	科目	金額
諸資産	1,200	諸負債	500
		資本金	400
		利益剰余金	300

④ 法定実効税率を30%とする。

[会計処理]

＜企業結合日の会計処理（X１年３月31日）＞

① 個別財務諸表上の会計処理（A社）

（借） 子会社株式	（※）1,500	（貸） 現金	（※）1,500

（※）1,500…前提条件①の取引価額

② 連結財務諸表上の会計処理（A社）

（借） 資本金	（※１）400	（貸） 子会社株式	（※３）1,500
利益剰余金	（※２）300		
のれん	（※４）800		

（※１）400…個別貸借対照表上の適正な帳簿価額
（※２）300…個別貸借対照表上の適正な帳簿価額
（※３）1,500…前提条件①の取引価額
（※４）差額により算出

上記の設例２－５および２－６を比較し，無形資産が識別される場合とされない場合との間での連結財務諸表での取得時の差異は，**図表２－12**のとおりである。単純に無形資産が識別され，のれんの金額が減額されるだけではなく，無形資産に係る繰延税金負債の金額分，のれんが増加することに留意が必要である。

図表２－12 無形資産の識別の可否による取得時の差異

[無形資産が識別された場合]

科目	金額	科目	金額
無形資産	200	繰延税金負債	60
のれん	660		

[無形資産が識別されていない場合]

科目	金額	科目	金額
のれん	800	繰延税金負債	－

⑦　企業結合に係る特定勘定への取得原価の配分

ⅰ　企業結合時の取扱い

　取得後に発生することが予測される特定の事象に対応した費用または損失であって，その発生の可能性が取得の対価の算定に反映されている場合には，負債として認識する（企業結合適用指針62項）。これは，企業結合日時点で，識別可能負債に該当しないもののうち，企業結合日後に発生することが予測される被取得企業の特定の事象に関連する費用または損失が該当する。

　たとえば，取得による企業結合を行い，被取得企業となる会社の一部の事業を廃止することを前提に交渉を進め，株式の売買価額算定にあたって事業の廃止の損失を反映していたとする。被取得企業は，企業結合を実施するまでの期間に当該事業を廃止する予定はなく，当該事業に係る固定資産も減損の兆候となる事実もなく，被取得企業において，関連する損失の引当金も計上していないとする。

　このような場合においては，取得後に発生することが予想される特定の事象に対応した費用または損失であって，その発生可能性が取得の対価に反映されている場合に該当するため，企業結合会計基準等の適用により，企業結合に係る特定勘定に計上し，その主な内容および金額を注記として開示することになる。

　したがって，関連費用または損失が，被取得企業において企業結合日に一般に公正妥当と認められる企業会計の基準のもとで認識される識別可能負債に該当しないもののうち，企業結合日後に発生することが予測され，被取得企業に係る特定の事象に対応した費用または損失に該当し，取得の対価の算定に反映されている場合は，企業結合に係る特定勘定として認識することになる（企業結合適用指針63項，64項）。

　なお，当該企業結合と同時に，事業の整理に係る意思決定を行う場合には，事業の整理に関連する固定資産の減損の兆候（当該資産または資産グループの回収可能価額を著しく低下させる変化が生じるか否か）に留意し，関連する資産の取得原価の配分を行う必要があると考えられる。

ii 事後的な会計処理

企業結合に係る特定勘定は，認識の対象となった事象が発生した事業年度または当該事象が発生しないことが明らかになった事業年度に取り崩すことになる。ただし，企業結合以後，引当金または未払金など，他の負債としての認識要件を満たした場合には，他の適当な負債科目に振り替えることが必要になる。また，当該事象が発生しないことが明らかになった場合の取崩額は，原則として，特別利益に計上する（企業結合適用指針66項）。

⑧　退職給付に係る負債への取得原価の配分

被取得企業の退職給付制度が確定給付制度によっている場合，企業会計基準第26号「退職給付に関する会計基準」に基づいて算定した退職給付債務および年金資産の正味の価額を基礎として取得原価が配分されるため，消滅会社の未認識項目を引き継ぐことはできない（企業結合適用指針67項）。

⑨　被取得企業においてヘッジ会計が適用されていた場合の取得原価の配分

被取得企業のデリバティブ取引については，ヘッジ会計を適用していたか否かにかかわらず，金融商品会計基準に従って算定した時価を基礎として取得原価を配分するため，被取得企業のヘッジ会計をそのまま引き継ぐことはできない。

企業結合後に，受け入れたデリバティブ取引契約に係る資産または引き受けた負債に対してヘッジ会計を適用する場合は，企業結合日において新たにヘッジ指定を行うことになる。キャッシュ・フローを固定するヘッジ取引とする場合には，企業結合日に取得原価が配分されたデリバティブの時価相当額を前受利息等に振り替え，ヘッジ対象が損益として実現する期間の損益として処理する（企業結合適用指針68項）。

なお，金利スワップの特例処理や為替予約等の振当処理についても，被取得企業の会計処理をそのまま引き継ぐことはできないと考えられる。

第2章　のれん発生時の基本的会計処理　*63*

⑩　繰延税金資産および繰延税金負債への取得原価の配分と繰延税金資産の
　　回収可能性

ⅰ　繰延税金資産および負債への取得原価の配分

　組織再編の形式が，事業を直接取得することとなる合併，会社分割等の場合
などでは，取得企業は，企業結合日において，被取得企業または取得した事業
から生じる一時差異等（取得原価の配分額（繰延税金資産および繰延税金負債
を除く）と課税所得計算上の資産および負債の金額との差額ならびに取得企業
に引き継がれる被取得企業の税務上の繰越欠損金等）に係る税金の額を，将来
の事業年度において回収または支払いが見込まれない額を除き，繰延税金資産
または繰延税金負債として計上する。繰延税金資産および繰延税金負債は，後
記する暫定的な会計処理の対象となる（企業結合適用指針69項，71項）。

ⅱ　繰延税金資産および繰延税金負債への取得原価の配分額の確定

　企業結合日に認識された繰延税金資産および繰延税金負債への配分額の見直
しは，識別可能資産および負債の取得原価の配分の見直しに起因する場合と，
将来年度の課税所得の見積りの変更等による繰延税金資産の回収見込額の見直
しによるものの2つに限定されている。

　また，課税所得の見積りの変更等については，見直しの内容が明らかに企業
結合年度における繰延税金資産の回収見込額の見直しと考えられる場合や企業
結合日に存在していた事実および状況に関して，その後追加的に入手した情報
等に基づき繰延税金資産の回収見込額の見直しを行う場合に限られる（企業結
合適用指針73項）。

　暫定的な会計処理の対象となっている理由として，取得した当初に合理的な
見積りを行うことは困難な場合が多いことが考えられ，その後の追加的な情報
等に基づく繰延税金資産の回収見込額の見直しは，取得原価の再配分として処
理することが適当なためである（企業結合適用指針379項）。

　企業結合日以後に新たに発生した事象に起因する情報は，企業結合日に存在
していた事実および状況を示す内容に該当しないため，情報の内容を慎重に検
討する必要がある。通常，追加的な情報等を入手した日と企業結合日の期間が
長くなるほど，当該情報の見直し対象に該当しない可能性が高くなると考えら

れる。企業結合日に存在していた事実および状況を示す内容であると認められない場合には，見直しによる損益影響額はその見直しを行った事業年度の法人税等調整額に計上されることとなる（企業結合適用指針379－2項）。

ⅲ　繰延税金資産の回収可能性

繰延税金資産の回収可能性は，取得企業の収益力に基づく一時差異等加減算前課税所得等により判断し，企業結合による影響は，企業結合年度から反映させる（企業結合適用指針75項）。

取得に該当する場合，被取得企業または事業の繰延税金資産等が引き継がれることはなく，一時差異等の残高に対して，被取得企業がその回収可能性を判断する。また，被取得企業において，企業結合前の決算は，企業結合がないものとした前提でその回収可能性は判断するとされ，被取得企業または事業の単独でのスケジューリングに基づいた繰延税金資産が計上されることになる。

たとえば，組織再編の形式が，事業を直接取得することとなる事業譲受等の場合などでは，繰延税金資産への取得原価の配分において，繰延税金資産の金額が，企業結合日前後で相違する場合があることに留意が必要である。

設例2－7　　繰延税金資産の金額が企業結合日前後で相違する場合

[前提条件]
① 企業結合前の被取得企業は，事業譲受以外の事業の業績不振が原因で繰延税金資産の回収可能性に係る企業の分類が（分類5）であり，賞与引当金に係る繰延税金資産の回収可能性はないものとする。
② 取得企業は，事業譲受の対象の事業単独での収益性は高く，繰延税金資産の回収可能性に係る企業の分類が（分類2）であり，賞与引当金の将来減算一時差異のスケジューリングの結果，事業譲受で取得した事業に関連する賞与引当金に係る繰延税金資産の回収可能性があるものとする。
③ 対象事業に従事する従業員が取得企業に全員引き継がれ，企業結合日時点の賞与引当金は適正な帳簿価額で引き継がれることとする。
④ 当該企業結合は，共通支配下の取引には該当しない。

第2章　のれん発生時の基本的会計処理　*65*

⑤　企業結合日が取得企業の事業年度の期首に行われたものとし，企業結合日はX1年4月1日，企業結合が行われた事業年度の決算日はX2年3月31日とする。

⑥　追加的な情報により，企業結合日以後の当該事業の損益は，企業結合日時点での収益性と同様に順調であり，企業結合日時点での繰延税金資産の回収可能性は十分であるとする。

	被取得企業の帳簿価額 X1年3月31日	取得原価の配分額 X1年4月1日
	繰延税金資産	繰延税金資産
（繰延税金資産）		
賞与引当金	30	30
繰延税金資産小計	30	30
評価性引当額	△30	-
繰延税金資産合計	-	30

iv　共通支配下の取引との相違点

共通支配下の取引では，企業結合前の決算のそれぞれの企業で，企業結合がない前提で繰延税金資産の回収可能性を判断するものとされる（企業結合適用指針75項参照）。共通支配下の取引は，企業結合前に回収可能と判断された繰延税金資産を適正な帳簿価額で引き継ぐこととなる。

共通支配下の取引における繰延税金資産の回収可能性の見直しは，その後到来する決算において行われ，その回収可能性に変化が生じた場合には，原則として繰延税金資産の計上額の差額は法人税等調整額で処理される。

共通支配下の取引を含め，税効果会計の考え方は**図表2-13**のとおりである。

| | 図表2-13 | 税効果会計の考え方 |
| | | |

	取得となる企業結合 被取得企業または事業	取得となる企業結合 取得企業	（参考） 共通支配下の取引
企業 結合日 前日	合併がない前提で繰 延税金資産の回収可 能性の判断を行う。	―	合併がない前提で繰延税 金資産の回収可能性の判 断を行う。
企業 結合日 以降	―	一時差異等の残高に ついて，企業結合日 に取得企業が繰延税 金資産の回収可能性 の判断を行う。	適正な帳簿価額を引き継 ぎ，合併に伴う繰延税金 資産の回収可能性の見直 しは，企業結合が行われた 事業年度末に行う。

(6) 暫定的な会計処理の確定処理

① 基本的な考え方

企業結合日以後の決算（四半期決算を含む）において，取得原価の配分が完了していない場合には，その時点で入手可能な合理的な情報等に基づき暫定的な会計処理を行う（企業結合会計基準（注6））。

企業結合において，取得原価の配分は企業結合日以後1年以内に行うこととされている（企業結合会計基準28項）。このような取扱いが定められているのは，識別可能資産および負債の特定や，評価が困難な資産の評価などで取得原価の配分がすみやかに完了できない状況もあり得るためである。企業結合の合意前にデューディリジェンスなどの調査が行われている場合が多く，また，1年を超えるような長期間経過後に企業結合日時点の状況に基づく時価の評価は困難であるなど実務上の対応を考慮し，取得原価の配分は1年以内に完了するものとされた。

取得原価の配分が完了する前に決算日が到来した場合には，決算日時点で入手可能な情報を暫定的な会計処理に反映させる必要がある（企業結合会計基準104項）。また，暫定的な会計処理の確定前であっても，暫定的な会計処理により算定されたのれんの額を償却しなければならない点に留意する必要がある。

なお，決算日直前に子会社株式を取得して暫定的な会計処理が行われる場合においても，連結財務諸表上資本連結の処理を行う必要があり，子会社株式と

して連結財務諸表上に株式の取得原価で計上されることはないと考えられる。

② 暫定的な会計処理が行われる勘定科目

暫定的な会計処理の対象となる項目は，繰延税金資産および繰延税金負債のほか，土地，無形資産，偶発債務に係る引当金など，実務上，取得原価の配分額の算定が困難な評価に関連する項目に限られる。

ただし，企業結合日以後最初に到来する取得企業の決算日までの期間が短い場合など，被取得企業から受け入れた識別可能資産および負債への取得原価の配分額が確定しない場合（被取得企業の適正な帳簿価額の算定が企業結合日以後最初に到来する取得企業の決算には間に合わない場合等）も想定されるので，このような場合には，被取得企業から受け入れた資産および引き受けた負債のすべてを暫定的な会計処理の対象とすることができる（企業結合適用指針69項）。なお，すべての資産および負債を暫定的な会計処理の対象とする場合は，決算日直前に企業結合が行われるなど，限定的な場合と考えられる。

③ 確定時の会計処理

ⅰ 確定時の基本的な取扱い

暫定的な会計処理の確定により取得原価の配分額を見直した場合には，企業結合日におけるのれんまたは負ののれんの額も取得原価が再配分されたものとして会計処理を行う（企業結合適用指針70項）。

ⅱ 企業結合翌年度に確定した場合の表示

暫定的な会計処理の確定が，企業結合年度ではなく企業結合年度の翌年度において行われた場合には，企業結合年度に当該確定が行われたかのように，会計処理を行う。この場合において，有価証券報告書などのように企業結合年度の翌年度の財務諸表と併せて企業結合年度の財務諸表が比較情報として表示されるときには，当該企業結合年度の財務諸表に暫定的な会計処理の確定による取得原価の配分額の見直しを反映させる（企業結合会計基準（注6），企業結合適用指針70項）。

一方，会社法開示のように企業結合年度の翌年度の財務諸表のみが開示され

68

る場合においては，暫定的な会計処理の確定がなされた年度における期首残高
において当該影響を調整することとなる。企業結合年度の翌年度の（連結）株
主資本等変動計算書において，企業結合に関する暫定的な会計処理の確定によ
る影響額を加減することにより，取得原価の配分額の見直しを反映させる（企
業会計基準第 6 号「株主資本等変動計算書に関する会計基準」5 − 3 項，会社
計算規則96条 7 項 1 号かっこ書き）。

ⅲ 暫定的な会計処理の確定とのれんの償却

　暫定的な会計処理の確定によって，結果的にのれんの金額が変更されること
になる。この場合であっても，暫定的な会計処理はあくまで取得原価の配分に
係る特例であって，のれんの償却年数を暫定的に決定できるとされているもの
ではないため，のれんの償却年数を事後的に変更することにはならないと考え
られる点に留意する必要がある。

ⅳ 暫定的な会計処理と「負ののれん」の関係

　暫定的な会計処理によって「負ののれん」が生じた場合でも，通常の企業結
合における手続と同じく，すべての識別可能資産および負債が把握されている
か，取得原価の配分が適切に行われているかという点を可能な範囲で見直し（企
業結合会計基準33項参照），なお負ののれんが生じる場合には，暫定的な会計
処理として負ののれん発生益を計上する。

　その後，暫定的な会計処理の確定によっても引き続き負ののれんが計上され
る場合には，改めて前記の見直しの手続を実施することになると考えられる。
また，暫定的な会計処理の確定によって負ののれんがのれんになったときには，
企業結合日にのれんが生じていたものとして会計処理を行うことになる（企業
結合適用指針70項）。

| 設例 2 − 8 | 企業結合年度の翌年度に暫定的な会計処理が確定した場合 |

[前提条件]

①　X 1 年 1 月 1 日を企業結合日（株式取得日）とし，A社（ 3 月決算）はB

第2章　のれん発生時の基本的会計処理　　69

社の発行済株式総数の100%を取得した。対価として現金1,500の支払いを行っ
たA社が取得企業となる。

② A社はB社の持つ特許権の取得を主たる目的として企業結合を行っており，
当該特許権を識別可能な無形資産として新たに認識する。

③ 年度決算（X1年3月期）において，B社の特許権については，評価額が
確定せず取得原価の配分作業が完了しなかったため，評価額はゼロとして暫
定的な会計処理を行った。また，その他の資産および負債については，時価
と帳簿価額は等しいものとする。

④ B社の企業結合日前日の個別貸借対照表は次のとおりである。

科目	金額	科目	金額
諸資産	1,200	負債	500
		資本金	400
		利益剰余金	300

⑤ その後，X1年9月30日に追加的な情報を入手し，当該特許権の評価額が
400であると算定された。なお，特許権は10年，のれんは5年で償却するも
のとする。

⑥ 税効果は考慮しない。

[会計処理]

＜企業結合日の会計処理（X1年1月1日）＞

① 個別財務諸表上の会計処理（A社）

> （借）子会社株式　　　　（※）1,500　（貸）現金　　　　　　（※）1,500

（※）1,500…前提条件①の取引価額

② 連結財務諸表上の会計処理（A社）

> （借）資本金　　　　　（※1）400　（貸）子会社株式　　（※3）1,500
> 　　　利益剰余金　　　（※2）300
> 　　　のれん　　　　　（※4）800

（※1）400…個別貸借対照表上の適正な帳簿価額
（※2）300…個別貸借対照表上の適正な帳簿価額
（※3）1,500…前提条件①の取引価額
（※4）差額により算出

＜年度決算日の会計処理（Ｘ１年３月31日）＞

連結財務諸表上の会計処理（A社）

（借） のれん償却額	（※）40	（貸） のれん	（※）40

（※）40＝暫定的なのれん償却額800÷５年÷12か月×３か月

＜暫定的な会計処理の確定時の会計処理（Ｘ１年９月30日）＞

① 連結財務諸表上の企業結合日におけるあるべき会計処理（A社）

（借） 資本金	（※１）400	（貸） 子会社株式	（※３）1,500
利益剰余金	（※２）300		
特許権	（※４）400		
のれん	（※５）400		

（※１）400…個別貸借対照表上の適正な帳簿価額
（※２）300…個別貸借対照表上の適正な帳簿価額
（※３）1,500…前提条件①の取引価額
（※４）400…Ｘ１年９月30日に判明した特許権の評価額
（※５）差額により算出

② 連結財務諸表上の企業結合を行った連結会計年度の決算日におけるあるべき会計処理（A社）

（借） 特許権償却費	（※１）10	（貸） 特許権	（※１）10
（借） のれん償却額	（※２）20	（貸） のれん	（※２）20

（※１）10＝400÷10年÷12か月×３か月
（※２）20＝400÷５年÷12か月×３か月

①および②の会計処理が企業結合連結会計年度になされるべきであったと考えると，暫定的な会計処理を確定処理に修正するための会計処理は以下のとおりとなる。

（借） 特許権	（※１）400	（貸） のれん	（※１）400
（借） 利益剰余金(期首)	（※２）10	（貸） 特許権	（※２）10
（借） のれん	（※３）20	（貸） 利益剰余金(期首)	（※３）20

（※１）400…Ｘ１年９月30日に判明した特許権の評価額
（※２）10＝前期の特許権償却費400÷10年÷12か月×３か月
（※３）20＝暫定的なのれん償却額40－確定したのれん償却額20

第2章 のれん発生時の基本的会計処理 71

(7) のれんの会計処理

① のれんの会計処理および開示

のれんは，金額的に重要性が乏しい場合を除き，無形固定資産に計上し，20年以内のその効果のおよぶ期間にわたって，定額法その他の合理的な方法により規則的に販売費及び一般管理費の区分で償却する（企業結合会計基準32項，47項）。

ⅰ のれん償却の開始時期

のれん償却の開始時期は企業結合日である。みなし取得日の定めによる場合に，みなし取得日が四半期を含む期首であるときには，期首からのれんを償却し，四半期を含む期末であるときには，翌（四半期）期首からとなる（企業結合適用指針76項(1)，資本連結実務指針7項，62－2項）。

なお，重要性が乏しいのれんについて発生時に費用処理する場合に，みなし取得日の定めを用いて，四半期を含む期末日をみなし取得日としているときには，のれんを原則どおり償却する場合には翌（四半期）期首からの償却となるが，費用処理はのれんが生じた期（または四半期）になると考えられる。

ⅱ 企業結合日での全額費用処理の可否

のれんの発生額に重要性が乏しい場合を除き，のれんを企業結合日に全額費用処理することはできない（企業結合適用指針76項(2)）。のれんは被取得企業の超過収益力であり，他の無形資産へ取得原価の配分が行われ，のれんへの残余配分額の重要性が乏しい場合や，企業結合年度に減損の兆候が存在すると考えられる場合などを除き，超過収益力の発現が1年以内となることは想定されていないためと考えられる。

ⅲ のれんに関連する費用の表示

のれんに関連する費用に係る損益の表示区分は，**図表2－14**のように整理される。

図表2−14	のれんに関連する費用の開示	
費用の種類	開示区分	根拠となる会計基準
のれん償却額	販売費及び一般管理費	企業結合会計基準47項
重要性が乏しい場合の費用処理	販売費及び一般管理費	企業結合適用指針76項(4)
減損損失	特別損失	企業結合適用指針77項なお書き

iv　関連会社と企業結合したことにより発生したのれんの取扱い

　関連会社と企業結合したことにより発生したのれんは，持分法による投資評価額に含まれていたのれんの未償却部分と区分せず，企業結合日から新たな償却期間にわたり償却する（企業結合適用指針76項(5)）。

　企業結合日から新たに償却することは，段階取得に係る損益の処理と同様に，投資の目的の変化を反映していることに起因していると考えられる。

v　在外子会社株式の取得等により生じたのれん

　在外子会社株式の取得等により生じたのれんに関して，在外子会社等の財務諸表項目が外国通貨で表示されている場合には，当該外国通貨で把握し，決算日の為替相場により換算する（企業結合適用指針77−2項）。

②　のれん償却の基本的な考え方

　のれんの償却方法について，本来的には，一定期間にわたり規則的な償却を行う方法，規則的な償却を行わずにのれんの価値が損なわれた時に減損処理を行う方法，取得時に即時費用化する方法などが考えられる。

　わが国の企業結合会計基準は，以下の理由などから，一定の期間にわたり規則的な償却を行う方法を採用している（企業結合会計基準105項，企業結合適用指針381項）。

i 企業結合の成果たる各年度の収益と，その対価の一部を構成する投資消去差額の償却という費用の対応が可能になること

ii のれんは投資原価の一部であることに鑑みれば，のれんを規則的に償却する方法は，投資原価を超えて回収された超過額を企業にとっての利益とみる考え方とも首尾一貫していると考えられること

iii 企業結合により生じたのれんは時間の経過とともに自己創設のれんに入れ替わる可能性があるため，企業結合により計上したのれんの非償却による自己創設のれんの実質的な資産計上を防ぐことができること

iv のれんのうち価値の減価しない部分の存在も考えられるが，その部分だけを合理的に分離することは困難であり，分離不能な部分を含め規則的な償却を行う方法には一定の合理性があると考えられること

③ のれんの償却期間の決定の方法

のれんの償却期間は，取得時点において取得企業が被取得企業に対して見込んでいる超過収益力の効果の発現期間と考えられる。このため，企業結合ごとにのれんの償却期間の検討が必要である（企業結合適用指針76項(6)）。

被取得企業は，継続企業を前提としているものの，自己創設のれんの排除などの観点から，投資先の超過収益力の効果の発現期間を見積り，のれんの償却期間を決定する必要がある。この際に，投資の合理的な回収期間を参考にすることも可能である（企業結合適用指針382項）。効果の発現期間については，企業結合の目的によってさまざまであって，実態に応じた方法で判断する必要があり，企業結合の事象ごとに償却年数を決定する。効果の発現期間は以下のiからivなどを考慮して決定されることになると考えられる[3]。

i 取得時の将来計画により投資が回収される期間

一般的に，取得企業は被取得企業の将来キャッシュ・フローにより投資回収を計画していることから，取得時点で策定されている計画における将来キャッ

---

3 「M&AにおけるPPA（取得原価配分）の実務」EY Japan編，中央経済社，P.208。

シュ・フローにより回収を見込んでいる期間をのれんの効果の発現期間とすることが考えられる。当該方法によれば，投資先の超過収益力の効果の発現期間よりも投資が回収されると見込む期間が短い場合には，償却期間が保守的に短くなる。理論上，当該方法では，のれん償却額の合計額と投資が回収される期間の利益の合計額が等しくなる。

ⅱ　取得時に算定した将来計画における見積期間

　一般的に，取得企業が被取得企業の取得対価を算定するにあたり割引将来キャッシュ・フローを見積る場合がある。その見積期間は，当該企業結合により被取得企業からキャッシュ・フローがもたらされると期待している合理的で予測可能な期間である。のれんの効果の発現期間を当該期間とすることにより，キャッシュ・フローの見積期間とのれんの償却期間を一致させることができ，費用収益対応の原則と整合する。

　ただし，経済環境の変化が著しいことなどから保守的に見積期間を短くする場合や，各期ののれん償却額を軽くするように意図的に将来キャッシュ・フローの見積期間を長くする場合も考えられる。また，投資の期間を区切るような場合などを除き，通常の被取得企業は見積期間以後も事業を継続すると考えられるため，のれんの償却期間が被取得企業の実態と乖離する場合もあると考えられる。

ⅲ　被取得企業が既存の事業を行うと合理的に見積られる期間

　企業結合の目的が，被取得企業の保有している期限の定められている権利を利用して投資を回収する場合や，投資期間を意思決定時点で定めて投資を行うような場合に，当該投資期間をのれんの償却期間とする考え方がある。

　当該企業結合において見込んだ収益獲得期間で償却するため，費用収益対応の原則と整合するものの，目的となる権利の利用期間や投資期限を定めた投資など，取得時点で投資回収期間を明確に決定している場合以外には使用は困難となる。

第2章　のれん発生時の基本的会計処理　　75

iv　取得にあたり算出した永久価値を使用する場合の期間

　被取得企業の取得対価を算定するにあたり，被取得企業の老舗の商号，伝統
的なブランドや事業の継続性を超過収益力とみなし，被取得企業の永久価値を
使用して企業価値を算出する場合がある。このような場合には，日本の基準上
認められている償却期間の上限である20年とすることが考えられる。永久価値
を想定した20年は長期間であることや，期待したキャッシュ・フローが一定で
継続するまたは一定率で成長し続けると仮定するものであるため，仮定の合理
性が客観的に判断できる必要がある。

④　企業結合により複数の資産グループを取得した場合ののれんと
　　負ののれん

　取得による企業結合を行い，被取得企業となる会社が持株会社の場合や，対
象会社が複数の事業セグメントを有しており，複数の資産グループで構成され
ている場合がある。

　このような場合，契約などにより取得の対価がおおむね独立して決定され，
かつ，内部管理上独立した業績報告が行われる単位が明確であるときには，当
該業績報告が行われる単位ごとに分解し，のれんまたは負ののれんを算定して
処理する必要があると考えられる。

　たとえば，企業グループ（最上位の持株会社）を株式交換で取得する際に，
株式交換比率（買収価額）を最上位の持株会社が所有する子会社株式の時価も
勘案して決定していることが考えられる。株式交換完全子会社の子会社（取得
企業からみるといわゆる孫会社）には，株式の時価が時価純資産額より高い子
会社と，株式の時価の方が時価純資産額より低い子会社が存在する可能性があ
る。また，それぞれ独立した異なる事業を営んでいる場合（将来獲得するキャッ
シュ・フローについて相互依存関係がない場合），被取得企業株式の取得対価
の決定にあたって，子会社ごとの株式価値が考慮されているため，子会社ごと
に算定されたのれんおよび負ののれんは総額で会計処理することになると考え
られる（図表2－15参照）。

　なお，買収した子会社の傘下の子会社が上場会社である場合，これらの会社
の株式には時価（市場価格）があり，これらの株式も買収した子会社の資産で

あるため，連結財務諸表上，全面時価評価法の対象となり，最も客観的な価額である市場価格で時価評価することになる。このような場合，結果として当該上場子会社を連結の範囲に含めるときには，市場価格とこれらの会社の時価純資産額との差額をのれんまたは負ののれんとして取り扱うことになると考えられる（資本連結実務指針22項参照）。

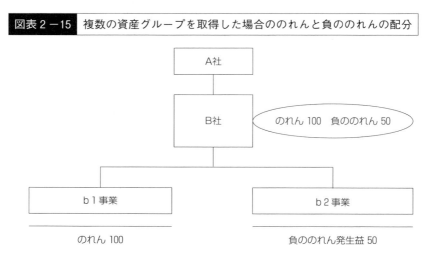

図表２−15　複数の資産グループを取得した場合ののれんと負ののれんの配分

⑤　取得時にのれんの超過収益力を確認することの必要性

昨今，企業買収が盛んに行われており，取得による企業結合の取引事例が増加していると考えられる。たとえば，株式交換による企業結合を行う場合に，株価の上昇の影響などで買収価格が高騰する場合も考えられる。また，企業買収はすべての取引が成功するとは限らず，さまざまな要因によるが，連結財務諸表上でののれんの減損損失の計上および子会社株式の評価損の計上の事例も発生している。

のれんやのれん以外の無形資産に配分された金額が相対的に多額になる取引や被取得企業の時価総額を超えて多額のプレミアムが支払われた取引などは，企業結合年度においても，減損の兆候が存在すると考えられるときがあるとされている（企業結合会計基準109項，企業結合適用指針77項）。

第2章　のれん発生時の基本的会計処理　　77

　企業結合の実施において，案件の規模に応じて取締役会決議や稟議決裁に
よって投資の意思決定の審議と承認が行われると考えられる。のれんは減損処
理の対象となることから，取得企業は，取得の意思決定時点で，定性的な情報
としてのれんとなる超過収益力の内容を明確にし，のれん残高が超過収益力と
整合していることを確認する必要がある。

(8)　負ののれんの会計処理

①　負ののれんの会計処理および開示

　取得原価が受け入れた資産および引き受けた負債に配分された純額を下回る
場合には，その不足額は負ののれんとして，生じた事業年度の特別利益として
会計処理される（企業結合会計基準31項，33項，48項）。

②　負ののれんが生じると見込まれる場合の留意点

　金額的重要性が乏しい場合を除き，負ののれんが発生すると見込まれる場合
には，以下の処理を行う（企業結合会計基準33項）。

> i　取得企業は，企業結合に係る特定勘定を含む，すべての識別可能資産および
> 　負債が把握されていること，また，取得原価の配分が適切に行われていること
> 　を見直す。
> ii　見直しを行ってもなお，取得原価が受け入れた資産および引き受けた負債に
> 　配分された純額を下回り，負ののれんが発生する場合には，負ののれんが生じ
> 　た事業年度の利益として処理する。

③　負ののれん発生益の考え方

　負ののれんの会計処理方法は，本来的には，想定される発生原因を特定し，
その発生原因に対応した会計処理を行う方法や，正の値であるのれんの会計処
理方法との対称性を重視した規則的な償却を行う方法が考えられる。

　平成20年改正会計基準では，負ののれんが負債として計上されるべき要件を
満たしていないことなどから，識別可能資産および負債の把握と取得原価の配
分の見直しを行ってもなお負ののれんが発生する場合には，発生した事業年度
の特別利益として処理することとされた（企業結合会計基準110項）。

④　関連会社と企業結合したことにより発生した負ののれんの取扱い

　関連会社と企業結合したことにより発生した負ののれんは，持分法による投資評価額に含まれていたのれんの未償却部分と相殺し，負ののれんが新たに計算される。発生した負ののれんは，発生事業年度の特別利益として処理することとなる（企業結合適用指針78項）。

コラム・企業結合会計基準適用前の実務

　企業結合会計基準の適用前，我が国の企業結合会計には包括的な定めがなく，商法（当時）の規定の枠内で認められる会計処理を各社行っていたものと考えられる。

　古くから法令上も認められていた組織再編といえば合併であるが，合併に際して受け入れる資産については，いわゆる「時価以下主義」として，時価を上回らない価格で評価をする実務が行われていた。そして，資産と負債の差額が資本となるが，交付した株式の額を超える部分については，合併差益として資本準備金に計上することとされていた。ただし，合併差益のうち，利益準備金，任意積立金，未処分利益はそのまま引き継ぐこともできるものとされていた。

　また，平成12年，13年の商法改正により導入された株式交換および株式移転ならびに会社分割については，実務上の参考となる資料として，日本公認会計士協会より，会計制度委員会研究報告第6号「株式交換及び株式移転制度を利用して完全親子会社関係を創設する場合の資本連結手続」および同第7号「会社分割に関する会計処理」が公表されていた。

---

3 ┃ 共通支配下の取引の場合

(1)　のれんが発生する場合の取引種類

　共通支配下の取引は，親会社の立場からは内部取引と考えられるため，個別財務諸表上，事業の移転元の適正な帳簿価額を基礎として会計処理され，連結

第2章　のれん発生時の基本的会計処理　*79*

財務諸表上は，すべて消去されることになる（企業結合適用指針200項）。

　共通支配下の取引のうち，移転元の適正な帳簿価額と対価として交付した現金等の財産の適正な帳簿価額との差額として，のれんまたは負ののれんが個別財務諸表上で計上されることになるが，連結財務諸表の作成における内部取引の相殺において，全額消去されることになる。

　共通支配下の取引のうち，個別財務諸表上でのれんが発生する取引が企業結合適用指針第448項に例示されている（**図表2－16**参照）。

図表2－16	適用指針による取引種類の例示

（1）吸収合併消滅会社の株主資本の額または移転事業に係る株主資本相当額が，交付した現金等の財産の適正な帳簿価額を上回る場合（対価が現金等の財産のみ）の当該差額としての負ののれん
（1－1）親会社から子会社への事業譲渡
（1－2）同一の株主により支配されている子会社同士の合併
（2）吸収合併消滅会社の株主資本の額または移転事業に係る株主資本相当額が，交付した現金等の財産の適正な帳簿価額を下回る場合（対価が株式のみである場合以外）
（2－1）吸収合併消滅会社の株主資本の額または移転事業に係る株主資本相当額がゼロ以上のときの交付した現金等の財産の適正な帳簿価額との差額としてののれん ・親会社から子会社へ事業譲渡（対価は現金等の財産のみ） ・親会社から子会社へ会社分割（対価は現金等の財産と株式） ・同一の株主により支配されている子会社同士の合併（対価は現金等の財産のみ） ・同一の株主により支配されている子会社同士の合併（対価は現金等の財産と株式）
（2－2）吸収合併消滅会社の株主資本相当額または移転事業に係る株主資本相当額がゼロ未満であるときの交付した現金等の財産の適正な帳簿価額と同額ののれん

- 親会社から子会社への会社分割（対価は現金等の財産と株式）
- 同一の株主により支配されている子会社同士の合併（対価は現金等の財産と株式）

(2) 金融商品会計基準との関係

　共通支配下の取引のうち，対価として現金のみを交付して，子会社株式だけを受け取る場合には，個別財務諸表上，企業結合会計基準ではなく，金融商品会計基準の定めを優先して適用することが適当と考えられる。したがって，子会社株式の取得価額は支出した現金の額で計上し，個別財務諸表および連結財務諸表上，のれんまたは負ののれんは生じないこととされている。

　なお，逆取得の場合において現金等の財産を対価として交付したときには，個別財務諸表上，共通支配下の取引に準じて受け入れた資産および負債の移転元の適正な帳簿価額と，対価として交付した現金等の財産の適正な帳簿価額との差額として，のれんまたは負ののれんが生じるものと考えられる（企業結合適用指針448項）。

設例2－9　共通支配下の取引により生じるのれん

[前提条件]

①　X1年4月1日を企業結合日（吸収合併日）とし，A社（3月決算）の100%子会社であるC社（3月決算）に対して，共通支配下の取引としてA社のa事業を事業譲渡する。C社がA社に対して対価として現金1,000を支払った。

②　A社のa事業に係る企業結合日前日の個別貸借対照表は次のとおりである。

科目	金額	科目	金額
諸資産	400	諸負債	200
		株主資本	200

③　A社のa事業の資産および負債は，一般に公正妥当と認められる会計基準

第2章　のれん発生時の基本的会計処理　*81*

に準拠した適正な帳簿価額である。

④　企業結合以降もC社はA社の100%子会社である。

⑤　税効果は考慮しない。

[会計処理]

<企業結合日の会計処理（X1年4月1日）>

①　個別財務諸表上の会計処理（C社）

（借）　諸資産	（※1）400	（貸）　現金	（※2）1,000
のれん	（※3）800	諸負債	（※4）200

（※1）400…前提条件②個別貸借対照表上の適正な帳簿価額
（※2）1,000…前提条件①の取引価額
（※3）差額により算出
（※4）200…前提条件②個別貸借対照表上の適正な帳簿価額

②　個別財務諸表上の会計処理（A社）

（借）　現金	（※1）1,000	（貸）　諸資産	（※2）400
諸負債	（※3）200	事業譲渡益	（※4）800

（※1）1,000…前提条件①の取引価額
（※2）400…前提条件②個別貸借対照表上の適正な帳簿価額
（※3）200…前提条件②個別貸借対照表上の適正な帳簿価額
（※4）差額により算出

③　連結財務諸表上の会計処理

（借）　事業譲渡益	（※1）800	（貸）　のれん	（※2）800

（※1）800…A社の個別財務諸表上で発生した事業移転に係る利益を全額消去
（※2）800…C社の個別財務諸表上で発生したのれんを全額消去

(3)　親社が連結子会社を吸収合併した場合ののれんの残存償却期間

　親会社と子会社が合併する場合，個別財務諸表上，原則として適正な帳簿価額で資産および負債を受け入れる必要がある。

　親会社が作成する連結財務諸表において，当該子会社の純資産等の帳簿価額を修正しているときは，連結財務諸表上の金額である修正後の帳簿価額（のれんを含む）により個別財務諸表上で資産および負債を受け入れる必要がある。

連結財務諸表上，子会社株式の取得に係るのれんの未償却残高が計上されている場合には，親会社の個別財務諸表上も当該金額をのれんとして引き継ぐ必要がある。

したがって，当該のれんの償却期間についても，連結財務諸表上の残存償却期間を引き継ぐことになると考えられる（企業結合適用指針207項）。

コラム・負債に計上される「負ののれん」

平成20年の企業結合会計基準の改正において，発生した負ののれんは一括利益計上することに変更されたが，それまでの負ののれんは，借方ののれん（資産）と同じく，貸借対照表に計上して，一定の期間にわたって償却処理することとされていた（償却額は営業外収益に計上）。当該改正は平成22年4月1日以後に行われた企業結合から適用されているが（平成21年4月1日以後開始する年度において最初に実施される企業結合から早期適用可能），それより前に行われた企業結合で生じた負ののれんは，改正後も引き続き負債に計上され，償却処理が行われることとされている（企業結合会計基準57項，58項また書き）。

また，有価証券報告書においては，当該改正前にのれんと負ののれんがともに計上されている場合に，これらを相殺して表示することができるとされていた。この規定を適用してのれんと負ののれんを相殺して表示した場合には，相殺している金額に重要性が乏しいときを除き，相殺している旨および金額を（連結）貸借対照表関係の注記に記載することとされていた。企業結合会計基準改正後の現在においても，負ののれんが経過措置によって引き続き負債に計上される可能性があるため，当該相殺表示および注記の規定も経過措置として残されている（平成21年内閣府令第5号附則3条1項1号，改正前連結財規40条など）。

なお，平成29年1月から12月までに決算日を迎えた有価証券報告書提出会社（日本基準）において，連結貸借対照表の固定資産の部に負ののれんを表示していた会社は58社であった。また，16社が連結貸借対照表にのれんと負ののれんの相殺の注記を記載しており，のれんの残高の方が大きい会社が13社，負ののれんの残高の方が大きい会社が3社であった。

第 3 章

のれんと減損会計

1 のれんの減損判定の手順と方法

　減損会計とは，固定資産の収益性の低下に伴い投資額の回収が見込めなくなった場合において，一定の条件のもとで当該固定資産の回収可能性を反映させるように帳簿価額を減額する会計処理をいう（減損会計意見書三3）。のれんについても同様であり，のれんの超過収益力が低下したことにより，投資額の回収が見込めなくなった場合，一定の条件のもとでのれんの超過収益力の低下を反映させるように帳簿価額を減額する減損処理が必要となる。

　しかしながら，のれんは通常，それ自体では独立したキャッシュ・フローを生まないことから，のれん以外の固定資産における取扱いと相違する点がある。本章では，のれんの減損処理について，のれん以外の固定資産における取扱いとの相違点を明確にしながら解説する。

(1) のれんの減損判定の概要

① のれんの減損判定の手順

　のれんの減損処理は，減損会計基準二8および減損適用指針第17項，第37項(4)，第51項から第54項などに従って実施する。主な手順は以下のとおりである。

---

　① 複数事業へののれんの分割（必要な場合）
　② 減損の兆候の把握
　③ 減損の認識の判定

---

④　減損損失の測定

なお，前記のとおり，のれんは通常，それ自体では独立したキャッシュ・フローを生まないため，のれんの帳簿価額を帰属する事業に合理的な基準により分割し，原則としてのれんの帰属事業（のれんが発生した取引に係る事業）に関連する複数の資産グループにのれんを加えた，より大きな単位で減損損失を認識するかどうかを判定する（**図表３－１**参照）。この取扱いについては，共用資産と同様である（減損適用指針16項）。

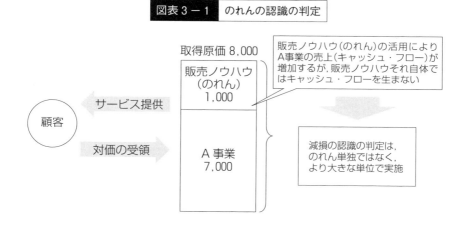

② 負ののれんを負債計上している場合の取扱い

現行の企業結合会計基準上，負ののれんは発生した事業年度の利益として処理するが，平成22年４月１日より前に行われた企業結合[1]については，原則として，負ののれんを負債として計上し，20年以内の適切な期間で規則的に償却することとされていた（企業結合会計基準58項また書参照。また，第２章のコラム「負債に計上される『負ののれん』」（P.82）も参照のこと）。負ののれ

1　平成21年４月１日以後開始する年度において最初に実施される企業結合から早期適用可能とされており，当該早期適用に係る定めを用いている場合には，平成21年４月１日以後開始する年度より前に行われた企業結合となる。

んを負債計上している場合，減損処理の検討にあたっては，関連する複数の資産グループに対して生じたのれんと負ののれんのみを相殺し，相殺後の残高が純借方の場合には減損処理の対象となり，純貸方の場合には減損処理の対象とはならないとされている（減損適用指針93項）。

(2) 複数事業へののれんの分割

のれんを認識した取引において取得された事業の単位が複数である場合，のれんの帳簿価額を合理的な基準に基づき分割する（減損会計基準二8，減損適用指針51項）。

① 事業の単位

のれんの帳簿価額を分割し帰属させる事業の単位は，取得の対価がおおむね独立して決定され，かつ，取得後も内部管理上独立した業績報告が行われる単位となる（減損会計基準二8，減損適用指針51項(1)）。このため，通常，資産グループよりは大きいが，開示対象セグメントの基礎となる事業区分と同じか小さくなると考えられる（減損適用指針131項）。

② 合理的な基準

減損適用指針第51項(2)では，合理的な方法として以下を例示している。

- 取得時における事業の時価の比率に基づいて行う方法（**図表3−2参照**）
- 取得時における事業の時価と当該事業の純資産（資産総額と負債総額の差額）の時価との差額の比率に基づいて行う方法（**図表3−3参照**）

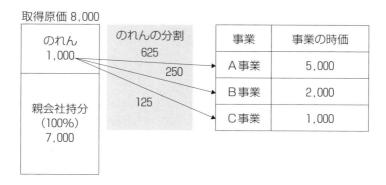

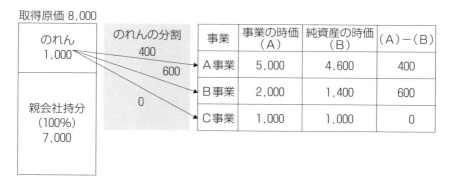

　仮に事業の時価（図表3－3中の（A））が当該事業の純資産の時価（図表3－3中の（B））を下回る場合には，当該事業に超過収益力がないものと考えられることから当該事業へののれんの分割額をゼロとすることが考えられる。

(3) 減損の兆候

　のれんは通常，のれん自体では減損の兆候があるかどうかを判断できない(減損適用指針95項)。このため，のれんを含むより大きな単位について減損適用

第3章　のれんと減損会計　*87*

指針第12項から第15項における事象（**図表3－4**参照）がある場合は，のれんに減損の兆候があることとなり，より大きな単位で減損損失を認識するかどうかの判定を行う（減損適用指針17項）。

図表3－4　減損の兆候の例示

- 営業活動から生ずる損益またはキャッシュ・フローが継続してマイナス
- 使用範囲または方法について回収可能価額を著しく低下させる変化がある
- 経営環境の著しい悪化
- 市場価格の著しい下落
- その他，のれんが過大に計上されているおそれがあると認められる場合

① 　営業活動から生ずる損益またはキャッシュ・フローが継続してマイナス

のれんが帰属する事業に関連する資産グループが使用されている営業活動から生じる損益またはキャッシュ・フローが，「継続してマイナス」となっているか，または，「継続してマイナスとなる見込み」である場合には，減損の兆候となる（減損適用指針12項）。

ⅰ　営業活動から生ずる損益とは

「営業活動から生ずる損益」は，営業上の取引に関連して生ずる損益であり（図表3－5参照），当該損益の把握は，基本的に企業が行う管理会計上の損益区分に基づいて行われる（減損適用指針12項(1)，78項）。

のれんの減損の兆候を把握するにあたっては，企業が生み出す将来キャッシュ・フローが，当初期待したような水準を満たしているかどうかを評価することが重要である。当該将来キャッシュ・フローを予測するにあたり，単年度の財務情報を基礎とする場合，現金基準に基づく利益である「営業活動から生ずるキャッシュ・フロー」よりも，発生基準に基づく利益である「営業活動から生ずる損益」によることが適切であると考えられる。

このため，管理会計上，「営業活動から生ずる損益」と「営業活動から生ずるキャッシュ・フロー」の両方を把握している場合には，「営業活動から生ずる損益」によって減損の兆候が判断される。ただし，管理会計上，「営業活動

から生ずるキャッシュ・フロー」だけを把握している企業の場合には，「営業活動から生ずるキャッシュ・フロー」によって減損の兆候を把握することも可能であると考えられる（減損適用指針12項(3)，80項）。

なお，「営業活動から生ずるキャッシュ・フロー」には，設備の大規模な増強のための支出を含める必要はないと考えられる（減損適用指針80項）。

| 図表3－5 | 営業活動から生ずる損益の範囲 |

営業活動から生ずる損益に含まれる	・当該資産グループの減価償却費 ・**のれん償却額** ・本社費等の間接的に生ずる費用 ・損益計算書上は原価性がないものとして営業損益に含まれていない項目であっても，営業上の取引に関連して生じた損益（棚卸資産の評価損等）
営業活動から生ずる損益に含まれない	・支払利息など財務活動から生ずる損益 ・利益に関連する金額を課税標準とする税金 ・大規模な経営改善計画等により生じた一時的な損益

ⅱ　のれん償却額の取扱い

たとえば，子会社株式の取得時に発生した連結財務諸表上ののれんについて減損の兆候を判定する場合，営業活動から生ずる損益が「継続してマイナス」または「継続してマイナスとなる見込み」か否かの判定は，のれんの帰属する資産グループが使用されている事業の連結財務諸表上の営業活動から生ずる損益が「継続してマイナス」または「継続してマイナスとなる見込み」か否かで判断することになる。

このため，のれんの帰属する資産グループの減損の判定は，当該連結子会社の個別財務諸表上の減損の兆候の判定を基礎とするものの，連結財務諸表上のグルーピングの見直しやのれん償却額を加味した営業活動から生ずる損益が「継続してマイナス」または「継続してマイナスとなる見込み」か否かで，減損の兆候の有無を判定することになる。

したがって，のれん償却額を加味しない場合の営業活動から生ずる損益は利

益であるが，のれん償却額を加味すると損失となる場合，のれん未償却残高に
回収不能な部分が存在するおそれがあり，減損の兆候があるものと判定される。

ⅲ　継続してマイナスとは

「継続してマイナス」とは，おおむね過去２期がマイナスであったことを指す。
ただし，当期の見込みが明らかにプラスである場合には該当しないと考えられ
る。また，「継続してマイナスとなる見込み」とは，前期と当期以降の見込み
が明らかにマイナスとなる場合を指すものと考えられるとされている（減損適
用指針12項(2)）（**図表３－６**参照）。

図表３－６	「継続してマイナス」と兆候の関係

前々期	前期	当期（見込）	翌期以降（見込）	
２期連続マイナス				兆候あり
２期連続マイナス		明らかにプラス		兆候なし
プラス	マイナス	当期以降，明らかにマイナス		兆候あり

ⅳ　事業の立上げ時などの場合

事業の立上げ時など，当初より継続してマイナスとなることが予定されてい
る場合で，以下のすべてを満たす場合には，投資後の収益性により減損が生じ
ている可能性を示す事象ではないと考えられる。

- 事業計画が合理的（当該計画の中で投資額以上のキャッシュ・フローを生み出
  すことが実行可能）である。
- 実際のマイナスの額が，当該計画にて予定されたマイナスの額よりも著しく下
  方に乖離していない。

この場合，のれんについても同様に，当初期待した超過収益力等が低下して
いないと考えられることから，減損の兆候には該当しないこととされている（減

損適用指針12項(4)，81項）。

②　使用範囲または方法について回収可能価額を著しく低下させる変化がある

　のれんが帰属する事業に関連する資産グループが使用されている範囲または方法について，当該資産グループの回収可能価額を著しく低下させる変化が生じたか，または生ずる見込みである場合には，減損の兆候となる。減損適用指針第13項には，以下のような例示がされている。

　なお，資産グループ全体についてだけでなく，主要な資産についても以下の例示のような変化が生じたか，または生ずる見込みである場合も含まれるとされている（減損適用指針13項柱書き）。

ⅰ　資産グループが使用されている事業の廃止または再編成

　のれんが帰属する事業に関連する資産グループが使用されている事業を廃止または再編成（重要な会社分割などの組織再編のほか，事業規模の大幅な縮小などを含む）することは，一般に，減損の兆候となる資産グループが使用されている範囲または方法について，当該資産グループの回収可能額を著しく低下させる変化が生じたか，または生ずる見込みである場合に該当する（減損適用指針13項(1)）。

　しかしながら，たとえば新技術の開発に伴い従来よりも明らかに回収可能価額を増加させるために行われる事業の拡大などは，必ずしも減損の兆候には該当しないと考えられる。ただし，この場合であっても，他の減損の兆候に該当する場合があることに留意する（減損適用指針82項）。

ⅱ　資産グループにおける当初の予定よりも著しく早期に処分した場合

　のれんが帰属する事業に関連する資産グループを，除却や売却などにより当初の予定よりも著しく早期に処分することは，通常，償却資産に関し，当初の経済的使用年数の予定よりも著しく早期に資産グループを処分することと考えられる。また，当該資産グループに帰属するのれんについても，当初想定された超過収益力等が持続する期間が短縮されることにより，生成されるキャッ

シュ・フローが減少する可能性がある。このように，当該事象によりのれんが帰属する事業に関連する資産グループの回収可能価額を著しく低下させる可能性があることから，減損の兆候に該当する（減損適用指針13項(2)）。

　なお，当該事象は償却資産に限られず，土地等の非償却資産についても，たとえば，土壌汚染のおそれなどにより，当初の予定よりも著しく早期に処分することとなった場合も含まれると考えられる（減損適用指針83項）。

iii　資産グループにおける異なる用途への転用

　「異なる用途への転用」は，これまでの使い方による収益性や成長性を大きく変えるように使い方を変えることと考えられ，たとえば，事業を縮小し余剰となった店舗を賃貸するような場合が該当する。このような場合，通常，のれんが帰属する事業に関連する資産グループが使用されている範囲または方法について，当該資産グループの回収可能価額を著しく低下させる変化に該当する（減損適用指針13項(3)）。

　しかしながら，たとえば，ある土地を平面駐車場から最有効使用と考えられる賃貸ビルへ転用した場合のように，従来よりも明らかに回収可能価額を増加させる事象などは，必ずしも減損の兆候には該当しないと考えられる。ただし，この場合であっても，他の減損の兆候に該当する場合があることに留意する（減損適用指針84項）。

iv　資産グループが遊休状態となり，将来の用途が未定

　のれんが帰属する事業に関連する資産グループが遊休状態になり，将来の用途が定まっていない場合，その使用範囲または方法について，当該資産グループの回収可能額を著しく低下させる変化に該当する（減損適用指針13項(4)）。これには，たとえば，設備の操業を停止し，その後の操業開始の目途が立っていない場合などが含まれる（減損適用指針85項）。なお，「遊休状態になり」とは，当期に初めて遊休状態となった場合だけでなく，前期以前から遊休状態が継続している場合も含まれると考えられる（**図表3-7参照**）。

ただし，現在の遊休状態が，資産をほとんど利用しなくなってから間もない場合であって，将来の用途を定めるために必要と考えられる期間にある場合には，減損の兆候に該当しないと考えられるとされている（減損適用指針85項）。しかしながら，当該資産グループに帰属するのれんに係る超過収益力の源泉の価値は，遊休状態となった時点で著しく低下している可能性が高いように思われる。減損適用指針に示されている事象はあくまで減損の兆候を把握する際の目安としての例示であり，減損の兆候を把握するにあたっては，個々の企業の状況を踏まえ，慎重に検討することが重要であると考えられる。

v　資産グループにおける稼働率の著しい低下

のれんが帰属する事業に関連する資産グループの稼働率が著しく低下している状態が続いており，著しく低下した稼働率が回復する見込みがない場合，その使用範囲または方法について，当該資産グループの回収可能価額を著しく低下させる変化に該当する（減損適用指針13項(5)）。

vi　資産グループの著しい陳腐化等の機能的減価

正規の減価償却計算に適用している耐用年数または残存価額が，設定にあたって予見することのできなかった機能的原因等により，著しく不合理になった場合には，耐用年数の短縮または残存価額の減額を行い，以後の期間については変更後の耐用年数または残存価額に基づき減価償却を実施する必要がある。そして，このような機能的原因等は通常，減損処理をもたらす可能性のある収益性の低下を伴う（減損適用指針13項(6)）。減損損失を認識するかどうかの判定は，当該減価償却の見直しに先立って行うとされているため（減損会計意見書四2(2)①），著しい機能的減価が観察できる場合には，まず，減損の兆候が

ある資産グループとして減損損失の認識の判定を行った後，減損損失の計上の有無にかかわらず，耐用年数の短縮または残存価額の修正の要否の検討が行われることに留意する（減損適用指針86項）。

vii 建設仮勘定に係る建設における計画の中止または大幅な延期等

建設仮勘定は有形固定資産であるため，減損会計の対象となる。このため，のれんが帰属する事業に関連する建設仮勘定に係る建設について，計画の中止または大幅な延期が決定されたことや，当初の計画に比べ著しく滞っている場合には，減損の兆候に該当する（減損適用指針13項(7)）。

なお，減損の兆候は，のれんが帰属する事業に関連する資産グループに実際に変化が生じた場合だけでなく，取締役会等において決定された段階で減損の兆候に該当することとなることに留意する（図表3－8参照）。社内規定等に基づき，他に決定権限が委譲されている場合には，当該決定権限に従った権限者の承認の時点で減損の兆候となる（減損適用指針82項）。

図表3－8　減損の兆候の時点

③　経営環境の著しい悪化

のれんが帰属する事業に関連して，経営環境が著しく悪化したか，または悪化する見込みである場合には，減損の対象となる（減損会計基準二1③）。減損適用指針第14項には，「経営環境が著しく悪化した」場合として以下の例示がある。その一方で，のれんが帰属する事業に関連した経営環境の著しい悪化は，個々の企業において大きく異なるため，その具体的な内容は，個々の企業の状況に応じて判断することが必要とされている（減損適用指針88項）。

> ⅰ 　市場環境の著しい悪化
>
> 　材料価格の高騰や，製・商品店頭価格やサービス料金，賃料水準の大幅な下落，製・商品販売量の著しい減少などが続いているような状況
>
> ⅱ 　技術的環境の著しい悪化
>
> 　技術革新による著しい陳腐化や特許期間の終了による重要な関連技術の拡散などの状況
>
> ⅲ 　法律的環境の著しい悪化
>
> 　重要な法律改正，規制緩和や規制強化，重大な法令違反の発生などの状況

④ 　市場価格の著しい下落

　のれんが帰属する事業に関連する資産グループの市場価格[2]が著しく下落したことは，減損の兆候となる（減損会計基準二 1 ④）。「市場価格の著しい下落」は，少なくとも市場価格が帳簿価額から50％程度以上下落した場合が該当する（減損適用指針15項）。ただし，減損の兆候があるかどうかについて，その程度は必ずしも画一的に数値化できるものではない。このため，50％程度以上下落していない場合でも，たとえば，処分が予定されている資産で，市場価格の下落により減損が生じている可能性が高いと見込まれるときのように，状況に応じ個々の企業において判断することが必要であるとされている（減損適用指針89項）。

　なお，資産グループ全体の市場価格が把握できない場合でも，主要な資産の市場価格が著しく下落した場合や，資産グループの帳簿価額のうち土地の帳簿価額が大きな割合を占め，当該土地の市場価格が著しく下落した場合には，市場価格の著しい下落に該当する。

⑤ 　その他，のれんが過大に計上されているおそれがある場合

ⅰ 　企業結合時におけるのれんの過大計上

企業または事業の取得時において，以下のように買収対価の過大評価や過払

2 　のれんには時価がないため，のれん自体の市場価格の下落という考え方はない。

いによりのれんが過大に計上されている場合には，企業結合年度においても減損の兆候があると判定される場合があるとされている（企業結合会計基準109項，企業結合適用指針77項）。

- 取得原価のうち，のれんやのれん以外の無形資産に配分された金額が相対的に多額になる場合
- 競争入札等により被取得企業の時価総額を超えて多額のプレミアムが支払われた場合や，取得時に明らかに識別可能なオークションまたは入札プロセスが存在していた場合

ⅱ　子会社株式の時価の著しい下落または実質価額の著しい低下[3]

　子会社株式の時価の著しい下落または実質価額の著しい低下により，親会社の個別財務諸表上，子会社株式を減損処理する場合で，時価の著しい下落または実質価額の著しい低下の要因が子会社の超過収益力等の低下によるものである場合には，連結財務諸表上ののれんにおいても減損の兆候の有無について慎重に検討する必要があると考えられる。

　なお，親会社の個別財務諸表上，子会社株式を減損処理した場合には，連結財務諸表上，当該子会社に係るのれんの未償却残高を減額（のれんの一時償却）

3　現行の基準において，個別財務諸表上，子会社株式を減損処理した場合には，必ずのれんを一時償却する必要がある（資本連結実務指針32項）。しかしながら，子会社株式の時価の著しい下落または実質価額の著しい低下の要因は，必ずしも超過収益力等の低下によるものではないと考えられる。また，減損適用指針において，のれんは，減損の兆候の有無を確認し，兆候がある場合には減損損失の認識の判定を行い，減損損失の測定を行うというプロセスを経て減損の金額（のれんの価値）を算定するのに対し，資本連結実務指針第32項は，追加的な償却の金額（のれんの価値）を算出することを求めていることから，のれんの価値について2種類の評価尺度がある状態となっている。このため，企業会計基準委員会において，子会社株式の減損とのれんの減損の関係を踏まえ，資本連結実務指針第32項に定めるのれんの一時償却の記載を削除するとともに，子会社株式の時価の下落等を減損の兆候として，次の文言を減損適用指針第15項および第17項に追加することが検討されている（平成30年5月11日　第384回企業会計基準委員会　審議資料(3)－2－2）。
・親会社が保有する連結子会社または持分法適用会社の発行する株式が市場価格に基づく価額を有する場合に，連結決算日における当該価額が著しく下落したときは，前項ののれんの減損の兆候に該当する。なお，「著しく下落したとき」には，「市場価格が著しく下落した場合（第15項参照）」と同様，少なくとも株式の市場価格に基づく価格が帳簿価額から50％程度以上下落した場合が該当する（17－2項）。

する必要がある（資本連結実務指針32項，後記「3(4)　子会社株式の減損処理に伴うのれんの一時償却」参照）。

(4)　減損損失の認識の判定および測定

①　減損損失の認識の判定

減損損失の認識の判定は，原則として，のれんが帰属する事業に関連する資産グループに減損の兆候がある場合，当該資産グループごとに行い，その後，のれんが帰属する事業に関連する複数の資産グループにのれんを加えた，より大きな単位で行う。のれんを含まない資産グループに減損の兆候がない場合でも，のれんを含む，より大きな単位に減損の兆候があるときには，より大きな単位で減損損失を認識するかどうかの判定を行う（減損適用指針52項(1)）。

のれんを含む，より大きな単位で減損損失の認識を判定する場合，のれんを含まない各資産グループにおいて算定された減損損失控除前の帳簿価額にのれんの帳簿価額を加えた金額と，より大きな単位から得られる割引前将来キャッシュ・フローの総額とを比較する。帳簿価額を加えた金額が，割引前将来キャッシュ・フローの総額を上回る場合には，減損損失を認識する（減損適用指針52項(2)）。

なお，のれんの減損損失の認識の判定において，のれんの帳簿価額を当該のれんが帰属する事業に関連する資産グループに合理的な基準で配分することができる場合には，のれんの帳簿価額を各資産グループに配分した上で減損損失の認識を判定することができる（後記「2　のれんの帳簿価額を各資産グループに配分する方法を採用する場合」参照）。

②　減損損失の測定

減損損失の測定も認識の判定と同様に，まず，のれんが帰属する事業に関連する資産グループに減損の兆候がある場合，当該資産グループごとに行う。その後，のれんが帰属する事業に関連する複数の資産グループにのれんを加えた，より大きな単位で行う（減損適用指針52項(3)）。

より大きな単位で減損損失を測定する場合は，のれんを含まない各資産グループにおいて算定された減損損失控除前の帳簿価額にのれんの帳簿価額を加

第3章　のれんと減損会計　*97*

えた金額を，より大きな単位の回収可能価額まで減額する（減損適用指針52項
(4)）。減損損失控除前の帳簿価額にのれんの帳簿価額を加えることによる減損
損失の増加額は，原則としてのれんに配分する。のれんに配分された減損損失
がのれんの帳簿価額を超過する場合には，当該超過額を合理的な基準によって
各資産グループに配分する（減損適用指針52項(5)）。

③　将来キャッシュ・フローの見積期間

　のれんの減損損失の認識において用いる将来キャッシュ・フローの見積期間
は，20年とのれんの残存償却期間のいずれか短い方とされている。ただし，現
行の会計基準上，のれんの償却期間は最長で20年であるとされていることから，
当該見積期間はのれんの効果が継続する期間としての残存償却期間に等しくな
る（企業結合会計基準32項参照）。また，使用価値の算定のために将来キャッ
シュ・フローを見積る期間は，原則としてのれんの残存償却年数となる（減損
適用指針37項(4)）。

　なお，のれんが複数ある場合には，のれん全体の帳簿価額のうち，その帳簿
価額が大きな割合を占めるのれんの残存償却年数とする。

設例3－1　　のれんの減損（より大きな単位でのれんをグルーピングする方法）

[前提条件]
① 　P社は，複数の事業（A事業およびB事業）を3,000で取得し，のれんを
　600計上した。A事業およびB事業の取得時の時価はそれぞれ2,000，1,000で
　あり，各事業は内部管理上独立した事業報告が行われている。
② 　A事業は3つの資産グループ（A－1，A－2，A－3）で構成され，各
　資産グループの帳簿価額はそれぞれ1,000，800，700であり，合計金額は2,500
　である。
③ 　A事業に属する資産グループA－1およびA－2に減損の兆候があり，A
　事業に属するのれんを含む，より大きな単位にも減損の兆候がある。
④ 　A事業に属する3つの資産グループ（A－1，A－2，A－3）の割引前
　将来キャッシュ・フローは，それぞれ600，1,200，800であり，回収可能価

額はそれぞれ400, 900, 700である。
⑤　Ａ事業に属するのれんを含む,より大きな単位での割引前将来キャッシュ・フローおよび回収可能価額は,それぞれ2,600, 2,000である。

[会計処理]
①　のれんの帳簿価額の分割
　のれんの帳簿価額600を,合理的な基準によりＡ事業およびＢ事業に分割する。ここで,各事業は内部管理上独立した事業報告が行われていることから,Ａ事業およびＢ事業の取得時の時価の比率で分割し,Ａ事業に配分されるのれんの帳簿価額は400（＝のれんの帳簿価額600×Ａ事業の時価2,000÷Ａ事業およびＢ事業の時価合計3,000（＝Ａ事業の時価2,000＋Ｂ事業の時価1,000）),Ｂ事業に配分されるのれんの帳簿価額は200（＝のれんの帳簿価額600－Ａ事業に配分されるのれんの帳簿価額400）となる。

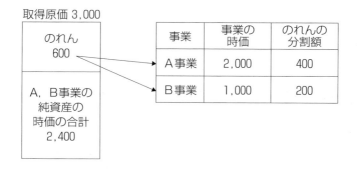

②　Ａ事業に属する資産グループごとの減損損失の認識の判定および測定
　減損の兆候がある資産グループについて,Ａ－1は割引前将来キャッシュ・フロー 600が帳簿価額1,000を下回るため,減損損失を認識すべきであると判定される。また,Ａ－2は割引前将来キャッシュ・フロー 1,200が帳簿価額800を上回っているため,減損損失は認識されない。このため,資産グループＡ－1の帳簿価額1,000を回収可能価額400まで減額し,減損損失600を当期の損失とする。

第3章　のれんと減損会計　　99

③　A事業に属するのれんを含む，より大きな単位での減損損失の認識の判定
　および測定

　A事業に属するのれんを含む，より大きな単位にも減損の兆候がある。当該
単位での割引前将来キャッシュ・フロー2,600（前提条件⑤参照）が，減損損
失控除前の帳簿価額にのれんの帳簿価額を加えた金額2,900（＝2,500（前提条
件②参照）＋のれんの分割額400）を上回っているため，減損損失を認識すべき
であると判定される。このため，A事業の減損損失控除前の帳簿価額にのれん
の帳簿価額を加えた金額2,900を，回収可能価額2,000（前提条件⑤参照）まで
減額する。この際，減損損失900のうち，資産グループA－1に係る減損損失
600を控除した300は，原則として，のれんに配分する。

| | ②　資産グループごと | | | | ③　より大きな単位 | |
	A－1	A－2	A－3	小計	のれん	より大きな単位
帳簿価額	1,000	800	700	2,500	400	2,900
減損の兆候	あり	あり	なし	－	－	あり
割引前将来キャッシュ・フロー	600	1,200	800	2,600	－	2,600
減損損失の認識	する	しない	－	－	－	する
回収可能価額	400	900	700	2,000		2,000
減損損失の測定	△600	－	－	△600	△300	△900
減損処理後の帳簿価額	400	800	700	1,900	100	2,000

2 のれんの帳簿価額を各資産グループに配分する方法を採用する場合

(1) のれんの帳簿価額を各資産に配分する方法を採用するための要件

　のれんの減損損失の認識の判定において，のれんの帳簿価額を当該のれんが帰属する事業に関連する資産グループに合理的な基準で配分することができる場合には，のれんの帳簿価額を各資産グループに配分した上で減損損失の認識を判定することができる（減損会計基準二8，**図表3－9**参照）。

　ここで，合理的な基準とは，のれんの帳簿価額を各資産グループに配分して管理会計を行っている場合や，のれんが帰属する事業が，各資産グループの将来キャッシュ・フローの生成に密接に関連し，その寄与する度合いとの間に強い相関関係があるような場合をいう（減損適用指針53項(1)）。

　なお，一度当該方法を採用した場合には，事実関係が変化した場合（たとえば，資産のグルーピングの変更，主要な資産の変更，資産グループ内のリストラクチャリング等）を除き，同じ方法を継続して採用する必要がある。また，当該企業の類似の資産グループについては，同じ方法を採用する必要がある（減損適用指針53項(2)）。

図表3－9	のれんの帳簿価額を各資産グループに配分する方法

（第1段階：複数事業へののれんの分割）
　　のれんを事業の時価の比率に基づいて行う方法で各事業に分割する（減損適用指針51項(2)）。
（第2段階：各資産グループへののれんの配分）
　　のれんの帳簿価額を合理的な方法により各資産グループに配分する。本図表においては，当社がのれんの帳簿価額を各資産グループの帳簿価額によって配分して管理会計を行っており，当該配賦基準を合理的な方法と判断していると仮定して，各事業に分割されたのれんを各資産グループの帳簿価額の比率により配分している。

第 3 章　のれんと減損会計　101

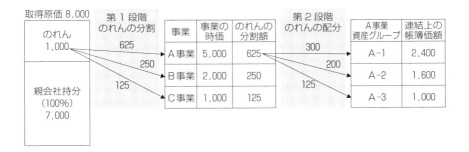

(2) 減損損失の認識の判定および測定の方法

のれんの帳簿価額を各資産に配分する方法を採用する場合，配分された各資産グループに減損の兆候があるときには，のれんの帳簿価額を，当該のれんが帰属する事業に関連する各資産グループに配分した上で，減損損失の認識の判定を行う。

減損損失を認識すべきと判定した場合には，各資産グループの帳簿価額にのれんの帳簿価額を配分した額を加えた金額と回収可能価額の差額を減損損失とする。当該減損損失はのれんに優先的に配分し，残額は，帳簿価額に基づく比例配分等の合理的な方法により，当該資産グループの各構成資産に配分する(減損適用指針54項)。

設例3－2　のれんの減損（のれんの帳簿価額を各資産グループに配分する方法）

[前提条件]
設例3－1と同様とする。

[会計処理]
① のれんの帳簿価額の分割
　設例3－1と同様である。
② のれんの帳簿価額の配分

A事業に係るのれんの帳簿価額400を，合理的な基準により当該事業に属する各資産グループ（A－1，A－2，A－3）に配分する。ここでは，P社がのれんの帳簿価額を各資産グループの帳簿価額によって配分して管理会計を行っており，当該配賦基準を合理的な方法と判断していると仮定して，各資産グループの帳簿価額の比率で配分する。その結果，資産グループA－1に配分されるのれんの帳簿価額は160（＝A事業に配分されるのれんの帳簿価額400×資産グループA－1の帳簿価額1,000÷A事業の資産グループの帳簿価額合計2,500），資産グループA－2に配分されるのれんの帳簿価額は128（＝A事業に配分されるのれんの帳簿価額400×資産グループA－2の帳簿価額800÷A事業の資産グループの帳簿価額合計2,500），資産グループA－3に配分される帳簿価額は112（＝A事業に配分されるのれんの帳簿価額400×資産グループA－3の帳簿価額700÷A事業の資産グループの帳簿価額合計2,500）となる。

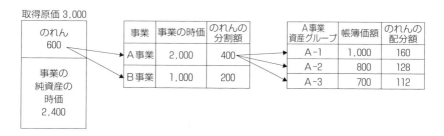

③　A事業に属する資産グループごとの減損損失の認識の判定および測定

　減損の兆候がある資産グループについて，A－1は割引前将来キャッシュ・フロー600がのれんを加えた帳簿価額1,160（資産グループA－1の帳簿価額1,000＋のれんの配分額160）を下回るため，減損損失を認識すべきであると判定される。また，A－2は割引前将来キャッシュ・フロー1,200がのれんを加えた帳簿価額928（資産グループA－2の帳簿価額800＋のれんの配分額128）を上回っているため，減損損失は認識されない。このため，資産グループA－1の帳簿価額1,160を回収可能価額400まで減額し，減損損失760を当期の損失とする。

　資産グループA－1において認識された減損損失760は，資産グループA－1に配分したのれん160に優先的に配分する。残額600は，合理的な方法により

第3章 のれんと減損会計 103

当該資産グループの各構成資産に配分する。

	A-1	A-2	A-3	小計
資産グループの帳簿価額	1,000	800	700	2,500
のれんの帳簿価額（配分額）	160	128	112	400
のれんを加えた帳簿価額	1,160	928	812	2,900
減損の兆候	あり	あり	なし	―
割引前将来キャッシュ・フロー	600	1,200	800	2,600
減損損失の認識	する	しない	―	―
回収可能価額	400	900	700	2,000
減損損失の測定	△760	―	―	△760
減損処理後の資産グループの帳簿価額	400	800	700	1,900
減損処理後ののれんの帳簿価額（配分額）	0	128	112	240

3 子会社に係るのれんの減損

(1) 連結上ののれんの減損処理に伴う子会社株式の減損処理の要否

　連結財務諸表上，子会社に係るのれんについて減損損失を計上した場合，個別財務諸表上の子会社株式についても減損する必要があるか否かが問題となる。金融商品会計基準によれば，時価の著しい下落（回復する見込みがあると認められる場合を除く）または実質価額の著しい低下がある場合，子会社株式を減損処理する必要があるとされているものの，連結財務諸表上ののれんの減損処理をもって個別財務諸表上の子会社株式を減損するような定めはない。

　ここで，個別財務諸表上，子会社株式は取得原価により貸借対照表価額とされており，当該価額にものれん相当額は含まれていると考えられる。ただし，当該のれん相当額は別途，識別されてはおらず，償却もなされない。このため，当該のれん相当額は減損会計基準および減損適用指針におけるのれんには含まれず，当該株式は金融商品会計基準における減損処理の定めに従って会計処理

されることとなる（減損適用指針94項）。

(2) のれんの減損損失等の非支配株主持分への負担

① のれんの減損損失に係る親会社と非支配株主持分の負担の考え方

　のれんは，親会社の子会社に対する投資とこれに対応する子会社の資本との相殺消去にあたり発生した差額である。このため，のれんはそのすべてが親会社に帰属するものであり，のれんの償却額についても非支配株主持分に負担させるものではない。したがって，連結財務諸表上，非支配株主が存在する子会社に係るのれんについて減損損失を計上した場合，当該減損損失は非支配株主持分に負担させず，全額，親会社株主に帰属する当期純利益として取り扱う。

　なお，IFRSにおいては，連結財務諸表に認識されていない非支配持分に帰属するのれんをグロスアップし，算定された減損損失を親会社持分と非支配持分に配分することになる。一方で，日本基準においては，連結財務諸表に認識されている親会社に帰属するのれんのみが減損損失の対象となるとともに，算定された減損損失は全額，親会社が負担する。

② 支配が継続する子会社株式を一部売却した場合の取扱い

　のれんが計上されるのは，親会社が子会社に対する支配を獲得した時点とされており，子会社株式の一部売却等による持分の減少があった場合でも，親会社による子会社の支配が継続している限りのれんの未償却残高は減額されない（資本連結実務指針66－3項）。

　このため，当該売却持分に係るのれんの償却額や減損損失は非支配株主持分に負担させず，親会社株主に帰属する当期純利益に計上する。

③ 子会社の個別財務諸表上で計上するのれんの取扱い

　共同新設分割による子会社の設立のように，子会社が他の企業から移転を受ける事業に対して個別財務諸表上で計上するのれんについては，親会社の連結財務諸表上もそのまま計上することができるとされている。この方法によれば，当該のれんは，親会社だけでなく，非支配株主に帰属する部分も含まれることから，当該のれんに係る減損損失は，非支配株主持分にも負担させることとな

第3章　のれんと減損会計　*105*

る（企業結合適用指針98項(2)②ただし書き）。

(3)　売却を予定し売却損が見込まれる子会社ののれんの減損判定

　子会社株式の売却を予定しており，個別財務諸表上，売却損が計上されると見込まれる場合で，当該売却損の要因が子会社の超過収益力等の低下によるものである場合には，連結財務諸表上の当該子会社に係るのれんの未償却残高について減損の兆候があると考えられる。

　なお，取締役会等において売却の意思決定がなされた段階で減損の兆候に該当することとなる点に留意する。

(4)　子会社株式の減損処理に伴うのれんの一時償却
①　基本的な考え方

　親会社の個別財務諸表上，子会社株式を時価の著しい下落または実質価額の著しい低下に伴い減損処理したとする。ここで，子会社株式の減損処理後の帳簿価額が，連結財務諸表上の子会社の資本の親会社持分額とのれん未償却残高との合計額を下回った場合には，株式取得時に見込まれた超過収益力等が減少していると考えられる。このため，連結財務諸表上，当該超過収益力等の減少を反映させるために，子会社株式の減損処理後の帳簿価額と，連結財務諸表上の子会社の資本の親会社持分額とのれん未償却残高との合計額との差額のうち，のれん未償却残高に達するまでの金額について，連結損益計算書にのれん償却額として計上し，のれん未償却残高から控除する（資本連結実務指針32項，前記「1(3)⑤ⅱ　子会社株式の時価が著しい下落または実質価額の著しい低下」参照）（図表3−10参照）。

　これはのれんの一時償却であり，減損処理とは異なることから，減損会計基準の適用の要否の検討は別途必要である（資本連結実務指針33項）。

図表3－10　のれんの一時償却の基本的な考え方

子会社株式
減損前簿価 1,000

減損損失
△600

子会社の資本 600

のれん未償却額
200

減損後簿価
400

| 親会社持分 60% 360 | 非支配株主持分 40% 240 |

（親会社持分 360＋のれん未償却額 200）－子会社株式の減損後簿価 400＝160＜のれん未償却額 200
∴のれん未償却額 200 のうち，160 を一時償却する。

②　四半期（および中間）決算における取扱い

　年度末を除く四半期末および中間期末において，親会社の個別財務諸表上，市場価格のある子会社株式を減損処理したことに伴い，連結財務諸表上，のれんを一時償却した場合で，親会社の個別財務諸表上，年度決算や年度決算までのその後の四半期決算において，子会社株式の減損の追加計上または戻入処理が行われたときは，連結財務諸表上，当該追加計上または戻入処理を考慮した後の子会社株式の帳簿価額に基づき，四半期末および中間期末に実施したのれんの一時償却額の見直しを行う（資本連結実務指針32項なお書き）。

③　のれんの一時償却に係る開示上の論点

　重要な減損損失を計上する場合，当該減損損失の内容を注記する必要がある（減損適用指針58項）。ここで，のれんの一時償却については資本連結実務指針上，特段の注記に係る定めはない。しかしながら，金融庁による有価証券報告書レビューの実施結果においては，のれんの一時償却であっても，実質的にその内容が減損と同様である場合には，減損損失を計上した場合と同様の開示が必要であると判断されることがあるとされている[4]。

4　「平成25年度有価証券報告書レビューの重点テーマ審査及び情報等活用審査の実施結果について」（金融庁）参照。

第3章　のれんと減損会計　107

| 設例3－3 | 子会社株式の減損処理に伴うのれんの一時償却 |

[前提条件]

① X1年3月31日にP社（3月決算）は上場会社であるS社株式の発行済株式総数の60%を4,000で取得し，S社（3月決算）を連結子会社とした。

② X1年3月31日のS社の貸借対照表は以下のとおりである。S社の資産および負債の時価と帳簿価額の乖離はない。

科目	金額	科目	金額
資産	18,000	負債	12,000
		資本金	1,000
		利益剰余金	5,000

③ X2年3月31日にS社の株価は1年前と比較して70%下落したことから，P社の個別財務諸表上でS社株式の減損処理を行い，子会社株式評価損2,800を計上した。

④ X2年3月期のS社の当期純損失は1,000であった。

⑤ のれんは20年で均等償却を行っているものとする。

[会計処理]

＜X2年3月31日＞

① P社修正仕訳（S社株式評価損の振戻し）

P社個別財務諸表で計上した子会社株式評価損2,800を振り戻す。

| （借） 子会社株式 | （※）2,800 | （貸） 子会社株式評価損 | （※）2,800 |

（※）2,800…前提条件③参照

② 連結修正仕訳

　i　開始仕訳

（借） 資本金	（※1）1,000	（貸） 子会社株式	（※3）4,000
利益剰余金(期首)	（※2）5,000	非支配株主持分	（※4）2,400
のれん	（※5）400		

（※1）1,000…取得時の貸借対照表参照
（※2）5,000…取得時の貸借対照表参照

（※3）4,000…前提条件①参照

（※4）2,400＝（取得時の資産18,000－取得時の負債12,000）×非支配株主持分比率40%

（※5）400＝取得価額4,000－（取得時の資産18,000－取得時の負債12,000）×親会社持分比率60%

ⅱ　非支配株主に帰属する当期純損失の計上

（借）　非支配株主持分	（※）400	（貸）　非支配株主に帰	（※）400
		属する当期純損	
		失	

（※）400＝X2年3月期S社当期純損失1,000×非支配株主持分比率40%

ⅲ　のれん償却額の計上

（借）　のれん償却額	（※）20	（貸）　のれん	（※）20

（※）20＝のれん400（会計処理②ⅰ参照）÷20年

ⅳ　のれんの一時償却

　親会社の個別財務諸表上の減損処理後のS社株式帳簿価額1,200は，子会社の資本の親会社持分3,000（＝（1,000（X2年3月期S社資本金）＋4,000（X2年3月期S社利益剰余金））×60%）およびのれん未償却額380の合計額3,380を下回っているため，のれんの一時償却が必要となる。

（借）　のれん償却額	（※）380	（貸）　のれん	（※）380

（※）のれん未償却額380＜2,180（＝（子会社持分3,000＋のれん未償却額380）－個別財務諸表上の減損処理後のS社株式帳簿価額1,200）　∴380

(5)　連結上ののれんの減損損失がのれんの帳簿価額を超える場合の子会社の個別財務諸表上の取扱い

　連結財務諸表においてのれんが計上されており，当該連結上ののれんに減損損失が認識された場合に，のれんの減損損失の金額がのれんの帳簿価額を超えるときには，当該超過額について，のれんが帰属する事業に関連する資産グループの帳簿価額に当該超過額を配分することとなると考えられる（減損会計基準注解（注11），減損適用指針52項(5)参照）。このとき，当該子会社に非支配株主が存在する場合，のれん以外の資産に配分された減損損失については，非支配株主持分に負担させることになるものと考えられる。

なお，当該減損損失の配分は連結財務諸表でのみ必要であり，子会社の個別財務諸表においては，当該超過額につき追加の減損損失を計上する必要はないと考えられる。

(6) 子会社の個別財務諸表上で孫会社株式を減損した場合の最上位の親会社連結財務諸表上ののれんの一時償却の要否

子会社の個別財務諸表上，孫会社株式を減損したことにより減損処理後の帳簿価額が連結上の孫会社の資本の子会社持分額とのれん未償却額との合計額を下回った場合には，子会社の連結財務諸表上，下回った金額に相当するのれんを一時償却しなければならない（資本連結実務指針32項，前記「1(3)⑤ⅱ　子会社株式の時価の著しい下落または実質価額の著しい低下」参照）。

当該一時償却は株式取得時に見込まれた超過収益力等の減少を反映するための会計処理であることからすると，最上位の親会社の連結財務諸表上計上されているのれんについても一時償却をすることが適切であると考えられる。

なお，株式の減損損失を計上している状況においては，当初の超過収益力の回収計画に相当の未達が生じ，のれんに著しい毀損が生じている可能性がある。したがって，資本連結実務指針第33項に従い，一時償却が必要な状況が生じていない場合であっても子会社の連結財務諸表上ののれん，最上位の親会社の連結財務諸表上ののれんのいずれについても減損処理の要否についての検討が必要になると考えられる。

また，子会社を持つ会社の株式を親会社が取得してのれんを計上した場合において，子会社が孫会社株式を減損し，のれんを一時償却した場合についても同様であると考えられる。すなわち，子会社が孫会社株式を減損しのれんを一時償却した後の「孫会社株式（S2社）の簿価」が「孫会社（S2社）に係るのれん＋孫会社（S2社）資本の子会社（S1社）持分」を下回った場合，下回った金額に相当するのれんを一時償却することが適切である。

(7) 在外子会社に係るのれんの減損損失および一時償却の換算
① のれんの減損損失の換算
在外子会社に係るのれんは，原則として支配獲得時に外貨建てで計上される。

また，連結財務諸表上はのれんを子会社の資産と同様に取り扱う趣旨から，のれんの期末残高は決算時の為替相場で換算し，のれんの償却額は原則として当該在外子会社の会計期間に基づく期中平均相場により，他の費用と同様に換算することとなる（外貨建実務指針40項）。のれんの減損損失についても同様の趣旨から，原則として在外子会社の会計期間に基づく期中平均相場により換算されると考えられる。

② のれんの一時償却の換算

個別財務諸表上，子会社株式の減損処理を行ったことにより，減損処理後の帳簿価額が連結上の子会社の資本の親会社持分額とのれんの未償却残高（借方）との合計額を下回った場合には，子会社株式の減損処理後の帳簿価額と，連結上の子会社の資本の親会社持分額とのれんの未償却残高（借方）に達するまでの金額についてのれん純借方残高から控除し，連結損益計算書にのれん償却額として計上する（資本連結実務指針32項）。

前記のとおり，子会社株式が外貨建ての場合，通常ののれん償却額は外貨建てで計上され，連結財務諸表上はのれんを子会社の資産と同様に取り扱う趣旨から，原則として在外子会社の会計期間に基づく期中平均相場により他の費用と同様に換算することになる（外貨建実務指針40項）。このため，子会社株式の減損に伴うのれんの一時償却額についても，通常ののれん償却額と同様に，原則として在外子会社の会計期間に基づく期中平均相場により換算されると考えられる。これにより，当該のれんの一時償却額からも為替換算調整勘定が発生すると考えられる。

(8) 子会社株式に投資損失引当金を計上した場合ののれんの一時償却の要否

投資損失引当金は，以下の場合において，健全性の観点から引当金を計上するものである（監査委員会報告第71号「子会社株式等に対する投資損失引当金に係る監査上の取扱い」2(1)）。

第3章　のれんと減損会計　*111*

- 子会社株式等の実質価額が著しく低下している状況には至っていないが，実質価額がある程度低下している。
- 子会社株式等の実質価額が著しく低下したものの，会社はその回復可能性が見込めると判断して減損処理を行わなかったが，回復可能性の判断はあくまで将来の予測に基づいて行われるものであり，その回復可能性の判断を万全に行うことは実務上困難である。

また，資本連結実務指針第32項は，個別財務諸表上の子会社株式の減損処理に対応しているが，投資損失引当金の計上は減損処理と要件が異なるため，子会社株式等に投資損失引当金を計上した場合に必ずしも資本連結実務指針第32項ののれんの一時償却が必要とは限らないケースもあると考えられる。ただし，減損会計基準の適用の要否の検討は，のれんの一時償却の有無にかかわらず別途必要である（資本連結実務指針33項）。

4 ┃ 持分法適用会社に係る論点

(1)　連結子会社と持分法適用会社に係るのれんの減損の相違点

持分法適用会社に係るのれんは，投資会社の持分法適用会社に対する投資とこれに対応する持分法適用会社の資本との差額である。当該のれんは持分法適用会社に対する投資額に含められ，連結子会社に係るのれんと同様に会計処理される（持分法実務指針9項）。

このため，持分法適用会社に係るのれんの減損処理は，連結子会社に係るのれんの減損処理と同様に行われることとなる。しかしながら，持分法はあくまで投資会社の投資額を修正する会計処理であり，持分法適用会社に関するのれんを当該会社の各事業へ分割する必要はないとされている。この結果，持分法適用会社に係るのれんの減損は，より大きな単位としての持分法適用会社に対する出資全体に対して適用されると考えられる（減損適用指針94項）。

(2)　持分法適用会社に係るのれんの減損の兆候

持分法適用会社に係るのれんについて減損の兆候を把握する場合，損益が継続してマイナスとなっているかどうかの判断に際して，用いるべき段階損益が

論点となる。確かに，のれんの償却額は持分法による投資損益として営業外収益または営業外費用に計上されるが，固定資産の減損会計はあくまで営業活動から生ずる損益による判断を求めており，持分法適用会社に係るのれんにおいても，この原則に違いはないと考えられる。このため，持分法適用会社に係るのれんについて減損の兆候（損益が継続してマイナスであるかどうか）の判定に用いる損益は，持分法適用会社の営業損益が基礎となり，これにのれんの償却額を加味して判断されるものと考えられる。

　なお，のれん以外にも，持分法適用時における部分時価評価法の適用により，償却資産について含み損益を連結手続上で認識している場合，当該含み損益に係る償却費の修正も反映する必要がある点に留意する。

コラム・のれんの減損に係る共用資産との取扱いの相違

　固定資産の減損会計の適用に際して，のれんに似た取扱いをするものとして共用資産が挙げられる。共用資産とは，複数の資産または資産グループの将来キャッシュ・フローの生成に寄与する資産をいい，のれんを除く資産であるとされる（減損会計基準注解（注1）5）。具体的に，複数の資産グループ等の将来キャッシュ・フローの獲得に貢献する性格のものとして，本社資産，社宅，研究開発施設などが該当すると考えられる。

　この共用資産とのれんは，原則として，ともにこれらを含むより大きな単位で減損損失を認識するかどうかの判定を行うという点で共通する。また，より大きな単位で減損損失の測定を行い，のれんまたは共用資産を加えることで追加的に認識された減損損失は，のれんまたは共用資産に優先的に配分されるという点でも同じである。その一方，共用資産が現物の資産であるのに対して，のれんがあくまで計算上の差額であるという点などから，減損会計の適用に際して，以下のような相違点が生じている。

項目	のれん	共用資産
分割の可否（※）	複数事業に分割する	各事業に分割することはない
減損の兆候	過大取得のときを除き，のれんそれ自体に兆候があるとはされない	用途変更，遊休化など，共用資産それ自体に減損の兆候が認められるケースがある

（※）減損会計の適用に際して，各事業における資産グループに配分して減損損失の認識の要否を判定できる点は共通している。

第4章

会計上の実務論点

1 持分の変動

　子会社株式や関連会社株式の追加取得,一部売却等により親会社（投資会社）と非支配株主等の持分比率が変動する場合,持分の変動に係る会計処理が必要となる。それぞれの会計処理は持分の変動パターンによって異なり,のれんの発生や変動のパターンも異なる。

(1) 株式の追加取得

　ここでは,子会社株式や関連会社株式を追加取得することにより持分が変動する場合の処理について解説する。
　追加取得は**図表4－1**に示すように,大きく5つにパターン分けできる。

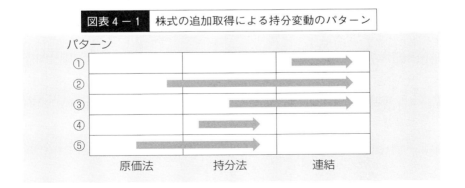

図表4－1　株式の追加取得による持分変動のパターン

① 子会社株式を追加取得する場合（連結→連結）
② 子会社・関連会社以外から子会社とする場合（原価法→連結）
③ 関連会社から子会社とする場合（持分法→連結）
④ 関連会社株式を追加取得する場合（持分法→持分法）
⑤ 子会社・関連会社以外から関連会社とする場合（原価法→持分法）

（※）子会社は連結対象、関連会社は持分法適用対象となることを前提としている。

① 子会社株式を追加取得する場合（連結→連結）

子会社株式を追加取得した場合には、子会社の純資産に対する親会社の持分が増加し、その分、非支配株主持分が減少する。今まで非支配株主持分として計上されていた部分のうち、追加取得に相当する部分が親会社の持分になる。

追加取得によって増加した子会社の純資産に対する親会社持分は、追加投資額と相殺消去し、差額は資本剰余金として処理する（連結会計基準28項）。当該差額をのれん（または負ののれん）で処理しない点に注意が必要である。

設例4－1　株式の追加取得により持分比率が80％（連結）から90％（連結）になった場合

［前提条件］
① P社はX1年3月31日にS社株式の発行済株式総数の80％（80株）を1,700で取得し、連結子会社とした。
② P社はX2年3月31日にS社株式の発行済株式総数の10％（10株）を240で追加取得した。
③ S社の純資産および土地の帳簿価額と時価はそれぞれ以下のとおりであり、土地以外の資産および負債の時価は帳簿価額と等しいものとする。

第4章　会計上の実務論点　*117*

	X1年3月31日	X2年3月31日
資本金	1,000	1,000
利益剰余金	600	800
		（うち：当期純利益200）
土地（帳簿価額）	600	600
土地（時価）	1,000	1,200

④　のれんは5年間で定額償却を行うものとする。

⑤　税効果は考慮しない。

[会計処理]

＜X2年3月期＞

① S社修正仕訳（土地に係る評価差額の計上）

　支配獲得時における土地の評価差額をS社の資本に計上する。

（借）　土地	（※）400	（貸）　評価差額	（※）400

（※）400 ＝ 時価1,000（前提条件③参照）－帳簿価額600（前提条件③参照）

②　開始仕訳

　P社のX1年3月期における投資と資本の相殺消去に係る仕訳を引き継ぐ。なお，支配獲得時における投資と取得持分の差額についてはのれんが計上されている。後記「⑤　追加取得に関する仕訳」とは処理が異なる点に留意する。

（借）　資本金	（※1）1,000	（貸）　S社株式	（※3）1,700
利益剰余金(期首)	（※2）600	非支配株主持分	（※5）400
評価差額	（※4）400		
のれん	（※6）100		

（※1）1,000…前提条件③参照

（※2）600…前提条件③参照

（※3）1,700…前提条件①参照

（※4）400…S社修正仕訳（土地に係る評価差額の計上）参照

（※5）400 ＝ 支配獲得時S社資本合計（資本金1,000＋利益剰余金600＋評価差額400）
　　　　　　　×非支配株主持分比率20%

（※6）100 ＝ S社株式取得原価1,700－支配獲得時S社資本合計2,000×当初取得比率80%

③ 非支配株主に帰属する当期純利益の計上

　追加取得が行われたのはX2年3月31日のため，X2年3月期の当期純利益を追加取得前の持分比率を用いて非支配株主持分に振り替える。

（借） 非支配株主に帰	（※）40	（貸） 非支配株主持分	（※）40
属する当期純利			
益			

（※）40＝X2年3月期当期純利益200×非支配株主持分比率20%

④ のれんの償却

　S社の支配獲得時に計上されていたのれんについて，償却を行う。

| （借） のれん償却額 | （※）20 | （貸） のれん | （※）20 |

（※）20＝支配獲得時のれん100÷5年

⑤ 追加取得に関する仕訳

　支配獲得時に評価差額が計上されている場合，親会社持分にも非支配株主持分にも支配獲得時の評価差額が含まれている。このため，追加取得によって増加する親会社持分と減少する非支配株主持分の金額は支配獲得時の評価差額も含めて計算する。

　i　非支配株主持分から親会社（P社）持分への移動

| （借） 非支配株主持分 | （※）220 | （貸） P社持分 | （※）220 |

（※）220＝追加取得時S社資本合計（評価差額含む）（1,000＋600＋200＋400）×追加取得比率10%

　ii　増加した親会社持分と追加投資額の相殺消去

　iで増加したP社持分と追加投資額とを相殺消去し，差額を資本剰余金で処理する。のれんで処理しない点に注意する。

| （借） P社持分 | （※1）220 | （貸） S社株式 | （※2）240 |
| 資本剰余金 | （※3）20 | | |

（※1）220…「i　非支配株主持分から支配株主（P社）持分への移動」参照
（※2）240…前提条件②参照
（※3）差額により算出

iとiiの仕訳を合わせると，追加取得に関する仕訳は以下のようになる。

(借)	非支配株主持分	220	(貸)	S社株式	240
	資本剰余金	20			

② 子会社・関連会社以外から子会社とする場合（原価法→連結）

いわゆる「段階取得」におけるポイントは，支配を獲得するに至った個々の取引のすべてを支配獲得時における時価に置き換え，これを連結上の取得原価とした上で，子会社の資本勘定と相殺消去するという点である（企業結合会計基準25項(2)本文）。これは，支配を獲得したことにより，過去に所有していた投資の実態または本質が変わったものとみなし，その時点でいったん投資が清算され，改めて投資を行ったという考え方に基づくものである（企業結合会計基準89項）。

当該連結上の取得原価に基づき，投資と資本の相殺消去を行うため，連結上の取得原価と取得持分との差額がのれん（または負ののれん）として処理されることになる。株式を段階取得することにより子会社・関連会社以外から子会社とする場合，個別財務諸表上は支配を獲得するに至るまでの過去の取引ごとの原価の合計額が子会社株式の取得原価となっている。このため，過去の投資を支配獲得時の時価に評価替えして算定する連結上の取得原価と個別上の取得原価の差額は，段階取得に係る損益として処理する必要がある（企業結合会計基準25項(2)なお書き）。

なお，仮に過去の投資を時価に置き換えずに投資と資本の相殺消去を行った場合，投資は過去の取得原価，資本は支配獲得時の時価で評価されることとなるため，差額に取得原価と時価の差が混在してしまうことになる。これは，本来超過収益力を示す項目であるのれんに余計な差額が混在することにもつながるため，これを避けるために親会社の投資勘定を時価評価する必要がある。

120

| 設例4－2 | 株式の段階取得により持分比率が10%（原価法）から60%（連結）になった場合 |

[前提条件]

①　P社は，2回にわたってS社株式の発行済株式総数の60%（60株）を取得し，X2年3月31日にS社を連結子会社とした。それぞれの取得価額の内訳は以下のとおりである。

	取得株式数 （持分比率）	1株当たり価額	取得価額
1回目（X1年3月31日）	10（10%）	20	200
2回目（X2年3月31日）	50（50%）	30	1,500

②　X2年3月31日のS社の純資産は資本金1,000，利益剰余金600であった。

③　X2年3月31日のS社の土地（帳簿価額600）の時価は1,000であり，それ以外の資産および負債の時価は帳簿価額と等しいものとする。

④　税効果は考慮しない。

[会計処理]

①　S社修正仕訳（土地に係る評価差額の計上）

（借）土地　　　　　　　　　　（※）400　（貸）評価差額　　　　　　　（※）400

（※）400＝時価1,000（前提条件③参照）－帳簿価額600（前提条件③参照）

②　S社株式の時価評価

P社の個別財務諸表上のS社株式の取得原価を，連結財務諸表上，支配獲得時の時価で評価する。X2年3月31日に追加取得した50%分については，支配獲得時の時価で評価されているため，ここでは支配獲得以前から所有していた10%分の取得原価200についてのみ支配獲得時の時価で評価する。時価評価により生じた差額を段階取得に係る差益として処理する。

（借）S社株式　　　　　　　　（※）100　（貸）段階取得に係る差益　　（※）100

（※）100＝10株（前提条件①参照）×（X2年3月31日株価30－X1年3月31日株価20）

③ 投資と資本の相殺消去

X2年3月31日にS社株式を一括取得したものとみなして，投資と資本の相殺消去を行う。つまり，S社のX2年3月31日の修正後貸借対照表に基づき，P社のS社株式とS社の資本との相殺消去および非支配株主持分への振替を行い，差額をのれんに計上する。

(借)	資本金	(※1) 1,000	(貸)	S社株式	(※3) 1,800
	利益剰余金	(※2) 600		非支配株主持分	(※5) 800
	評価差額	(※4) 400			
	のれん	(※6) 600			

(※1) 1,000…前提条件②参照
(※2) 600…前提条件②参照
(※3) 1,800＝200（前提条件①参照）＋1,500（前提条件①参照）＋100（S社株式の時価評価参照）
(※4) 400…S社修正仕訳（土地に係る評価差額の計上）参照
(※5) 800＝支配獲得時S社資本合計（資本金1,000＋利益剰余金600＋評価差額400）×非支配株主持分比率40％
(※6) 差額により算出

③ 関連会社から子会社とする場合（持分法→連結）

パターン③　原価法　持分法　連結

関連会社株式を追加取得したことにより支配を獲得し，持分法適用関連会社が連結子会社となった場合には，支配獲得時において資産および負債の時価評価をやり直す必要がある（資本連結実務指針35項）。支配獲得時の時価に基づいて評価差額を計上し，評価差額計上後の純資産額を親会社持分と非支配株主持分に按分して親会社持分を投資勘定と相殺消去するという考え方は，前記「②子会社・関連会社以外から子会社とする場合（原価法→連結）」の連結外部の会社が連結子会社となった場合と同様である。

一方で，関連会社から子会社とする場合においては，関連会社について持分法を適用している場合，個別上の取得原価と連結上の取得原価の差額の全額を段階取得に係る損益として処理することはできない。これは，当該差額のうち，

持分法による投資の修正分（個別上の取得原価と持分法評価額の差額）については過年度においてすでに損益として連結財務諸表に反映されているためである。

したがって，段階取得により関連会社（持分法）から子会社（連結）とする場合は，連結上の取得原価と持分法による評価額の差額を段階取得に係る損益として処理することとなる（資本連結実務指針8項(2)）。

なお，関連会社は部分時価評価法[1]により時価評価を行っているが，株式の段階取得により連結子会社となった場合，全面時価評価法[2]により支配獲得時の時価に基づき時価評価をやり直す必要がある。また，全面時価評価法により支配獲得時の時価に基づいて改めて評価差額が算定されることから，のれんまたは負ののれんも新たに計算され，持分法による投資評価額に含まれていたのれんの未償却額は，支配獲得時ののれんの一部として包含されることになる（資本連結実務指針35項）。

このため，支配獲得時に新たに計算したのれんは，持分法による投資評価額に含まれていた未償却部分とは区別せず，支配獲得日から新たな償却期間にわたり償却する（資本連結実務指針36項）。

| 設例4－3 | 株式の段階取得により持分比率が30%（持分法）から80%（連結）になった場合 |

[前提条件]

① P社は，2回にわたってS社株式の発行済株式総数の80%（80株）を取得し，S社をX1年3月31日に持分法適用関連会社，X2年3月31日に連結子会社とした。それぞれの取得価額の内訳は以下のとおりである。

	取得株式数（持分比率）	1株当たり価額	取得価額
1回目（X1年3月31日）	30（30%）	28	840
2回目（X2年3月31日）	50（50%）	32	1,600

---

1 時価により評価する資産および負債の範囲を投資会社の持分に相当する部分に限定する方法
2 資産および負債のすべてを時価により評価する方法

第4章　会計上の実務論点　*123*

② 　S社の純資産および土地の帳簿価額と時価はそれぞれ以下のとおりであり，土地以外の資産および負債の時価は簿価と等しいものとする。

	X1年3月31日	X2年3月31日
資本金	1,000	1,000
利益剰余金	400	600
		（うち：当期純利益200）
土地（帳簿価額）	2,000	2,000
土地（時価）	3,000	3,200

③ 　のれんはすべて5年間で定額償却を行うものとする。

④ 　税効果は考慮しない。

[会計処理]

＜X1年3月期＞

持分法適用時の仕訳

　期末に持分法適用となったため仕訳はないが，翌期以降ののれんの償却に備えてのれんの認識を行う。投資に含まれるのれん[※]は120と算定される。

> 仕訳なし

（※）120＝取得価額840（前提条件①参照）−｛資本金1,000（前提条件②参照）＋利益剰余金400（前提条件②参照）＋持分法適用時の土地の時価3,000（前提条件②参照）−帳簿価額2,000（前提条件②参照）｝×P社持分比率30%

＜X2年3月期＞

① 　S社修正仕訳（土地に係る評価差額の計上）

> （借）　土地　　　　　　　（※）1,200　（貸）　評価差額　　　　　（※）1,200

（※）1,200＝支配獲得時の土地の時価3,200（前提条件②参照）−帳簿価額2,000（前提条件②参照）

② 　持分法適用に関する仕訳

ⅰ 　当期純利益の認識

　支配を獲得するまではS社は持分法適用会社であるため，S社の当期純利益のうち，投資会社持分相当額をP社の連結財務諸表に取り込む。

（借）　S社株式	（※）60	（貸）　持分法による投	（※）60
		資損益	

（※）60＝S社当期純利益200（前提条件②参照）×P社持分比率30%

ii　のれんの償却

S社株式取得時に認識されたのれんについて，X2年3月期より償却を行う。

（借）　持分法による投	（※）24	（貸）　S社株式	（※）24
資損益			

（※）24＝のれん120÷5年（前提条件③参照）

③　持分法から連結子会社への移行

i　S社株式の時価評価

P社の持分法評価額（S社株式）を連結財務諸表上，支配獲得時の時価で評価する。X2年3月31日に追加取得した50%分については，支配獲得時の時価で評価されているため，ここでは支配獲得以前から所有していた30%分の持分法評価額（※1）876についてのみ支配獲得時の時価（※2）960で評価する。時価評価により生じた差額を段階取得に係る差益として処理する。

（借）　S社株式	（※3）84	（貸）　段階取得による	（※3）84
		差益	

（※1）876＝個別上のS社株式簿価840（前提条件①参照）＋当期純利益の認識60－のれん
　　　　償却24
（※2）960＝支配獲得時の1株当たり時価32×支配獲得以前取得株式数30株
（※3）84＝960（※2）－876（※1）

ii　投資と資本の相殺消去

X2年3月31日に80%分のS社株式を一括で取得したかのように投資と資本の相殺消去を行う（設例4－2と同様）。

（借）　資本金	（※1）1,000	（貸）　S社株式	（※3）2,560
利益剰余金	（※2）600	非支配株主持分	（※5）560
評価差額	（※4）1,200		
のれん	（※6）320		

（※1）1,000…前提条件②参照
（※2）600…前提条件②参照
（※3）2,560＝取得株式数合計（30株＋50株）×支配獲得時の1株当たり時価32

(※4) 1,200…S社修正仕訳（土地に係る評価差額の計上）参照
(※5) 560＝支配獲得時S社資本合計（資本金1,000＋利益剰余金600＋評価差額1,200）×非支配株主持分比率20%
(※6) 差額により算出

なお，のれんについては支配獲得時に新規にのれんが計上されたものとみなして，翌期より新たな償却期間にわたって償却する。

(借) のれん償却額　　　　(※) 64　(貸) のれん　　　　(※) 64
(※) 64＝のれん320÷5年（前提条件③参照）

④ 関連会社株式を追加取得する場合（持分法→持分法）

パターン④

原価法　　　持分法　　　連結

i 関連会社株式を追加取得する場合の会計処理

持分法を適用する関連会社株式を追加取得した時に，関連会社の資本のうち追加取得した株式に対応する持分と追加投資額との間に生じた差額は，のれん（または負ののれん）として処理する（持分法会計基準11項，持分法実務指針16項）。当該差額を資本剰余金として処理する子会社株式の追加取得とは異なる点に注意が必要である（前記「① 子会社株式を追加取得する場合（連結→連結）」参照）。

なお，持分法適用関連会社については部分時価評価法により，原則として，追加取得日ごとに当該日における時価によって評価する（持分法会計基準26－2項）。そして，当該時価評価額と個別貸借対照表上の金額との差額のうち追加取得した株式に対応する部分を評価差額として追加計上する（持分法実務指針6－2項）。

設例4－4　株式の追加取得により持分比率が30%（持分法）から40%（持分法）になった場合

[前提条件]

① P社は，X1年3月31日にS社株式の発行済株式総数の30%を900で取得

し，持分法適用関連会社とした。

② P社はX2年3月31日にS社株式の発行済株式総数の10%を400で追加取得した。

③ S社の純資産および土地の帳簿価額と時価はそれぞれ以下のとおりであり，土地以外の資産および負債の時価は帳簿価額と等しいものとする。

	X1年3月31日	X2年3月31日
資本金	1,000	1,000
利益剰余金	1,000	1,200 （うち：当期純利益200）
土地（帳簿価額）	600	600
土地（時価）	1,400	1,600

④ のれんは5年間で定額償却を行うものとする。

⑤ 税効果は考慮しない。

[会計処理]

＜X1年3月期＞

持分法適用時の仕訳

　期末に持分法適用となったため仕訳はないが，翌期に備えてのれんの認識を行う。投資に含まれるのれん(※)は60である。

> 仕訳なし

(※) 60＝取得価額900（前提条件①参照）－{資本金1,000（前提条件②参照）＋利益剰余金1,000（前提条件②参照）}×P社持分比率30%＋{土地（時価）1,400（前提条件③参照）－土地（帳簿価額）600（前提条件③参照）×P社持分比率30%}

＜X2年3月期＞

① 持分法適用に関する仕訳

i 当期純利益の認識

　X2年3月期のS社の当期純利益のうち，投資会社持分相当額をP社の連結財務諸表に取り込む。

第4章 会計上の実務論点　*127*

| （借）　S社株式 | （※）60 | （貸）　持分法による投 | （※）60 |
| | | 　　　資損益 | |

（※）60＝S社当期純利益200（前提条件③参照）×P社持分比率30%

ii　のれんの償却

　S社株式取得時に認識されたのれんについて，X2年3月期より償却を行う。

| （借）　持分法による投 | （※）12 | （貸）　S社株式 | （※）12 |
| 　　　資損益 | | | |

（※）12＝のれん60÷5年（前提条件④参照）

②　追加取得時の仕訳

　追加取得をしても，P社の純損益や資本に影響を与えないため，仕訳なしと
なるが，追加投資に含まれるのれん（※）は80と算定される。

仕訳なし

（※）80＝取得価額400（前提条件②参照）－{資本金1,000（前提条件③参照）＋利益剰余金1,200
　　（前提条件③参照）＋土地（時価）1,600（前提条件③参照）－土地（帳簿価額）600（前
　　提条件③参照）}×P社追加取得持分比率10%

---

ii　持分法適用後に株式の追加取得を行った場合ののれんの償却期間

　同一の持分法適用会社について，持分法適用後に株式の追加取得を行って引
き続き当該持分法の適用範囲に含まれる場合に，株式取得日の異なるのれんが
あるときには，合理的な根拠なく異なる償却期間を設定してはならない。

　すなわち，追加取得時において償却期間の決定に影響する要因が既取得分の
取得時と同様であれば，追加取得分の償却期間は，既取得分の残存償却期間で
はなく，既取得分の取得時に決定した償却期間と同一の期間としなければなら
ない。また，既取得分の残存償却期間を追加取得分の償却期間に修正してはな
らない。

　一方，追加取得時に，既取得分の取得時と大きな状況の変化があって，のれ
んの償却期間を改めて合理的に見積った結果，追加取得分についてより短い償
却期間が設定された場合には，既取得分の残存償却期間は追加取得分の償却期
間を上限とする。この場合，既取得分の残存償却期間がこの上限を超えなけれ

ば従来どおりの償却を行い，上限を超えれば追加取得分の償却期間を既取得分の残存償却期間として償却を行う必要がある（持分法実務指針16-2項）。

設例4-4の場合，追加取得時に大きな状況の変化がないと仮定すると，X1年3月期に認識したのれん60は，X2年3月期からX6年3月期までの5年間で償却し，X2年3月期に認識したのれん80はX3年3月期からX7年3月期までの5年間で償却することとなる。

⑤ 子会社・関連会社以外から関連会社とする場合（原価法→持分法）

i 子会社・関連会社以外から関連会社とする場合の会計処理

持分法適用開始までに株式を段階的に取得している場合の部分時価評価法の処理方法については，2つの方法がある。

ⅰ）原則法

前記「④ 関連会社株式を追加取得する場合（持分法→持分法）」と同様，株式の取得日ごとに当該日の時価で関連会社の資産および負債を時価評価する（持分法実務指針6-2項）。

原則法では株式の取得後，持分法適用前に生じた関連会社の利益剰余金のうち投資会社持分額（取得後利益剰余金）を利益剰余金として処理し，持分法適用時において，「持分法適用関連会社の増加に伴う利益剰余金の増加高（減少高）」等の名称で連結株主資本等変動計算書の利益剰余金の区分に表示する。

ⅱ）簡便法

株式の段階取得に係る計算の結果が原則法の場合と著しく相違しない場合には，持分法適用開始日における時価を基準として，関連会社の資産および負債のうち投資会社の持分に相当する部分を一括して評価することができる（持分法実務指針6-3項前段）。

第4章 会計上の実務論点　*129*

　なお，過去の段階的な株式取得時の詳細なデータが入手できない場合にも簡便法での処理が認められている。この場合であっても，持分法適用日以前の日付でデータ取得が可能な場合には，当該日における時価を基準として資産および負債の評価を行うことが望ましいとされている（持分法実務指針6－3項後段）。

　簡便法では，持分法適用前に取得した株式と持分法適用時に取得した株式を持分法適用時に一括で取得したとみなして処理を行うこととなるため，原則法と異なり，持分法適用前の投資に係る取得後利益剰余金は認識されないこととなる。

設例4－5　株式の段階的な取得により持分比率が20％（持分法）になった場合

［前提条件］

① P社は，3回にわたってS社株式の発行済株式総数の20％を取得し，S社をX3年3月31日に持分法適用関連会社とした。株式取得の状況は以下のとおりである。

	株式取得日	取得比率	取得原価
1回目	X1年3月31日	5％	120
2回目	X2年3月31日	5％	160
3回目	X3年3月31日	10％	360

② 持分法適用会社の純資産と土地の帳簿価額および時価は以下のとおりであった。

	X1年3月31日	X2年3月31日	X3年3月31日
純資産	2,000	2,400	2,600
土地（簿価）	1,600	1,600	1,600
土地（時価）	1,800	2,000	2,200

③ のれんは各株式取得日から5年間で定額償却を行うものとする。

④ 税効果は考慮しない。

[会計処理]

① 原則法

持分法適用前の投資に係る取得後利益剰余金を計上する。

（借）　S社株式	（※）32	（貸）　持分法適用会社	（※）32
		の増加に伴う利	
		益剰余金増加高	

（※）32＝取得後利益剰余金（（※1）20＋（※2）20)－のれん償却費｛X1年3月期分（（※6）
　　　　2×2年）＋X2年3月期分（※7）4｝

なお，取得後利益剰余金とのれんの残高は以下のとおりである。

	X1年3月期	X2年3月期	X3年3月期
純資産	2,000	2,400	2,600
取得後利益剰余金× 持分比率	－	（※1）20	（※2）20
のれん（X1年3月期）	（※3）10	（※6）償却額2 （残高8）	（※6）償却額2 （残高6）
のれん（X2年3月期）	－	（※4）20	（※7）償却額4 （残高16）
のれん（X3年3月期）	－	－	（※5）40

（※1）20＝（X2年3月期純資産2,400－X1年3月期純資産2,000)×取得比率5％
（※2）20＝（X3年3月期純資産2,600－X2年3月期純資産2,400)×取得比率10％
（※3）10＝X1年3月期取得原価120－S社X1年3月期純資産時価｛2,000＋(1,800－
　　　　1,600)｝×X1年3月期取得比率5％
（※4）20＝X2年3月期取得原価160－S社X2年3月期純資産時価｛2,400＋(2,000－
　　　　1,600)｝×X2年3月期取得比率5％
（※5）40＝X3年3月期取得原価360－S社X3年3月期純資産時価｛2,600＋(2,200－
　　　　1,600)｝×X3年3月期取得比率10％
（※6）　2＝X1年3月期のれん10÷5年（前提条件③参照）
（※7）　4＝X2年3月期のれん20÷5年（前提条件③参照）

② 簡便法

簡便法ではX3年3月期に20％分を一括して取得したとみなして処理するた
め，仕訳なしとなる。なお，投資に含まれているのれんはゼロ（※）と算定さ
れる。

第4章　会計上の実務論点　*131*

> 仕訳なし

（※）　0 ＝取得原価合計額（120＋160＋360）－ S 社X 3 年 3 月期純資産時価{2,600＋（2,200－1,600）}×取得比率合計20%

ⅱ　持分法適用開始日前の段階的な株式取得時に生じたのれんの償却開始時期

　株式の段階取得により原価法から持分法に変更するときにのれん（または負ののれん）が生じる場合，当該のれんの償却開始時期または負ののれんの利益計上時期については，過去の投資日とする方法と持分法適用開始日とする方法の 2 つが考えられる。

　資本連結実務指針第31項，第31－2項では，のれんは，その効果の発現する期間にわたって償却する必要があることから，償却開始時期は原則として支配獲得日とされている。この点に関して，連結では，支配獲得日までに株式を段階取得した場合であっても，支配獲得日に全面時価評価法により時価評価を行い，子会社に対する投資と資本を相殺し，のれんまたは負ののれんが支配獲得日に認識される（連結会計基準20項，23項，24項）。

　一方，持分法では，持分法適用日までに投資が段階的に行われている場合は，原則として，投資日ごとの投資と被投資会社の資本との差額をのれんまたは負ののれんとすることとされているため（持分法会計基準11項，26－3項），のれんまたは負ののれんは，投資日ごとに算定されるという違いがある。

　このため，段階取得によって持分法の適用となる場合，のれんの償却開始時期について，資本連結実務指針第31項，第31－2項で定める「支配獲得日から」をどのように解釈するか（過去の投資日と持分法適用日のいずれか），また，負ののれんも同様に，「負ののれんが生じた事業年度」をいずれの日と解釈するかが問題となる。

　このような段階取得によって持分法適用となる場合において，持分法適用開始日前の段階取得時に生じたのれんまたは負ののれんの償却開始時期および利益計上時期について，持分法会計基準や持分法実務指針等の現行の会計基準において明示的な定めはない。

したがって，持分法適用日から償却開始または利益計上して持分法による投資損益として処理することも，過去の段階取得の投資日から償却開始または利益計上して，当該償却費や利益計上額を持分法適用日の利益剰余金増加高に含めて処理することも，いずれも認められるものと考えられる。

(2) 株式の一部売却

ここでは，子会社株式や関連会社株式を一部売却することにより持分が変動する場合の処理について解説する。

一部売却は**図表４－２**に示すように，大きく５つにパターン分けできる。

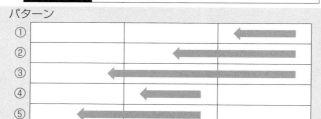

図表４－２　株式の一部売却による持分変動のパターン

① 子会社株式を一部売却しても引き続き子会社である場合（連結→連結）
② 子会社株式を一部売却することにより関連会社となる場合（連結→持分法）
③ 子会社株式を一部売却することにより子会社・関連会社以外となる場合（連結→原価法）
④ 関連会社株式を一部売却しても引き続き関連会社である場合（持分法→持分法）
⑤ 関連会社株式を一部売却することにより関連会社以外となる場合（持分法→原価法）

（※）子会社は連結対象，関連会社は持分法適用対象となることを前提としている。

① 子会社株式を一部売却しても引き続き子会社である場合（連結→連結）

　子会社株式の一部を売却した場合，子会社純資産に対する親会社持分が減少し，非支配株主持分が増加する。個別財務諸表上では，子会社株式の売却簿価と売却価額との差額が子会社株式売却損益として損益計算書に計上されているが，連結財務諸表上では支配関係が継続している場合に限り，売却損益を計上せず，減少する持分と売却価額との差額を資本剰余金として処理する（連結会計基準29項）。

　また，支配獲得時に計上したのれんの未償却額は，一部売却をしても支配が継続している限りは減額しない（連結会計基準66－2項，資本連結実務指針44項）。このため，一部売却して持分が減少したとしても，当初に支配を獲得した持分に対応するのれん償却額は，引き続き親会社株主に帰属する当期純利益に全額計上することとなる。

設例4－6　株式の一部売却により持分比率が80％（連結）から70％（連結）になった場合

［前提条件］
① P社は，X1年3月31日にS社株式の発行済株式総数の80％（80株）を1,680で取得し，連結子会社とした。
② 支配獲得時のS社の純資産は資本金1,000，利益剰余金1,000であった。
③ 支配獲得時のS社の資産および負債の帳簿価額と時価は等しいものとする。
④ P社はX2年3月31日にS社株式の発行済株式総数の10％（10株）を240で売却し，子会社株式売却益30を計上した。
⑤ 一部売却時のS社の純資産は資本金1,000，利益剰余金1,200（当期純利益200）であった。
⑥ のれんは5年間で定額償却を行うものとする。
⑦ 税効果は考慮しない。

[会計処理]

＜Ｘ２年３月31日＞

① 開始仕訳

　Ｐ社のＸ１年３月期における投資と資本の相殺消去に係る仕訳を引き継ぐ。なお，支配獲得時における投資と取得持分の差額についてはのれんが計上されている。

（借）	資本金	（※１）1,000	（貸）	Ｓ社株式	（※３）1,680
	利益剰余金	（※２）1,000		非支配株主持分	（※４）400
	のれん	（※５）80			

（※１）1,000…前提条件②参照
（※２）1,000…前提条件②参照
（※３）1,680…前提条件①参照
（※４）400＝支配獲得時Ｓ社資本合計（資本金1,000＋利益剰余金1,000）×非支配株主持分比率20％
（※５）差額により算出

② 非支配株主に帰属する当期純利益の計上

（借）	非支配株主に帰属する当期純利益	（※）40	（貸）	Ｓ社株式	（※）40

（※）40＝当期純利益200（前提条件⑤参照）×非支配株主持分比率20％

③ のれんの償却

（借）	のれん償却額	（※）16	（貸）	のれん	（※）16

（※）16＝のれん80÷５年（前提条件⑥参照）

④ 一部売却に関する仕訳

　ⅰ 親会社持分から非支配株主持分への移動

（借）	Ｐ社持分	（※）220	（貸）	非支配株主持分	（※）220

（※）220＝一部売却時のＳ社純資産2,200（前提条件⑤参照）×一部売却持分比率10％（前提条件④参照）

　ⅱ 減少した親会社持分と売却投資額の相殺消去の戻し

　ⅰで減少したＰ社持分と売却投資額および個別財務諸表で計上されている売却損益を相殺消去し，差額を資本剰余金で処理する。

（借）　S社株式	（※1）210	（貸）　P社持分	（※2）220
S社株式売却益	（※3）30	資本剰余金	（※4）20

（※1）210＝当初取得額1,680（前提条件①参照）÷当初取得持分比率80％（前提条件①参照）
　　　　×一部売却持分比率10％（前提条件④参照）
（※2）220…「ⅰ　親会社持分から非支配株主持分への移動」参照
（※3）30…前提条件④参照
（※4）差額により算出

ⅰとⅱの仕訳を合わせると，一部売却に関する仕訳は以下のようになる。

（借）　S社株式	210	（貸）　非支配株主持分	220
S社株式売却益	30	資本剰余金	20

参考　翌年度ののれんの償却

S社株式を一部売却した後も，のれんの償却額はすべてP社が負担し非支配株主に帰属する当期純利益には按分しない点に注意する。

（借）　のれん償却額	（※）16	（貸）　のれん	（※）16

（※）16＝のれん80÷5年（前提条件⑥参照）

② 子会社株式を一部売却することにより関連会社となる場合
　　（連結→持分法）

株式の一部を売却しても支配が継続している場合には，連結財務諸表上，子会社株式売却損益を計上せず，売却価額と売却持分の差額を資本剰余金として処理する。一方で，子会社株式を一部売却して支配を喪失し，関連会社となった場合は，個別財務諸表上で計上している子会社株式売却損益を連結財務諸表上のあるべき売却損益に修正する処理が必要となる（資本連結実務指針45項）。

また，支配獲得時にのれんが計上されており，一部売却時においてのれんの未償却額がある場合には，当該未償却額のうち関連会社として残存する持分比率に相当する額をのれんとして処理する（資本連結実務指針45－2項）。

簡単な数値例を用いて，株式の一部売却により子会社から関連会社となる場

合ののれんの取崩額を解説する。

設例4－7　株式の一部売却により持分比率が80%（連結）から30%（持分法）になった場合ののれん取崩額

[前提条件]

① 　P社はX1年3月31日にS社株式の発行済株式総数の80%を取得し，のれん80を計上した。

② 　P社はX2年3月31日にS社株式の発行済株式総数の50%を売却し，持分法適用会社とした。

③ 　のれんは5年間で定額償却を行うものとする。

[のれん取崩額の算定]

一部売却で取り崩すのれんは以下のとおりとなる。

取崩額＝のれんの未償却残高×一部売却持分比率÷当初持分比率

$$= {}^{（※1）}64 × {}^{（※2）}50\% ÷ {}^{（※3）}80\%$$

$$= 40$$

（※1）当初ののれん80－X2年3月期ののれん償却額16（80÷5年間）
（※2）前提条件②参照
（※3）前提条件①参照

　なお，前記「(1)①　子会社株式を追加取得する場合（連結→連結）」，「①　子会社株式を一部売却しても引き続き子会社である場合（連結→連結）」のとおり，子会社株式を追加取得した場合や支配の喪失を伴うことなく子会社株式を一部売却した場合にはのれんの変動が生じない。この結果，のれんに対応する持分比率と実際の持分比率に差が生じることとなり，その後の子会社株式の一部売却により，子会社に対する支配を喪失して関連会社となった場合，減額するのれん（持分法評価額に引き継がれるのれん）の額が論点となる。

　この場合，支配獲得後の持分比率の推移等を勘案し，適切な方法に基づき，関連会社として残存する持分比率に相当するのれんの未償却額を算定することになる（資本連結実務指針45－2項，66－6項）。資本連結実務指針第66－6

項では，「支配獲得時の持分比率に占める関連会社として残存する持分比率に
相当する額を算定する方法」や「支配喪失時の持分比率に占める関連会社とし
て残存する持分比率に相当する額を算定する方法」が例示されている。これら
の方法を簡単な数値例を用いて解説する。

設例4－8 支配獲得後に追加取得や一部売却が行われた後に支配を喪失して関連会社となった場合

[前提条件]

① 持分比率が60% → 80% → 30%と推移した場合

② 持分比率が80% → 60% → 30%と推移した場合

[のれんの未償却額から減額するのれんの算定]

ⅰ 「支配獲得時の持分比率に占める関連会社として残存する持分比率に相当
　する額を算定する方法」による場合

前提条件	減額する のれん	分母の算定方法	分子の算定方法
①	30/60	取得当時の親会社持分（60%）	売却持分（80%－30%）から追加取得持分（80%－60%）を控除
②	50/80	取得当時の親会社持分（80%）	売却持分（60%－30%）に過去の一部売却持分（80%－60%）を加算

ⅱ 「支配喪失時の持分比率に占める関連会社として残存する持分比率に相当
　する額を算定する方法」による場合

前提条件	減額する のれん	分母の算定方法	分子の算定方法
①	50/80	売却直前の親会社持分（80%）	売却持分（80%－30%）
②	30/60	売却直前の親会社持分（60%）	売却持分（60%－30%）

③ 子会社株式を一部売却することにより子会社・関連会社以外となる場合
（連結→原価法）

子会社株式を一部売却したことにより連結子会社が子会社・関連会社以外となった場合，被投資会社に対する投資は個別貸借対照表上の帳簿価額で評価することとなる（連結会計基準29項）。

個別財務諸表上で計上している子会社株式売却損益の修正の考え方は子会社から関連会社となる場合と同様であるが，さらに支配喪失日までに連結財務諸表上に計上した投資の修正額（のれん償却額を含む）のうち残存持分相当額を取り崩し，当該取崩額を連結除外に伴う利益剰余金の減少（増加）として処理する（資本連結実務指針46項）。

④ 関連会社株式を一部売却しても引き続き関連会社である場合
（持分法→持分法）

持分法適用関連会社の株式を一部売却し，売却後も関連会社に該当する場合には持分法の適用が継続する。この場合，個別財務諸表上計上されている関連会社株式の売却損益を持分法評価額の売却持分に基づく売却損益の修正として処理する。このとき，売却に伴うのれんの未償却額のうち売却した株式に対応する部分についても，上記持分の減少額に含めて計算する（持分法実務指針17項）。

⑤ 関連会社株式を一部売却することにより関連会社以外となる場合
（持分法→原価法）

持分法適用関連会社株式を一部売却したことにより持分法適用会社が関連会社以外となった場合，被投資会社に対する投資は個別貸借対照表上の帳簿価額で評価することとなる（持分法実務指針19項）。持分法適用除外日における残存持分に係る取得後利益剰余金と残存持分に係るのれんの既償却額は，持分法適用除外日までに損益として計上されたものであるため，持分法適用除外により利益剰余金の減少（増加）として処理する（持分法実務指針33項）。

(3) 子会社の増資等により持分比率が変動する場合

連結子会社が時価発行増資等を行った場合で，親会社の引受割合が増資前の持分比率と異なるときには，増資後の持分比率に変動が生じる。この場合は，追加取得や一部売却の場合と同様の考え方に基づき，増資後も親会社と子会社の支配関係が継続しているときには，親会社の払込額と親会社の持分の増減額の差額を資本剰余金として処理する（連結会計基準30項，資本連結実務指針46項）。当該差額をのれん（または負ののれん）で処理しない点に注意が必要である。この処理は親会社の持分比率が増加する場合，減少する場合のいずれも同様である。

(4) 複数の取引が一体取引と判断された場合

前記「(1)① 子会社株式を追加取得する場合（連結→連結）」のとおり，子会社株式の追加取得の会計処理では，支配を獲得した際の処理と異なり，のれんが計上されない。たとえば，投資額と持分相当額に差額がある取引を前提とすれば，ある会社の株式を新規で80％取得した後に，追加的に当該子会社の株式を20％取得する場合，前者では当該差額がのれんとして処理されるのに対し，後者では資本剰余金として処理される。

しかし，複数の取引が1つの企業結合を構成している場合には，それらを一

体として取り扱うこととされている点に留意が必要である（企業結合会計基準
5項なお書き）。通常，複数の取引が1事業年度内に完了する場合には一体と
して取り扱うことが適当であると考えられるとされているが，1つの企業結合
を構成しているかどうかは状況によって異なるため，当初取引時における当事
者間の意図や当該取引の目的等を勘案し，実態に応じて判断される（企業結合
会計基準66項なお書き）。

　したがって，子会社株式の追加取得のケースでは，当初取得と追加取得のそ
れぞれの取引が一体の取引と判断された場合は，追加的に取得した取引からも
のれんが発生したものとして処理される。このとき，支配獲得後に認識したの
れんについては，支配獲得時にのれんが計上されていたものとして算定し，追
加取得時において支配獲得時から追加取得時までの償却分も含めてを追加取得
時に償却計算を行う。

　たとえば，第1四半期に60％の株式を取得して連結子会社となり，同一事業
年度内の第3四半期に20％の株式を追加取得した場合で，20％の追加取得時に
のれんが計上される場合，当該のれんについては支配獲得時（第1四半期）に
計上されていたものとして，第3四半期から，第1四半期および第2四半期の
償却分も含めて償却計算を行う（資本連結実務指針7－4項，66－4項）。

コラム・企業結合会計基準改正前の子会社株式の追加取得・一部売却

　平成25年の企業結合会計基準等の改正後，子会社株式の追加取得また
は支配の喪失を伴わない一部売却において生じる持分変動差額は，資本剰
余金として処理することとされた（連結会計基準28項，29項）。

　この改正前において，子会社株式を追加取得した際に生じる持分変動差
額，すなわち増加する親会社持分と支払った対価の差額は，のれんとして
計上することとされていた。また，同じく改正前において，支配の喪失を
伴わない子会社株式の一部売却の際に生じる持分変動差額，すなわち減少
する親会社持分と売却対価との差額は売却損益として処理され，当該子会
社に対してのれんが計上されている場合には，売却した持分相当ののれん
も売却損益の調整に含められるものとされていた。

第4章 会計上の実務論点 **141**

当該改正は，平成27年4月1日以後開始する連結会計年度の期首から適用することとされた。また，同年度よりも前に行われた当該取引については，原則として過去のすべての取引に改正後の処理を適用した累積的影響額を適用初年度の期首に反映することとされたが，適用初年度の期首から将来にわたって新たな会計処理を適用することもできることとされていた（連結会計基準44－5項(1)，(3)，(4)）。

2 間接所有

親会社が自ら子会社の株式を保有しているケースを直接所有というのに対し，親会社が他の子会社等を通じて別の会社の株式を保有しているケースを間接所有という。間接所有における連結財務諸表の作成にあたっては，いったん子会社で連結決算を行い，さらに親会社で連結決算を行う「サブ連結」と，親会社が子会社と孫会社を連結する「フラット連結」の2つの方法がある。いずれの方法によっても親会社の連結財務諸表の数値は同じとなる。

ここで，子会社または孫会社の株式を取得したときの投資と資本の相殺消去に関しては，(1)子会社が孫会社株式を取得する場合と，(2)子会社を持つ会社の株式を親会社が取得する場合に分けて考える必要がある。株式の取得に際してのれんが発生した場合，投資した会社に非支配株主が存在する場合には，のれんの残高と償却の一部を当該非支配株主が負担することとなり，結果が異なるためである。それぞれ簡単な数値例を用いて解説する。なお，設例ではサブ連結による処理を前提としている。

(1) 子会社が孫会社株式を取得する場合

子会社が孫会社株式を新たに取得する場合は，のれんを親会社株主に帰属する金額とするための調整が必要となる。

設例4-9　子会社が孫会社株式を取得する場合

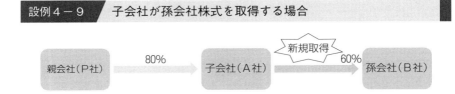

[前提条件]
① P社は，A社株式の発行済株式総数の80%を保有している。
② X1年3月31日にA社はB社株式の発行済株式総数の60%を1,600で取得し，子会社とした。
③ X1年3月31日におけるB社の純資産は2,000であり，帳簿価額と時価は等しいものとする。
④ のれんは4年間で定額償却する。
⑤ その他の条件は無視する。また，税効果は考慮しない。

[会計処理]
＜X1年3月期＞
① A社の連結修正仕訳

A社の連結決算でB社株式とB社の資本を相殺消去する。

（借）	純資産	（※2）2,000	（貸）	B社株式	（※1）1,600
	のれん	（※4）400		非支配株主持分（B社）	（※3）800

（※1）1,600…前提条件②参照
（※2）2,000…前提条件③参照
（※3）800…B社純資産額2,000×B社非支配株主持分比率40%
（※4）差額により算出

② P社の連結修正仕訳

P社の連結修正仕訳において①で計上されたのれんの一部をA社の非支配株主に負担させることにより，のれんをP社株主に帰属する金額になるように調整する。

第4章　会計上の実務論点　143

（借）　非支配株主持分	（※）80	（貸）　のれん	（※）80
（A社）			

（※）80 = のれん400 × A社非支配株主持分比率20%

＜X2年3月期＞

①　A社の連結修正仕訳

ⅰ　開始仕訳

（借）　純資産	（※）2,000	（貸）　B社株式	（※）1,600
のれん	（※）400	非支配株主持分	（※）800
		（B社）	

（※）X1年3月期「①　A社の連結修正仕訳」参照

ⅱ　のれんの償却

（借）　のれん償却額	（※）100	（貸）　のれん	（※）100

（※）100 = のれん400 ÷ 4年（前提条件④参照）

②　P社の連結修正仕訳

のれんの残高と償却を親会社株主に帰属する金額になるように調整する。

ⅰ　前期仕訳の引継ぎ

（借）　非支配株主持分	（※）80	（貸）　のれん	（※）80
（A社）			

（※）80…X1年3月期「②　P社の連結修正仕訳」参照

ⅱ　非支配株主持分への配分

のれんの残高と償却の一部をA社の非支配株主に負担させる。

（借）　のれん	（※）20	（貸）　非支配株主持分	（※）20
		（A社）	
（借）　非支配株主に帰属する当期純利益	（※）20	（貸）　のれん償却額	（※）20

（※）20 = のれん償却額100 × A社非支配株主持分比率20%

(2) 子会社をもつ会社の株式を取得する場合

子会社を保有する会社の株式を取得する場合は，新規取得時に計上するのれんが親会社株主に帰属する金額となっているため，前記「(1) 子会社が孫会社株式を取得する場合」のようなのれんの調整は不要である。

設例4－10　子会社をもつ会社の株式を親会社が取得する場合

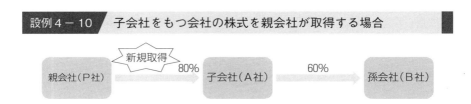

［前提条件］

① A社は，B社株式の発行済株式総数の60％（600）を保有している。
② X1年3月31日にP社はA社株式の発行済株式総数の80％を2,400で取得し，子会社とした。
③ X1年3月31日におけるA社，B社の資本金はいずれも1,000，利益剰余金はいずれも1,000であり，帳簿価額と時価は等しいものとする。
④ のれんは4年間で定額償却する。
⑤ その他の条件は無視する。また，税効果は考慮しない。

［会計処理］

＜X1年3月期＞

① A社の連結修正仕訳

A社の所有するB社株式とB社の資本を相殺消去する。

（借）	資本金	（※2）1,000	（貸）	B社株式	（※1）600
	利益剰余金(期首)	（※3）400		非支配株主持分（B社）	（※4）800

（※1）600…前提条件①参照
（※2）1,000…前提条件③参照
（※3）400＝B社利益剰余金1,000×B社非支配株主持分比率40％
（※4）800＝B社純資産額（1,000＋1,000）×B社非支配株主持分比率40％

第4章　会計上の実務論点　145

Ｘ1年3月期のＡ社の連結精算表は以下のとおりとなる。

勘定科目	Ａ社	Ｂ社	計	連結修正	Ａ社連結
非支配株主持分				(800)	(800)
資本金	(1,000)	(1,000)	(2,000)	1,000	(1,000)
利益剰余金	(1,000)	(1,000)	(2,000)	400	(1,600)
計	(2,000)	(2,000)	(4,000)	1,400	(2,600)

②　Ｐ社の連結修正仕訳

Ｐ社が取得したＡ社株式とＡ社連結の資本勘定を相殺消去する。

(借)	資本金	(※1) 1,000	(貸)	Ａ社株式	(※3) 2,400
	利益剰余金	(※2) 1,600		非支配株主持分	(※4) 520
	のれん	(※5) 320			

（※1）1,000…Ａ社資本金（Ｘ1年3月期Ａ社連結精算表参照）
（※2）1,600…Ａ社連結利益剰余金（Ｘ1年3月期Ａ社連結精算表参照）
（※3）2,400…前提条件②参照
（※4）520＝Ａ社連結資本合計2,600（Ｘ1年3月期Ａ社連結精算表参照）×Ａ社非支配株主持分比率20%
（※5）差額により算出

＜Ｘ2年3月期＞

①　Ｐ社の連結修正仕訳

i　開始仕訳

(借)	資本金	(※) 1,000	(貸)	Ａ社株式	(※) 2,400
	利益剰余金（期首）	(※) 1,600		非支配株主持分（Ａ社）	(※) 520
	のれん	(※) 320			

（※）Ｘ1年3月期「②　Ｐ社の連結修正仕訳」参照

ii　のれんの償却

(借)	のれん償却額	(※) 80	(貸)	のれん	(※) 80

（※）80＝のれん320÷4年（前提条件④参照）

(3) 子会社が企業結合を行う場合

子会社が行う企業結合が親会社ののれんに影響を与えるケースとしては，前記「(1) 子会社が孫会社株式を取得する場合」のほかにも複数のケースが考えられる。ここでは①吸収合併と②新設分割の2つのケースにおける親会社ののれんの処理方法を解説する。

① 非支配株主の存在する子会社（A社）が他の会社（B社）を吸収合併する場合

子会社（A社）が他の会社（B社）を吸収合併する場合には，子会社（A社）の個別財務諸表上でのれんが生じる。ここで，我が国の連結財務諸表は親会社説を採用していることから，前記「(1) 子会社が孫会社株式を取得する場合」や後記「② 子会社（A社）と他の会社（B社）との共同新設分割により新設会社（C社）が子会社（A社）の子会社となる場合」と同様，個別財務諸表上計上されたのれんを連結財務諸表上では原則として親会社（P社）持分（P社の購入のれん）に修正することが考えられる。

ただし，後記「② 子会社（A社）と他の会社（B社）との共同新設分割により新設会社（C社）が子会社（A社）の子会社となる場合」にもあるように，当該のれんは，企業結合会計基準第98項の「親会社の持分について計上した額から推定した額」ではないため，子会社（A社）が個別財務諸表上計上したのれんは，親会社（P社）の連結財務諸表上全額計上することも考えられる。

非支配株主が存在する子会社が他の会社を吸収合併する場合の原則的な会計処理について，数値例を用いて解説する。

設例4－11　非支配株主の存在する子会社が他の会社を吸収合併する場合

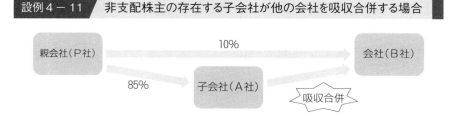

第4章 会計上の実務論点　147

[前提条件]

① P社は，A社株式（発行済株式総数100株）の85%を850で取得し，子会社株式として所有している。

② P社は，B社株式（発行済株式総数100株）の10%を20で取得し，その他有価証券として所有している。

③ 税効果は考慮しない。

④ 各社のX1年末の貸借対照表は次のとおりである。

＜A社貸借対照表＞

科目	金額	科目	金額
資産	1,500	資本金	1,000
		利益剰余金	500

＜B社貸借対照表＞

科目	金額	科目	金額
資産	500	資本金	400
		利益剰余金	100

＜P社貸借対照表＞

科目	金額	科目	金額
A社株式	850	資本金	1,000
B社株式	100	その他有価証券評価	80
諸資産	130	差額金（B社株式分）	

⑤ X2年期首にA社はB社を吸収合併し，B社株式1株に対して0.5株のA社株式を交付した。その結果，P社のA社に対する持分比率は85%から60%〔(100株×85%＋100株×10%×0.5)÷(100株＋100株×0.5)〕に減少した。

⑥ X2年期首のA社およびB社の企業価値および純資産の時価は次のとおりであった。

	企業価値	時価純資産
A社	2,000	1,500
B社	1,000	800

148

［会計処理］

＜A社の個別財務諸表上の仕訳＞

B社合併処理

（借）	資産	（※1）800	（貸）	資本金	（※2）1,000
	のれん	（※3）200			

（※1）800…B社時価純資産（前提条件⑥参照）
（※2）1,000…B社企業価値（前提条件⑥参照）
（※3）差額により算出

＜P社の個別財務諸表上の仕訳＞

B社株式がA社株式に置き換わる。

（借）	A社株式	（※1）20	（貸）	B社株式	（※2）100
	その他有価証券 評価差額金	（※3）80			

（※1）20…前提条件②参照
（※2）100…前提条件④P社貸借対照表参照
（※3）80…前提条件④P社貸借対照表参照

＜P社の連結修正仕訳＞

① 開始仕訳

（借）	資本金	（※1）1,000	（貸）	A社株式	（※2）850
	利益剰余金（期首）	（※3）75		非支配株主持分	（※4）225

（※1）1,000…前提条件④A社貸借対照表参照
（※2）850…前提条件①参照
（※3）75＝A社利益剰余金500×A社非支配株主持分比率（合併前）15％
（※4）225＝（A社資本金1,000＋A社利益剰余金500）×A社非支配株主持分比率（合併前）15％

② 段階取得の処理

（借）	A社株式（旧B 社株式）	（※）80	（貸）	段階取得に係る 差益	（※）80

（※）80＝B社株式時価（前提条件④P社貸借対照表参照）100－B社株式取得原価（前提条件②参照）20

③ A社に対する持分減少［85％→60％］の処理

（借）取得対価	（※1）500	（貸）非支配株主持分	（※2）375
		資本剰余金	（※3）125

（※1）500＝B社企業価値1,000×（P社の合併後A社所有持分比率60％－P社の合併前B社所有持分比率10％）
（※2）375＝A社純資産（前提条件④A社貸借対照表参照）1,500×持分割合減少比率25％
（※3）差額により算出

④　B社資本に係る処理

子会社（A社）が個別財務諸表上計上したのれんを，原則として，P社持分相当に修正する。

（借）資本金	（※1）1,000	（貸）取得対価	（※2）500
		非支配株主持分	（※3）320
		のれん	（※4）80
		A社株式	（※5）100

（※1）1,000…B社企業価値（前提条件⑥参照）
（※2）500…「③　A社に対する持分減少［85％→60％］の処理」参照
（※3）320＝B社純資産時価（前提条件⑥参照）800×A社非支配株主持分比率40％
（※4）80＝A社によるB社合併時ののれん200×A社非支配株主持分比率40％
（※5）100＝B社株式取得原価20＋段階取得に係る差益80

② 子会社（A社）と他の会社（B社）との共同新設分割により新設会社（C社）が子会社（A社）の子会社となる場合

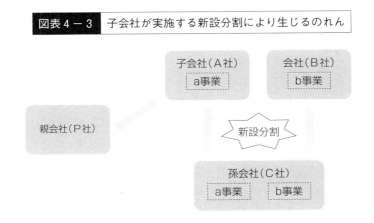

図表4－3　子会社が実施する新設分割により生じるのれん

新設会社（Ｃ社）が個別財務諸表上で中間親会社となるＡ社から移転する事業に係る資産および負債については，Ａ社の分割直前の適正な帳簿価額により計上するとともに，当該差額による株主資本相当額を払込資本として処理する。

また，Ｂ社から移転する事業に係る資産および負債は，分割期日の時価で計上し，対価として発行される株式の時価との差額がＣ社の個別財務諸表上，のれんとして計上される。

たとえば，Ａ社は a 事業を，Ｂ社は b 事業をＣ社に移転し，Ａ社はＣ社を子会社（持分比率80％），Ｂ社はＣ社を関連会社（持分比率20％）とする場合について考える（**図表４－３参照**）。ここで，b 事業に係る識別可能な資産および負債の時価の純額を150，b 事業の時価を200とする。

この場合，親会社（Ｐ社）の連結財務諸表上，原則として，のれんはＡ社の持分に対応して40（Ｂ社の b 事業の時価200の80％と識別可能な資産および負債の時価の純額150の80％との差額）（借方）を計上するものと考えられる。

ただし，取得原価を200とみて，この取得原価と識別可能な資産および負債の時価の純額150との差額50（借方）としてのれんを算定することも認められると考えられる。これは，まず，分離先企業（Ｃ社）の個別財務諸表上で取得した事業につきパーチェス法の適用によりのれん50が計上され，その後，分離元企業（Ａ社）の連結財務諸表上，子会社となった当該分離先企業（Ｃ社）の持分を有したと考えられるような場合には，それらが同時に生じていても，いわば子会社で取得した事業（のれんを含む）について持分を有するものと捉える見方も否定できないとされているためである（企業結合適用指針98項，396項，397項）。

したがって，前者（のれんを40とする）の場合には，のれんの償却額は非支配株主持分に負担させないが，後者（のれんを50とする）の場合には，のれんの償却額については子会社Ａ社の非支配株主に負担させることになると考えられる。

3 ｜ 過去に企業結合を行ったグループ会社間の事後的な企業結合

親会社が過去に企業結合を行った子会社や関連会社と事後的に企業結合する

第4章　会計上の実務論点　*151*

場合の会計処理は複雑である。ここでは，このようなケースにおけるのれんの処理に留意が必要ないくつかのケースについて解説する。

(1)　のれんが計上されている子会社を吸収合併した場合の処理

　親会社と子会社が合併する場合，親会社の個別財務諸表では原則として子会社の適正な帳簿価額で資産および負債を受け入れるが，親会社が作成する連結財務諸表において当該子会社の純資産等の帳簿価額を修正しているときは，個別財務諸表上も，連結財務諸表上の金額である修正後の帳簿価額（のれんを含む）により資産および負債を受け入れる。また，連結財務諸表上，子会社株式の取得に係るのれんの未償却残高が計上されている場合には，親会社の個別財務諸表上も当該金額をのれんとして引き継ぐこととされている（企業結合適用指針207項）。

　したがって，連結財務諸表上で子会社株式取得に関するのれんの償却期間を10年とし，すでに3年償却したのれんの未償却残高を当該子会社との合併により個別財務諸表上で計上したような場合に関しては，当該のれんの償却期間についても連結財務諸表上の残存期間である7年で償却することになる。

　なお，親会社が株式の取得により，ある会社を子会社化し当該子会社をその直後に合併した場合には，親会社は当該子会社を連結子会社とした連結財務諸表を作成していないことが考えられる。このような親会社と子会社の合併は，株式の取得と合併が一体の取引と考えられるため，親会社の個別財務諸表上は合併期日において当該子会社を連結子会社とした場合の連結財務諸表上の帳簿価額（支配獲得時点における時価評価替後の帳簿価額をいい，当該子会社に対するのれん（または負ののれん）の額を含む）により資産および負債を引き継ぐことになる（企業結合適用指針207項(1)なお書き）。

(2)　のれんが計上されている子会社の事業を他の子会社に分割後，親会社が分割会社を吸収合併した場合の処理

　分社型会社分割[3]の場合には，移転事業は移転先企業の株式に置き換わるた

3　分割の対価としての株式の割当先が分割会社である会社分割

152

め，親会社が移転元企業の支配を獲得したときに連結財務諸表上で計上された
のれんは全額，移転元企業に帰属するものと考えられる。一方，分割型会社分
割[4]の場合には移転元企業が移転事業に対する対価として受け取った株式は親
会社に交付されるため，移転元企業の株式取得にあたって連結財務諸表上で計
上されたのれんのうち，移転する事業に係るものは，移転先企業に係るのれん
に置き換わることになると考えられる。

連結財務諸表上，のれんが計上されている子会社の事業を他の子会社に分割
後，親会社が分割会社を吸収合併する場合の会計処理について，数値例を用い
て解説する。

設例4−12 のれんが計上されている子会社の事業を他の子会社に分割後，
親会社が分割会社を吸収合併する場合

[前提条件]

① P社は，A社およびB社の発行済株式総数の100%を保有する親会社である。

② A社のF事業をB社に吸収分割で移転し，移転直後のA社をP社が吸収合併する。

③ P社によるA社取得時のA社の貸借対照表は次のとおりであり，株主資本の時価相当額は帳簿価額と等しいものとする。なお，各事業の時価相当額はカッコ書きのとおりである。

＜A社（P社取得時）貸借対照表＞

科目	金額	科目	金額
資産	18,000	負債	10,000
		株主資本	8,000
		資本金	6,000
		利益剰余金	2,000
		（F事業時価）	(5,000)
		（その他事業時価）	(3,000)

4　分割の対価としての株式の割当先が分割会社の株主である会社分割

第4章 会計上の実務論点 **153**

④ P社によるA社株式の取得原価は13,000で，株主資本の時価相当額（8,000）
との差額5,000（＝13,000－8,000）をのれんとして計上した。なお，会社分
割直前ののれんの未償却残高は4,000であった。

⑤ 会社分割直前のA社の貸借対照表は次のとおりであり，株主資本の時価相
当額は帳簿価額と等しいものとする。なお，各事業の時価相当額はカッコ書
きのとおりである。

＜A社（会社分割直前）貸借対照表＞

科目	金額	科目	金額
F事業資産	10,000	F事業負債	5,000
その他資産	10,000	その他負債	5,000
		株主資本	10,000
		資本金	6,000
		利益剰余金	4,000
		（F事業時価）	（6,250）
		（その他事業時価）	（3,750）

⑥ 分割型会社分割において，P社がB社株式を分配する際に減少させる資本
項目は，全額利益剰余金とする。

[会計処理]

＜分社型会社分割の場合＞

① A社の個別財務諸表上の会計処理

A社の移転事業はB社株式に置き換わる。

（借）B社株式	（※3）5,000	（貸）F事業資産	（※1）10,000
F事業負債	（※2）5,000		

（※1）10,000…前提条件⑤＜A社（会社分割直前）貸借対照表＞参照
（※2）5,000…前提条件⑤＜A社（会社分割直前）貸借対照表＞参照
（※3）差額により算出

② P社の連結修正仕訳

分割後のB社株式をA社が保有するため，P社がA社の支配を獲得したとき
に，連結財務諸表上計上されたのれんは全額A社に帰属すると考えられる。し

たがって，A社を吸収合併する仕訳には，のれんの未償却残高が全額含まれることとなる。

（借）	その他資産	（※1） 10,000	（貸）	その他負債	（※2） 5,000
	のれん	（※3） 4,000		A社株式	（※4） 13,000
	B社株式	（※5） 5,000		抱合せ株式消滅差益	（※6） 1,000

（※1）10,000…前提条件⑤＜A社（会社分割直前）貸借対照表＞参照
（※2）5,000…前提条件⑤＜A社（会社分割直前）貸借対照表＞参照
（※3）4,000…前提条件④参照
（※4）13,000…前提条件④参照
（※5）5,000…①の仕訳参照
（※6）差額により算出

＜分割型会社分割の場合＞

① A社の個別財務諸表上の会計処理

　分割型会社分割は「分社型会社分割＋分割会社が取得した承継会社株式の現物配当」と整理されている（事業分離等会計基準63項）。したがって，A社の移転事業をB社株式に置き換え，A社は取得したB社株式を即日P社に現物配当する処理を行う。

（借）	B社株式	（※3） 5,000	（貸）	F事業資産	（※1） 10,000
	F事業負債	（※2） 5,000			
（借）	利益剰余金	（※4） 5,000	（貸）	B社株式	（※4） 5,000

（※1）10,000…前提条件⑤＜A社（会社分割直前）貸借対照表＞参照
（※2）5,000…前提条件⑤＜A社（会社分割直前）貸借対照表＞参照
（※3）差額により算出
（※4）5,000…前提条件⑥参照

② P社の連結修正仕訳

i　A社からB社への会社分割に伴う処理

　A社株式と引き換えられたB社株式（＝移転事業）の価額の算定にあたり，株主資本相当額の時価の比率により按分する方法（企業結合適用指針295項(1)）を用いるものとする。

| （借） | B社株式 | （※） 8,125 | （貸） | A社株式 | （※） 8,125 |

（※）8,125＝P社によるA社株式の取得原価13,000×（分割直前のF事業時価6,250÷分割直前の株主資本の時価10,000）

第4章　会計上の実務論点　155

ⅱ　会社分割直後のＡ社の合併受入処理

　分割型会社分割の場合には，Ａ社の移転事業に対する対価として受け取った
Ｂ社株式はＰ社に交付されるため，Ａ社株式取得にあたって連結財務諸表上で
計上されたのれんのうち，Ｂ社に移転するＦ事業に係るものは，Ｂ社に係るの
れんに置き換わることになると考えられる。

　分割型会社分割の場合で，Ａ社に対する支配権獲得にあたって計上されたの
れんが，Ｆ事業に係るものであるか分割後の残存事業に係るものであるかが合
理的に算定可能であるならば，Ｐ社は当該算定方法に従い，当該残存事業に係
る部分ののれんを合併時に計上することになる。

　当該算定ができない場合には，減損会計基準注解（注10）および減損適用指
針第51項の定めを参考に子会社の支配獲得時の時価の比率に基づいて按分する
ことが考えられる。

（借）　その他資産	（※1）10,000	（貸）　その他負債	（※2）5,000
のれん	（※3）1,500	Ａ社株式	（※4）4,875
		抱合せ株式消滅 差益	（※5）1,625

（※1）10,000…前提条件⑤＜Ａ社（会社分割直前）貸借対照表＞参照
（※2）5,000…前提条件⑤＜Ａ社（会社分割直前）貸借対照表＞参照
（※3）1,500＝分割直前ののれんの未償却残高4,000×Ｐ社支配獲得時のその他事業時価
3,000÷Ｐ社支配獲得時の株主資本の時価8,000
（※4）4,875＝Ｐ社によるＡ社株式の取得原価13,000－8,125（仕訳ⅰ参照）
（※5）差額により算出

　なお，抱合せ株式消滅差益はストックの変動からも次のように算定すること
ができる。

	Ｐ社支配獲得から 会社分割直前まで	会社分割時	計
のれんの変動	△1,000	（※）△2,500	△3,500
利益剰余金の変動	＋2,000	△5,000	△3,000
Ａ社株式の変動	－	＋8,125	＋8,125
計	＋1,000	＋625	＋1,625

（※）Ｆ事業に係るのれん2,500＝分割直前ののれんの未償却残高4,000×Ｐ社支配獲得時のＦ事

業時価5,000÷Ｐ社支配獲得時の株主資本の時価8,000

(3)　持分法適用関連会社から事業を取得する場合の未実現損益の取扱い

　持分法適用関連会社がある事業を新設分社型分割により分社化し，当該新設会社の持分を親会社が現金で購入した場合，持分法適用関連会社が計上した分社化した新設会社の株式の売却損益は，親会社の連結財務諸表上，未実現利益として，新設会社を連結したことにより計上されるのれんと相殺消去される。

　しかし，同時に当該事業を段階取得することとなり，同額の段階取得に係る損益が計上されることとなる。すなわち，当該事業は持分法適用関連会社株式をとおして，親会社が間接的に先行取得していることになるため，新設会社の株式を相手勘定として段階取得に係る損益を計上する。新設会社を連結することにより，当該事業は時価で連結財務諸表上，取り込まれるため，のれんから控除された未実現損益は，段階取得に係る損益として実現処理されることとなる。

　持分法適用関連会社から事業を取得する場合の会計処理について数値例を用いて解説する。

設例4－13　持分法適用関連会社から事業を取得する場合

［前提条件］
①　Ｐ社が発行済株式総数の20%を所有する持分法適用関連会社Ａ社が新設分社型分割でB事業を分社化し，B社を設立する。
②　Ｐ社はB社（資本金90）の発行済株式総数のすべてを現金120（時価）で購入する。
③　Ａ社におけるB事業資産の適正な帳簿価額は90，時価は100で，B事業の負債はゼロとする。
④　Ｐ社におけるＡ社株式の帳簿価額は100とする。
⑤　Ａ社の当期純利益はB社株式売却益30のみとし，期首の利益剰余金はゼロとする。

第4章　会計上の実務論点　　*157*

⑥　税効果は考慮しない。

[会計処理]

①　P社の個別財務諸表上の会計処理（B社株式の取得）

（借）　B社株式	（※）120	（貸）　現金	（※）120

（※）120…前提条件②参照

②　P社の連結修正仕訳

　　i　B社に対する投資と資本の相殺消去

（借）　B事業資産	（※）10	（貸）　評価差額	（※）10

（※）10＝B事業資産の時価100－B事業資産の簿価90

（借）　資本金	（※1）90	（貸）　B社株式	（※2）120
評価差額	（※3）10		
のれん	（※4）20		

（※1）90…前提条件②参照
（※2）120…前提条件②参照
（※3）10＝B事業資産の時価100－B事業資産の帳簿価額90
（※4）差額により算出

　　ii　A社に対する持分法投資損益の計上

（借）　A社株式	（※）6	（貸）　持分法による投資損益	（※）6

（※）6＝A社当期純利益30×A社持分比率20%

　　iii　未実現損益の消去（アップストリーム）

（借）　持分法による投資損益	（※）6	（貸）　のれん	（※）6

（※）6＝A社におけるP社に対するB社株式売却益30×A社持分比率20%

　　iv　B事業の段階取得に係る損益の計上

（借）　B社株式	（※）6	（貸）　段階取得に係る差益	（※）6

（※）6＝（P社によるB社株式取得価額120－B事業資産の帳簿価額90）×A社持分比率

20%

  ⅴ 段階取得に係る差益計上による未実現損益の実現

（借）　のれん	（※）6	（貸）　B社株式	（※）6

（※）6 …「ⅳ　B事業の段階取得に係る損益の計上」仕訳参照

⑷　非支配株主が存在する子会社を現金対価で合併した場合の処理

 親会社が子会社を吸収合併する場合，親会社は原則として連結財務諸表上の帳簿価額により子会社の資産および負債を受け入れることになる（企業結合適用指針207項）。非支配株主が存在する場合，非支配株主持分相当額と取得の対価との差額については，取得の対価が親会社株式である場合はその他資本剰余金として処理することが定められている（企業結合適用指針206項⑵②イ）。

 一方で，取得の対価が現金である場合，非支配株主持分相当額と取得の対価から生じる差額をどのように処理するかについては，会計基準上明文の定めがない。

 この点，企業結合適用指針において親会社が子会社に事業譲渡により事業を移転する場合の会計処理（事業譲渡の対価が現金等の財産のみの場合）等の定めにおいて，移転する事業の帳簿価額と対価として交付した現金等の財産の適正な帳簿価額との差額は，のれん（または負ののれん）として処理することとされている（企業結合適用指針224項⑴，448項⑵）。

 非支配株主が存在する状況で現金を対価として子会社を吸収合併する取引は，対価を現金として親会社が子会社に事業譲渡する取引と同様，「現金を対価とする共通支配下の取引」の1つであると考えられることから，非支配株主持分相当額と取得の対価から生じる差額はのれん（または負ののれん）として処理する方法が考えられる。

 なお，当該差額の連結財務諸表上の取扱いとしては，連結財務諸表は個別財務諸表を基礎として作成しなければならないこと（連結会計基準10項）を重視してのれんをそのまま生かす処理のほか，非支配株主に現金を支出して持分を取得するという取引の実態（資本取引）を考慮して資本剰余金に振り替える処

第4章 会計上の実務論点　*159*

理も考えられる。

(5)　のれんが計上されている場合の子会社の重要性判定

　連結の範囲の重要性の判断に際し，子会社の支配獲得時にのれんが計上されている場合，当該のれん償却額を重要性の判定の算定式に含めるかどうかが問題となる。

　この点，のれん償却額を判定基準の算定式に含めるかどうかについて会計基準上明文の定めはない。したがって，その償却額を算式に考慮するかどうかについては，個々の会社の判断になると考えられる。

　なお，多額にのれんが生じている場合は，質的重要性の判定においても別途留意が必要と考えられる。

(6)　連結子会社が決算期を変更した場合ののれん償却額の取扱い

　決算期を変更する連結子会社に係る連結上ののれんの償却額の取扱いは，当該連結子会社の純損益を連結財務諸表に取り込む方法と同様の方法で，利益剰余金で調整または損益計算書を通して調整することになると考えられる。

　たとえば，期ズレのまま連結に取り込んでいた12月決算の子会社について，親会社と同じ3月決算へ決算期を変更する場合，親会社の会計期間と一致しない期間（1月〜3月）の当該子会社の純損益については，利益剰余金で調整する方法と損益計算書を通して調整する方法が考えられるが（会計制度委員会研究報告第14号「比較情報の取扱いに関する研究報告（中間報告）」Ⅱ6のA(3)①参照），当該子会社の連結に係るのれんの償却額の調整方法は，純損益の調整方法と同様とすることが適当と考えられる。

　これは，資本連結実務指針第62−2項において，子会社に係るのれんの償却開始時期は子会社の損益計算書が連結される期間に合わせるとする考え方が示されており，連結子会社が決算期を変更した場合も，当該第62−2項の考え方を準用し，連結子会社の純損益を連結財務諸表にどのように取り込むかによって，その取扱いを決定することになると考えられるためである。

4 外貨建のれんの取扱い

(1) 親会社が在外子会社を連結する場合の外貨建のれんの算定方法

親会社が在外子会社を連結する場合の外貨建のれんまたは負ののれんの具体的な算定方法は以下のとおりである。

① 親会社が在外子会社を連結する場合ののれん

のれんは支配獲得時における当該在外子会社の外国通貨で把握する。また，当該外国通貨で把握されたのれんの期末残高については，決算時の為替相場により換算し，のれんの当期償却額については，原則として，在外子会社の会計期間に基づく期中平均相場により他の費用と同様に換算する（外貨建実務指針40項）。ただし，のれんの当期償却額について，損益計算書項目を決算時の為替相場により換算する会計方針を選択している場合には，当該換算方法となる（外貨建会計基準三3参照）。

したがって，為替換算調整勘定はのれんの期末残高とのれん償却額の両方の換算から発生することになる。具体的には，在外子会社の取得時レートとのれんの期末残高の換算レート（貸借対照表項目換算レート）およびのれんの償却額の換算レート（損益計算書項目換算レート）とのレート差から発生する（設例4-14参照）。

なお，当該のれんに係る為替換算調整勘定は親会社持分に係るものであるため，在外子会社の非支配株主持分には振り替えない。

設例4-14 外貨建のれんの換算

[前提条件]
① P社は米国に所在するS社の発行済株式総数の100％をX1年3月31日に10,000円（100米ドル）で取得し，S社を連結子会社とした。
② S社のX1年3月31日現在の資本金は30米ドル，利益剰余金は20米ドルである。
③ S社の資産および負債につき，時価と帳簿価額に差額はないものとする。

第4章　会計上の実務論点　　*161*

④　のれんの償却期間は10年とする。

⑤　各年度の為替相場は以下のとおりである。なお，在外子会社の損益計算書項目は期中平均相場を用いて換算する会計方針を採用しているものとする。

年度	期中平均相場	期末日
X1年3月期	—	100円/ドル
X2年3月期	110円/ドル	120円/ドル

[投資と資本との相殺消去，のれんの計上およびのれんの換算から発生する為替換算調整勘定の算定（イメージ）]

＜取得時（X1年3月期）＞

科目	外貨	レート	円貨	科目	外貨	レート	円貨
資本金	30	100	3,000	S社株式	100	100	10,000
利益剰余金	20	100	2,000				
のれん	50	100	5,000				

＜翌年度（X2年3月期）＞

科目	外貨	レート	円貨	科目	外貨	レート	円貨
資本金	30	（※1）100	3,000	S社株式	100	（※1）100	10,000
利益剰余金	20	（※1）100	2,000				
利益剰余金（のれん償却）	（※2）5	（※1, 2）110	550				
のれん	（※3）45	（※3）120	5,400	為替換算調整勘定	—	—	（※4）950

（※1）投資勘定，資本項目は，取得時または発生時の為替相場により換算する（取得時剰余金は取得時の為替相場，取得後剰余金は発生時の為替相場により換算する）。

（※2）5＝支配獲得時ののれん発生額50米ドル÷10
のれん償却額は，損益計算書を通して利益剰余金（貸借対照表）を減少させる。また，のれんの当期償却額は原則として在外子会社の会計期間に基づく期中平均相場により換算する。

（※3）45＝支配獲得時ののれん発生額50米ドル−のれん償却額5米ドル
のれんの期末残高は決算時の為替相場により換算する。

（※4）950=のれん期末残高45米ドル×（120円－100円）＋のれん当期償却額5米ドル（110円－100円）

　　のれんの期末残高から発生する為替換算調整勘定は，在外子会社の取得時レートとのれんの期末残高の換算レート（貸借対照表項目換算レート）のレート差から発生する。また，のれん償却額から発生する為替換算調整勘定は，在外子会社の取得時レートとのれん償却額の換算レート（損益計算書項目換算レート）とのレート差から発生する。

　また，為替換算調整勘定は，在外子会社等に対する投資持分から発生したものであり，連結財務諸表上の純損益に計上されていない未実現の為替換算差額であるが，子会社株式の売却等により親会社の持分が減少する場合に実現したものとして，為替換算調整勘定のうち持分比率の減少割合相当額を取り崩す必要がある（外貨建実務指針42項）。その際，のれんの期末残高とのれん償却額の両方の換算から発生する為替換算調整勘定についても，持分比率の減少割合相当額を取り崩す必要があることに留意が必要である。

　なお，持分の減少によっても子会社の支配が継続する場合と支配を喪失する場合で取扱いが異なる。具体的な取扱いは**図表4－4**のとおりである。

図表4－4　**支配の継続・喪失と為替換算調整勘定の取扱い**

	為替換算調整勘定の取扱い	
	のれん以外から生じた為替換算調整勘定の取扱い	のれんから生じた為替換算調整勘定の取扱い
支配が継続	為替換算調整勘定のうち親会社の持分比率の減少割合相当額を資本剰余金に含めて計上する。	のれんの未償却額は減額しないため（連結会計基準66-2項），のれんから生じた為替換算調整勘定も取り崩さない。

第4章　会計上の実務論点　**163**

支配を喪失	連結子会社から持分法適用会社へ移行した場合	為替換算調整勘定のうち持分比率の減少割合相当額を取り崩し，残存持分に係る為替換算調整勘定について持分法による投資評価額に引き継ぐ。	同左
	一部売却により連結子会社にも関連会社にも該当しなくなった場合	為替換算調整勘定のうち持分比率の減少割合相当額を取り崩し，残存持分に係る為替換算調整勘定については，利益剰余金に振り替える（投資先企業は原価法適用会社となったことから，個別貸借対照表上の帳簿価額で評価されるため）。	同左
	全部売却または清算した場合	為替換算調整勘定の全額を取り崩す（設例4－15参照）。	同左

設例4－15　外貨建のれんの発生と持分の全部売却

［前提条件］

①　P社は米国に所在するS社の発行済株式総数の60％をX1年3月31日に9,000円（90米ドル）で取得し，S社を連結子会社とした。

②　S社の資産および負債につき，時価と帳簿価額に差額はないものとする。

③　のれんの償却期間は10年とする。

④　P社は保有するS社株式の全株式（60%，簿価 9,000円）をX3年3月31日に15,000円で売却した（株式売却益6,000円を計上）。

⑤　P社にはS社以外に連結子会社があり，連結財務諸表を作成するものとする。ただし，本設例で示す連結貸借対照表では，便宜上，S社以外の子会社に関する事項は，すべて除外して示している。

⑥ 各年度の為替相場は以下のとおりとする。なお，在外子会社の損益計算書項目は期中平均相場を用いて換算する会計方針を採用しているものとする。

年度	期中平均相場	期末日
X1年3月期	—	100円/ドル
X2年3月期	110円/ドル	120円/ドル
X3年3月期	130円/ドル	140円/ドル

⑦ 各年度の各社個別貸借対照表は以下のとおりである。

＜X1年3月31日＞

P社貸借対照表　　　　　　　　　　　　　　　　　　　　　　（単位：円）

科目	金額	科目	金額
資産	48,000	負債	30,000
（うち：S社株式）	（9,000）	資本金	10,000
		資本剰余金	5,000
		利益剰余金	3,000

S社貸借対照表　　　　　　　　　　　　　　　　　　　　　（単位：米ドル）

科目	金額	科目	金額
資産	120	負債	50
		資本金	50
		利益剰余金	20

S社の円換算後の貸借対照表　　　　　　　　　　（外貨：米ドル，円貨：円）

科目	外貨	レート	円貨	科目	外貨	レート	円貨
資産	120	100	12,000	負債	50	100	5,000
				資本金	50	100	5,000
				利益剰余金	20	100	2,000
				為替換算調整勘定			—
資産合計	120		12,000	負債・純資産合計	120		12,000

第4章 会計上の実務論点　*165*

＜Ｘ2年3月31日＞

P社貸借対照表　（単位：円）

科目	金額	科目	金額
資産	50,000	負債	30,000
（うち：S社株式）	(9,000)	資本金	10,000
		資本剰余金	5,000
		利益剰余金	5,000
		（うち：当期純利益）	(2,000)

S社貸借対照表　（単位：米ドル）

科目	金額	科目	金額
資産	150	負債	50
		資本金	50
		利益剰余金	50
		（うち：当期純利益）	(30)

S社の円換算後の貸借対照表　（外貨：米ドル，円貨：円）

科目	外貨	レート	円貨	科目	外貨	レート	円貨
資産	150	120	（※1）18,000	負債	50	120	（※1）6,000
				資本金	50	100	（※1）5,000
				利益剰余金	50		（※1,2）5,300
				（うち：当期純利益）	(30)	110	（※1,2）(3,300)
				為替換算調整勘定			（※3）1,700
資産合計	150		18,000	負債・純資産合計	150		18,000

（※1）資産および負債項目は決算時の為替相場で換算し，資本項目は取得時または発生時の為替相場で換算する。

（※2）5,300円＝20米ドル×100円/米ドル（取得時レート）+30米ドル×110円/米ドル（期中平均レート）

（※3）子会社の財務諸表換算時に発生する為替換算調整勘定は，在外子会社の資産および負債のすべてを決算時の為替相場で円換算し，その差額として計算される円貨による株主資本の合計額と外貨による資本を取得時または発生時の為替相場により換算した円貨による資本との差額となる。

166

<X3年3月31日>

P社貸借対照表　　　　　　　　　　　　　　　　　（単位：円）

科目	金額	科目	金額
資産	57,000	負債	30,000
		資本金	10,000
		資本剰余金	5,000
		利益剰余金	12,000
		（うち：当期純利益）	（7,000）

S社貸借対照表　　　　　　　　　　　　　　　　　（単位：米ドル）

科目	金額	科目	金額
資産	180	負債	50
		資本金	50
		利益剰余金	80
		（うち：当期純利益）	（30）

S社の円換算後の貸借対照表　　　　　　　　（外貨：米ドル，円貨：円）

科目	外貨	レート	円貨	科目	外貨	レート	円貨
資産	180	140	25,200	負債	50	140	7,000
				資本金	50	100	5,000
				利益剰余金	80		（※1）9,200
				（うち：当期純利益）	（30）	130	（3,900）
				為替換算調整勘定			（※2）4,000
資産合計	180		25,200	負債・純資産合計	180		25,200

（※1）9,200円＝20米ドル×100円/米ドル（取得時レート）+30米ドル×110円/米ドル（X2年
　　　3月期期中平均レート）+30米ドル×130円/米ドル（X3年3月期期中平均レート）
（※2）差額により算出

[会計処理]

<X1年3月31日における連結貸借対照表作成に係る会計処理>

① 　P社の投資（S社株式）とS社の資本との相殺消去およびのれんの計上

　　S社のX1年3月期の円換算後貸借対照表に基づき，P社のS社株式とS社

第4章　会計上の実務論点　*167*

の資本との相殺消去および非支配株主持分への振替を行い，外貨で把握された
消去差額を決算時の為替相場で換算してのれんに計上する。

（借）	資本金	（※1）5,000	（貸）	S社株式	（※2）9,000
	利益剰余金	（※1）2,000		非支配株主持分	（※3）2,800
	のれん	（※4）4,800			

（※1）5,000円，2,000円…X1年3月31日S社円換算後貸借対照表参照
（※2）9,000円…X1年3月31日P社貸借対照表参照
（※3）2,800円＝（資本金5,000円＋利益剰余金2,000円）×非支配株主持分比率40%
（※4）4,800円＝外貨ベースののれん48米ドル×決算時レート100円/米ドル
　　　外貨ベースののれん48米ドル＝S社株式90米ドル－（S社資本金50米ドル＋S社利益剰
　　　余金20米ドル）×P社持分比率60%

連結貸借対照表（X1年3月31日）　　　　　　　　　　　　　　　（単位：円）

科目	金額	科目	金額
のれん	4,800	負債	（※2）35,000
その他資産	（※1）51,000	資本金	10,000
		資本剰余金	5,000
		利益剰余金	3,000
		非支配株主持分	2,800

（※1）51,000円＝P社資産48,000円－S社株式9,000円＋S社資産12,000円
（※2）35,000円＝P社負債30,000円＋S社負債5,000円

＜X2年3月31日における連結貸借対照表作成に係る会計処理＞

①　開始仕訳

S社に関するX1年3月期の連結修正仕訳に基づき開始仕訳を行う。

（借）	資本金	（※）5,000	（貸）	S社株式	（※）9,000
	利益剰余金（期首）	（※）2,000		非支配株主持分	（※）2,800
	のれん	（※）4,800			

（※）前期仕訳の引継ぎ

②　のれんの償却

S社の支配獲得日（X1年3月31日）に外貨で把握されたのれん48米ドルに
ついて，X2年3月期から10年間で償却を行う。

（借）	のれん償却額	（※）528	（貸）　のれん	（※）528

（※）528円＝48米ドル÷10×110円/米ドル（期中平均レート）

③　当期純利益の非支配株主持分への振替

S社のX2年3月期の当期純利益のうち非支配株主持分に対応する額を非支配株主持分に振り替える。

> （借）　非支配株主に帰属　　（※）1,320　（貸）　非支配株主持分　　　（※）1,320
> 　　　する当期純利益

（※）1,320円＝30米ドル×110円／米ドル（期中平均レート）×非支配株主持分比率40％

④　為替換算調整勘定の非支配株主持分への振替

為替換算調整勘定のうち非支配株主持分に対応する額を非支配株主持分に振り替える。

> （借）　為替換算調整勘定　　（※）680　（貸）　非支配株主持分　　　　（※）680

（※）680円＝為替換算調整勘定1,700円×非支配株主持分比率40％

⑤　のれんに関する為替換算調整勘定の計上

のれんの換算で発生した為替換算調整勘定を計上する。なお，当該のれんは親会社持分に係るものであるため，S社の非支配株主持分には振り替えない。

のれんに関する為替換算調整勘定は，子会社の取得時レートとのれんの期末残高の換算レート（貸借対照表項目換算レート）およびのれんの償却額の換算レート（損益計算書項目換算レート）とのレート差から発生する。

> （借）　のれん　　　　　　　（※）912　（貸）　為替換算調整勘定　　　（※）912

（※）912円＝期末残高48米ドル×9／10×（120（期末日レート）－100（取得時レート））円／米ドル＋当期償却額48米ドル×1／10×（110（期中平均レート）－100（取得時レート）円／米ドル

連結貸借対照表（X2年3月31日）　　　　　　　　　　　　（単位：円）

科目	金額	科目	金額
のれん	（※1）5,184	負債	（※3）36,000
その他の資産	（※2）59,000	資本金	10,000
		資本剰余金	5,000
		利益剰余金	（※4）6,452
		為替換算調整勘定	（※5）1,932
		非支配株主持分	（※6）4,800

（※1）5,184円＝取得時4,800円－のれん償却額528円＋のれん換算912円

　　　　　または，期末残高48ドル×9/10×120円/米ドル
（※2）59,000円＝P社資産50,000円－S社株式9,000円＋S社資産18,000円
（※3）36,000円＝P社負債30,000円＋S社負債6,000円
（※4）6,452円＝P社利益剰余金5,000円＋S社利益剰余金5,300円－S社取得時利益剰余
　　　　金2,000円－非支配株主に帰属する当期純利益1,320円－のれん償却額528円
（※5）1,932円＝1,700円－非支配株主持分への振替680円＋のれん換算912円
（※6）4,800円＝開始仕訳2,800円＋当期純利益の振替1,320円＋為替換算調整勘定の振
　　　　替680円

＜X3年3月31日における連結貸借対照表作成に係る会計処理＞

① 　開始仕訳

　　S社に関するX2年3月期の連結修正仕訳に基づき開始仕訳を行う。

（借）　資本金	（※1）5,000	（貸）　S社株式	（※1）9,000
利益剰余金（期首）	（※2）3,848	非支配株主持分	（※4）4,800
のれん	（※3）5,184	為替換算調整勘定	（※5）232

（※1）5,000円，9,000円…前期開始仕訳参照
（※2）3,848円＝S社取得時利益剰余金2,000円＋のれん償却額528円＋1,320円
（※3）5,184円＝取得時4,800円－のれん償却額528円＋のれん換算912円
（※4）4,800円＝2,800円＋1,320円＋680円
（※5）232円＝のれん換算912円－非支配株主持分への振替680円

② 　のれんの償却

　　S社の支配獲得日（X1年3月31日）に外貨で把握されたのれん48米ドルに
ついて，10年間で償却を行う。

（借）　のれん償却	（※）624	（貸）　のれん	（※）624

（※）624円＝48米ドル×1/10×130円/米ドル（期中平均レート）

③ 　当期純利益の非支配株主持分への振替

　　S社のX3年3月期の当期純利益のうち非支配株主持分に対応する額を非支
配株主持分に振り替える。

（借）　非支配株主に帰属	（※）1,560	（貸）　非支配株主持分	（※）1,560
する当期純利益			

（※）1,560円＝30米ドル×130円/米ドル（期中平均レート）×非支配株主持分比率40％

④ 　為替換算調整勘定の非支配株主持分への振替

　　為替換算調整勘定のうち非支配株主持分に対応する額を非支配株主持分に振

り替える（洗替処理）。

　　i　X2年3月期計上額の戻し

（借）非支配株主持分　　　（※）680　（貸）為替換算調整勘定　　　（※）680

（※）X2年3月期④仕訳参照

　　ii　X3年3月期発生額の計上

（借）為替換算調整勘定　　　（※）1,600　（貸）非支配株主持分　　　（※）1,600

（※）1,600円＝為替換算調整勘定4,000円×非支配株主持分比率40%

⑤　のれんに関する為替換算調整勘定の計上

　のれんの換算で発生した為替換算調整勘定を計上する（洗替処理）。なお，当該のれんは親会社持分に係るものであるため，S社の非支配株主持分には振り替えない。

　のれんに関する為替換算調整勘定は，子会社の取得時レートとのれんの期末残高の換算レート（貸借対照表項目換算レート）およびのれん償却額の換算レート（各年度の損益計算書項目換算レート）とのレート差から発生する。

　　i　X2年3月期計上額の戻し

（借）為替換算調整勘定　　　（※）912　（貸）のれん　　　（※）912

（※）X2年3月期の仕訳⑤参照

　　ii　X3年3月期の計上

（借）のれん　　　（※）1,728　（貸）為替換算調整勘定　　　（※）1,728

（※）1,728円＝期末残高48米ドル×8/10×（140（期末日レート）−100（取得時レート））円/米ドル＋X2年の償却額48米ドル×1/10×（110（期中平均レート）−100（取得時レート））円/米ドル＋X3年の償却額48米ドル×1/10×（130（期中平均レート）−100（取得時レート））円/米ドル

⑥　開始仕訳の振戻し

　S社株式の全部売却に伴いS社は連結除外となるためP社のS社株式とS社の資本との相殺消去および非支配株主持分への振替に関する開始仕訳を振り戻す。

第4章　会計上の実務論点　*171*

（借）	S社株式	（※）9,000	（貸）	資本金	（※）5,000
	非支配株主持分	（※）4,800		利益剰余金	（※）3,848
	為替換算調整勘定	（※）232		のれん	（※）5,184

（※）X3年3月期の仕訳①参照

⑦　為替換算調整勘定の非支配株主持分への振替のX2年3月期計上額の戻し
仕訳の消去

開始仕訳の振戻しにより，前年度計上額の戻し仕訳は不要となるため消去す
る。

（借）	為替換算調整勘定	（※）680	（貸）	非支配株主持分	（※）680

（※）X3年3月期の仕訳④参照

⑧　のれんに関する為替換算調整勘定の計上のX2年3月期計上額の戻し仕訳
の消去

開始仕訳の振戻しにより，前年度計上額の戻し仕訳は不要となるため消去す
る。

（借）	のれん	（※）912	（貸）	為替換算調整勘定	（※）912

（※）X3年3月期の仕訳⑤参照

⑨　S社貸借対照表連結除外仕訳

S社株式は期末（X3年3月31日）に売却されたため，S社のX3年3月期の
損益計算書のみを連結し，X3年3月期の貸借対照表は連結除外とする。

（借）	負債	（※）7,000	（貸）	資産	（※）25,200
	資本金	（※）5,000			
	利益剰余金	（※）9,200			
	為替換算調整勘定	（※）4,000			

（※）X3年3月31日S社円換算後貸借対照表参照

⑩　売却前持分の評価および非支配株主持分の振戻し

連結除外年度（X3年3月期）までに計上されたS社の当期純利益を連結財
務諸表上，取得後利益剰余金として計上し，そのうち売却前の親会社持分額を
投資の修正額としてS社株式に加算する。連結除外年度（X3年3月期）にお

けるのれんの償却についても同様に投資の修正額としてS社株式に加減算する。

（借）	S社株式	（※1）	3,168	（貸）	利益剰余金（期首）	（※4）	1,452
	非支配株主持分	（※2）	1,560		利益剰余金（連結除外）	（※5）	3,900
	のれん	（※3）	624				

（※1） 3,168円＝1,452円（※4）＋3,900円（※5）×P社持分比率60％－624円（※3）
（※2） 1,560円…S社X3年3月期当期純利益のうち非支配株主持分相当額
（※3） 624円…X3年3月期のれん償却額
（※4） 1,452円＝{X2年3月期S社当期純利益30米ドル×110円/米ドル（X2年3月期期中平均レート）×P社持分比率60％}－X2年3月期のれん償却額528円
（※5） 3,900円＝X3年3月期S社当期純利益30米ドル×130円/米ドル（期中平均レート）

⑪　為替換算調整勘定の修正

為替換算調整勘定の親会社帰属分の修正および非支配株主持分への按分の振戻しを行う。

（借）	S社株式	（※1）	2,400	（貸）	為替換算調整勘定	（※3）	4,000
	非支配株主持分	（※2）	1,600				

（※1） 2,400円＝4,000×P社持分比率60％
（※2） 1,600円＝4,000×非支配株主持分比率40％
（※3） 4,000円…X3年3月31日S社円換算後貸借対照表参照

のれんから生じた為替換算調整勘定についても投資の修正を行う。

（借）	S社株式	（※）	1,728	（貸）	のれん	（※）	1,728

（※）X3年3月期の仕訳⑤参照

⑫　株式売却損益の修正

S社株式の投資の修正額のうち，売却持分に対応する部分について株式売却損益の調整を行う。

（借）	S社株式売却益	（※1）	3,168	（貸）	S社株式	（※3）	7,296
	為替換算調整勘定（組替調整額）	（※2）	4,128				

（※1） 差額により算出
（※2） 4,128円＝為替換算調整勘定の親会社帰属分4,000×P社持分比率60％＋のれんから生じた為替換算調整勘定1,728円
（※3） 7,296円＝3,168円（前記仕訳⑩参照）＋2,400円（前記仕訳⑪参照）＋1,728円（前記仕訳⑪参照）

第4章　会計上の実務論点　173

<連結貸借対照表（X3年3月31日）>　　　　　　　　　　（単位：円）

科目	金額	科目	金額
のれん	（※1）－	負債	（※3）30,000
その他資産	（※2）57,000	資本金	10,000
		資本剰余金	5,000
		利益剰余金	（※4）12,000
		為替換算調整勘定	（※1）－
		非支配株主持分	（※1）－

（※1）S社連結除外のため
（※2）57,000円…X3年3月31日P社資産
（※3）30,000円…X3年3月31日P社負債
（※4）12,000＝X3年3月31日P社利益剰余金12,000＋S社取得後利益剰余金P社帰属額
　　　（期首）（前記仕訳⑩参照）1,452＋S社当期純利益P社帰属額3,900×60％－のれ
　　　ん償却額624－S社株式売却損益調整3,168

---

② 親会社が在外子会社を連結する場合の負ののれん

　負ののれんの場合も外国通貨で把握するが，その処理額は取得時または発生
時の為替相場で換算し，負ののれんが生じた事業年度の利益として処理するた
め，為替換算調整勘定は発生しない（外貨建実務指針40項）。

③ 在外子会社が在外孫会社を連結する場合ののれんまたは負ののれん

　在外子会社傘下の在外孫会社への投資から発生するのれんまたは負ののれん
は，在外孫会社の現地通貨で把握し，在外子会社が現地通貨により連結財務諸
表を作成する段階で在外孫会社に係るのれんは決算時の為替相場により換算さ
れ，のれん償却額については原則として期中平均相場により換算される（外貨
建実務指針40項）。ただし，のれん償却額について，決算時の為替相場により
換算する会計方針を選択している場合には，当該換算となる（外貨建会計基準
三3）。

④ 外貨建のれんに関する減損損失の換算

　外貨建のれんについて減損損失を認識した場合も，のれん償却額と同じく，
当該在外子会社に係る費用（損失）項目であるため，その会計方針に従い，期

中平均相場または決算時の為替相場により換算することになると考えられる。

(2)　みなし取得日の定めを適用して在外子会社を連結する場合の
　のれんの換算方法

　のれんは，原則として，支配獲得時における子会社に対する投資と子会社の資本のうち親会社持分との消去差額として，在外子会社の外国通貨で把握する。このため，子会社の支配獲得日が子会社の決算日以外の日である場合，原則として，当該支配獲得日を基準日とする仮決算を行い，支配獲得日時点の子会社の資本を算定する必要がある。

　しかし支配獲得日ごとに仮決算を行うことは実務上多大な負担を要するため，支配獲得日が子会社の決算日以外の場合には，支配獲得日の前後いずれかの決算日（四半期決算日または中間決算日を含む）に支配獲得が行われたものとみなして処理することができる（連結会計基準（注5），資本連結実務指針7項）。支配を獲得したとみなした決算日を「みなし取得日」という（**図表4-5**参照）。

　みなし取得日の定めを適用して在外子会社を連結する場合には，のれんは，みなし取得日（子会社の決算日）の外国通貨で把握し，みなし取得日（子会社の決算日）の為替レートで換算する（外貨建実務指針40項）。一方，子会社に対する投資額は，在外子会社株式の取得日レートで換算され，資本についても当該取得日レートで換算することから（外貨建会計基準三2），みなし取得日における連結開始時の投資と資本の相殺消去仕訳において，のれんから為替換算調整勘定が発生することになると考えられる。

　また，当該在外子会社の連結開始時（みなし取得日）における当該在外子会社の外貨建貸借対照表，すなわち，資産，負債および資本の換算について，外貨建会計基準の定めに基づき，資産および負債をみなし取得日（子会社の決算日）の為替レートで換算する（外貨建会計基準三1）。一方，資本については，在外子会社株式の取得日レートで換算する（外貨建会計基準三2）。ここで，資産および負債の換算レートと資本の換算レートとの違いによる差額が発生するが，これは，資産，負債および資本の換算レートの違いによって生じた換算差額であるので，為替換算調整勘定として計上することになると考えられる（外貨建会計基準三4）。

第4章 会計上の実務論点 175

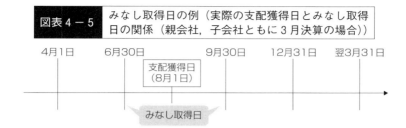

図表4-5 みなし取得日の例（実際の支配獲得日とみなし取得日の関係（親会社，子会社ともに3月決算の場合））

（※）四半期報告書を提出している会社が，8月1日に在外子会社（3月決算）に対する支配を獲得した場合，6月30日または9月30日をみなし取得日とすることができる。

設例4-16　みなし取得日に係るのれんの換算

[前提条件]

① P社は米国に所在するS社の発行済株式総数の80％をX0年8月1日に12,000円（120米ドル）で取得し，S社を連結子会社とした。
② 決算日は，P社，S社ともに3月31日である。
③ S社資産および負債につき，時価と帳簿価額に差額はないものとする。
④ P社は，連結財務諸表の作成において，S社株式をX0年9月30日に取得したとみなして会計処理することとした。
⑤ 為替相場は以下のとおりとする。
　　X0年8月1日：100円／米ドル
　　X0年9月30日：105円／米ドル
⑥ X0年9月30日におけるS社の貸借対照表は以下のとおりである。

（単位：米ドル）

科目	金額	科目	金額
資産	150	負債	50
		資本金	70
		利益剰余金	30

[会計処理]

＜P社個別（S社株式取得仕訳）（X0年8月1日）＞

| （借）　S社株式 | （※）12,000 | （貸）　現金 | （※）12,000 |

（※）12,000円＝株式取得価額120米ドル×100円/米ドル（取得時レート）

＜S社換算後貸借対照表（X0年9月30日）＞

（外貨：米ドル，円貨：円）

科目	外貨	レート	円貨	科目	外貨	レート	円貨
資産	150	105	15,750	負債	50	105	5,250
				資本金	70	100	7,000
				利益剰余金	30	100	3,000
				為替換算調整勘定			500
資産合計	150		15,750	負債・純資産合計	150		15,750

＜P社の投資とS社の資本の相殺消去（X0年9月30日）＞

（借）　資本金	（※1）7,000	（貸）　S社株式	（※3）12,000
利益剰余金	（※2）3,000	非支配株主持分	（※6）2,100
のれん	（※4）4,200	為替換算調整勘定	（※7）100

（※1）7,000円…S社換算後貸借対照表（X0年9月30日）参照
（※2）3,000円…S社換算後貸借対照表（X0年9月30日）参照
（※3）12,000円…P社個別（S社株式取得仕訳）（X0年8月1日）参照
（※4）4,200円＝外貨ベースののれん40米ドル（※5）×105円/米ドル（みなし取得日の為替
　　　レート）
（※5）外貨ベースののれん40米ドル＝株式取得価額120米ドル－（（取得時資本金70米ドル＋
　　　取得時利益剰余金30米ドル）×P社持分比率80%）
（※6）2,100円＝（取得時資本金70米ドル＋取得時利益剰余金30米ドル）×非支配株主持分
　　　比率20%×105円/米ドル（みなし取得日の為替レート）
　　　非支配株主持分は，円換算後の為替換算調整勘定を含む資本のうち非支配株主持
　　　分割合相当額として算定されるが，これは，外貨建資本のうち非支配株主持分割
　　　合相当額を決算時（みなし取得日）の為替相場で換算した金額と同額となる（外
　　　貨建実務指針39項）。
（※7）差額により算出。または，100円＝取得時にのれんから生じる為替換算調整勘定
　　　外貨ベースののれん40米ドル×（105円/米ドル（みなし取得日レート）－100円/米ドル
　　　（取得時レート））－取得時に生じた為替換算調整勘定の非支配株主持分への振替
　　　500円（S社円換算後貸借対照表の為替換算調整勘定）×非支配株主持分比率20%

第4章　会計上の実務論点　*177*

⑶　在外子会社の決算日が連結決算日と異なる場合ののれん

①　在外子会社の決算日が連結決算日と異なる場合の連結処理

　連結財務諸表作成に関し，資本連結の基準日は，原則として親会社の決算日（連結決算日）である（連結会計基準15項）。このため，子会社の決算日が連結決算日と異なる場合には，原則として，子会社は，連結決算日に正規の決算に準ずる合理的な手続により決算（仮決算）を行った上で当該仮決算に基づく財務諸表を基礎として連結決算を行う必要がある（連結会計基準16項）。

　ただし，連結会計基準において，子会社の決算日と連結決算日の差異が3か月を超えない場合には，子会社の決算日における正規の決算に基づく財務諸表を基礎として連結決算を行うことができるとされている（連結会計基準（注4）。

②　在外子会社の決算日が連絡決算日と異なる場合ののれんおよびのれん償却額の換算

　ここで，在外子会社の決算日が連結決算日と異なる場合に発生したのれんの換算に関し，どの換算レートを使用するかが論点となる。

　前記「⑴①　親会社が在外子会社を連結する場合ののれん」に記載したとおり，外国通貨で把握されたのれんの換算に関して，のれんの期末残高については決算時の為替相場により換算し，のれんの当期償却額については，在外子会社の会計期間に基づく期中平均相場（または決算時の為替相場）により他の費用と同様に換算するとされている。

ⅰ　仮決算を行った場合

　在外子会社の決算日と連結決算日の差異が3か月を超えるため仮決算を行った場合，または子会社の決算日と連結決算日の差異が3か月を超えないが仮決算を行うことを選択した場合には，仮決算による財務諸表の決算日および会計期間は，連結決算日および連結会計年度と一致するため，のれんの期末残高については連結決算日の為替相場により換算し，のれんの当期償却額については，連結会計年度に基づく期中平均相場（または連結決算日の為替相場）により換算する（**図表4－6**参照）。

ii　仮決算しない場合

　一方，在外子会社の決算日と連結決算日の差異が３か月を超えないため，仮決算を行わず，在外子会社の決算日の財務諸表に基づき連結決算を行うことを選択している場合ののれんの換算に関して，のれんが在外子会社の財務諸表を連結することにより生じるものであるため，のれんの期末残高の換算レートおよびのれんの当期償却額についても，外貨建実務指針における在外子会社の決算日が連結決算日と異なる場合の貸借対照表項目の換算に適用する為替相場および損益計算書項目の換算に適用する為替相場の取扱いと同様に，換算を実施することになる（外貨建実務指針33項，34項）。

　具体的には，のれんの期末残高については在外子会社の決算日における為替相場により換算し，のれんの当期償却額は，連結会計年度に基づく期中平均相場ではなく，在外子会社の会計期間に基づく期中平均相場（または在外子会社の決算日における為替相場）により換算する（図表４－６参照）。

図表４－６　子会社決算日と連結決算日が異なる場合ののれん換算に使用する為替相場

決算日の差異期間	仮決算実施の有無	換算レート	
		のれんの期末残高	のれんの償却額
３か月超	仮決算が強制される	連結決算日の為替相場	連結会計年度に基づく期中平均相場（または連結決算日の為替相場）
３か月以内	仮決算を実施することを選択		
	仮決算を実施しないことを選択	在外子会社の決算日における為替相場	在外子会社の会計期間に基づく期中平均相場（または在外子会社の決算日における為替相場）

（※）上表の他，連結決算日から３か月を超えない範囲の一定の日を仮決算日として仮決算を行った場合（「『連結財務諸表の用語，様式及び作成方法に関する規則』の取扱いに関する留意事項について」12−１），のれんの期末残高については仮決算日における為替相場により，のれんの当期償却額については仮決算をベースとした会計期間の期中平均相場（または当該仮決算日における為替相場）により換算される。

なお，「『連結財務諸表の用語，様式及び作成方法に関する規則』の取扱いに関する留意事項について」（連結財務諸表規則ガイドライン）12－1においては，相当の理由がある場合に，連結決算日において仮決算を行う方法に代えて，連結決算日から3か月を超えない範囲の一定の日において，仮決算を行うことができるとされている。この取扱いを用いた場合には，前記「ⅰ　仮決算を行った場合」とは異なり，のれんの期末残高については仮決算日における為替相場により換算し，のれんの当期償却額については仮決算をベースとした会計期間の期中平均相場（または当該仮決算日における為替相場）により換算することになる。

(4)　在外子会社株式の取得価額を為替予約でヘッジした場合の取扱い

在外会社の株式を取得する際に，その為替変動リスクをヘッジするために，事前に為替予約を取得することが考えられる。当該ヘッジ取引については，ヘッジ会計の要件を充たす限り（金融商品実務指針169項本文参照），親会社の個別財務諸表において，ヘッジ手段（為替予約）から生じた損益が株式の取得原価に加減されることになる（金融商品実務指針170項(2)）。

このとき，連結財務諸表においては，支配獲得時の投資と資本の相殺消去に際し，当該為替予約の損益に対応するだけの差額が生じることになる。すなわち，為替予約を用いていない場合には，親会社側の株式および子会社の資本のいずれも支配獲得時の為替相場で換算され，外貨建のれんも同日時点で金額が算定されるが，株式の換算レートが実質的に予約レートになっていることで，投資と資本の相殺消去をどのように行うべきかが論点となる[5]。

会計基準上，この論点に係る明示的な定めはなく，当該差額に関しては，以下のいずれの考え方も用いることができるのではないかと考えられる。

> （考え方①）のれんを外貨ベースで把握し，投資と資本の相殺消去で生じる差額を為替換算調整勘定に計上する考え方

---

[5]　「為替換算調整勘定の会計実務（第2版）」新日本有限責任監査法人編，中央経済社，　P.37以下参照

（考え方②）為替換算調整勘定は計上されず，投資と資本の相殺消去の差額をのれんに含める考え方

　考え方①は，のれんを外貨ベースで把握するという外貨建実務指針第40項の考え方に忠実に従ったものである。一方，考え方②は，のれんの算定基礎となる在外子会社株式の取得価額に為替予約の決済差額が加減されているという事実をのれんの金額に反映しようとするものである。

　なお，本論点に関する数値例を**図表4－7**に示しているため，参考としていただきたい。

| 図表4－7 | 在外子会社株式の取得価額を為替予約でヘッジした場合 |

［前提条件］

- 在外会社S社の発行済株式の100％を100米ドルで取得する
- 当該株式の取得に際して，為替予約（元本100米ドル，予約レート100円/米ドル）をヘッジ目的で締結した。なお，ヘッジ会計の要件は充たしているものとする
- 実際の株式取得日の為替レートは110円/ドル，同日のS社純資産は80米ドルであった。

［投資と資本の相殺消去仕訳のイメージ］

借方	外貨	円貨	貸方	外貨	円貨
純資産	80	8,800	子会社株式	100	10,000
のれん	20	1,200			

（考え方①）外貨建でのれんを把握し，差額は為替換算調整勘定に計上していく。（支配獲得時の換算を仮定すると，のれんは20米ドル×110円/米ドル=2,200円となり，差額の200円が為替換算調整勘定となる）

（考え方②）個別財務諸表上の子会社株式の価額と，支配獲得時の純資産（換算後）の差額でのれんを識別し，外貨建のれんの額は逆算する。（1,200円÷110円/米ドル=10.9米ドル）

5 在外子会社等および持分法適用在外関連会社等に帰属するのれんの連結財務諸表上の取扱い

(1) 連結決算手続における在外子会社等および持分法適用在外関連会社等の会計処理の統一

① 在外子会社等の会計処理の統一

連結会計基準において，連結財務諸表を作成する場合，同一環境下で行われた同一の性質の取引等について，親会社および子会社が採用する会計方針は，原則として統一しなければならないと定められている（連結会計基準17項）。

これに対し，実務対応報告第18号における「当面の取扱い」として，在外子会社の財務諸表が国際財務報告基準または米国会計基準に準拠して作成されている場合，および国内子会社が指定国際会計基準または修正国際基準に準拠した連結財務諸表を作成して金融商品取引法に基づく有価証券報告書により開示している場合（当連結会計年度の有価証券報告書により開示する予定の場合も含む）には，当該在外子会社等の会計処理を連結決算手続上利用することができるとされている（実務対応報告第18号の「連結決算手続における在外子会社等の会計処理の統一　当面の取扱い」）。

これは，近年，国際的な会計基準間の相違点が減少傾向にあることから，国際財務報告基準または米国会計基準に準拠して作成された在外子会社の財務諸表，および指定国際会計基準または修正国際基準に準拠して作成された国内子会社（有価証券報告書提出会社に限る）の連結財務諸表を基礎としても，日本の会計基準のもとでの連結財務諸表が企業集団の財務状況の適切な表示を損なうものではないこと，および実務上の実行可能性を考慮して定められたものである。

ただし，この場合においても，日本の会計基準の定めとの乖離が大きい特定の項目および明らかに合理的でないと認められる会計処理については，連結決算手続上で日本基準における会計処理への修正が必要とされている（実務対応報告第18号の「連結決算手続における在外子会社等の会計処理の統一　当面の取扱い」）（**図表４－８**参照）。

図表4－8	実務対応報告第18号における在外子会社等の会計方針の取扱い
原則的な取扱い	原則として統一
当面の取扱い （全般）	• 在外子会社の決算が国際財務報告基準または米国会計基準に準拠している場合 • 国内子会社（有価証券報告書提出会社に限る）の連結決算が指定国際会計基準または修正国際基準に準拠している場合 ⇒当該基準に準拠して作成された財務諸表を連結決算手続上利用することができる
当面の取扱い （修正項目）	上記の場合であっても，以下の4項目については，当該修正額に重要性が乏しい場合を除き，修正が必要 • のれんの償却 • 退職給付会計における数理計算上の差異の費用処理 • 研究開発費の支出時費用処理 • 投資不動産の時価評価および固定資産の再評価
当面の取扱い （その他）	上記の4項目以外についても明らかに合理的でないと認められる場合には，連結決算手続上で修正を行う必要がある

② 持分法適用在外関連会社等の会計処理の統一

　持分法適用在外関連会社等については，持分法会計基準において，同一環境下で行われた同一の性質の取引等について，投資会社（その子会社を含む）および持分法を適用する被投資会社が採用する会計方針は，原則として統一すると定められている（持分法会計基準9項）。

　これに対し，実務対応報告第24号では，持分法適用在外関連会社等においても前記の実務対応報告第18号における「当面の取扱い」と同様の取扱いができることが定められている（実務対応報告第24号の「持分法適用関連会社の会計処理の統一　当面の取扱い」）。ただし，持分法適用会社であるため，修正項目の修正は，修正額につき，投資額を増減させることおよび当該増減額を，持分法による投資損益を通じて当期純利益の計算に含める方法により行う必要がある。

第4章　会計上の実務論点　*183*

③　当面の取扱い（修正項目）のうちののれんの償却

日本基準では企業結合会計基準において，のれんは20年以内のその効果の及ぶ期間にわたって定額法その他合理的な方法により償却するとされている（企業結合会計基準32項）。一方，国際財務報告基準および非公開会社を除く米国会計基準においては，のれんの規則的な償却は求められておらず，毎期に1度の減損テストが要求されている点で，会計基準間で会計処理方法が大きく異なっており，連結財務諸表上の当期純損益に重要な影響を与える可能性がある。

ここで，米国会計基準を適用する非公開会社は，のれんの規則的な償却が選択可能となっているが，この取扱いについては，後記「⑤　米国会計基準を適用する非公開の連結子会社および持分法適用関連会社に帰属するのれんの取扱い」において解説する。

のれんの償却に関しては，当該修正額に重要性が乏しい場合を除き，連結決算手続上，のれんの会計処理に関し，日本基準に従い当期純利益が適切に計上されるよう当該在外子会社の会計処理の修正が必要である。具体的には，国際財務報告基準および米国会計基準の適用によりのれんの償却を行っていない在外子会社等について，連結決算手続上，その計上後20年以内の効果の及ぶ期間にわたって，定額法その他の合理的な方法により規則的に償却し，当該金額を当期の費用とするよう修正することが必要である（実務対応報告第18号の「連結決算手続における在外子会社等の会計処理の統一　当面の取扱い」(1)）。

④　在外子会社においてのれんの減損処理が行われた場合の取扱い

国際財務報告基準および米国会計基準を適用している在外子会社において，のれんの減損処理が行われたことにより，減損処理後の帳簿価額が規則的な償却を行った場合における連結上のれん残高を下回っている場合には，連結決算手続上，修正は不要であるが，それ以降，減損処理後の帳簿価額に基づき規則的な償却を行い，修正することが必要である（実務対応報告第18号の「連結決算手続における在外子会社等の会計処理の統一　当面の取扱い」(1)）。

一方，減損処理後の帳簿価額が規則的な償却を行った場合における連結上ののれん残高を上回っている場合には，連結決算手続上，当該減損損失および減損処理後の帳簿価額と規則的な償却を行った場合における連結上ののれん残高

の差額のうち，連結財務諸表上，過年度において償却済みの部分については利益剰余金（期首）に，当期償却部分については，のれん償却額に振り替え，それ以降も，当初の規則的な償却を継続する（**図表4－9**参照）。

図表4－9	実務対応報告第18号におけるのれんの償却の修正を行っている在外子会社等でのれんの減損を計上した場合の連結決算手続上の取扱い

パターン			連結決算手続
①	減損後簿価（在外子会社）＜規則的償却後簿価（連結）	減損処理実施決算期	・在外子会社の減損処理後の帳簿価額（貸借対照表）につき，連結決算手続上修正は不要である。 ・一方，減損損失（損益計算書）のうち，過年度償却分につき利益剰余金（期首）に振り替える（設例4－17参照）。
		減損処理実施決算期の翌期以降	在外子会社の減損処理後の帳簿価額に基づき規則的な償却を行う（設例4－17参照）。
②	減損後簿価（在外子会社）＞規則的償却後簿価（連結）	減損処理実施決算期	・在外子会社の減損処理後の帳簿価額（貸借対照表）は，規則的な償却を行った場合における連結上ののれん残高まで減額する必要があるため，過年度償却金額のうち減損損失額を超える金額につき，のれんから利益剰余金に振り替える。減損損失額が，過年度償却額を超過している場合には，過年度償却額と当期償却額の合計が減損損失額を超える金額をのれん償却額に振り替える。 ・減損損失（損益計算書）のうち，連結財務諸表上，過年度において償却済ののれん償却累計額につき利益剰余金（期首）に振り替え，当期償却分がある場合にはのれん償却額に振り替える。
		減損処理実施決算期の翌期以降	当初の規則的な償却を継続する。

設例4-17　実務対応報告第18号におけるのれんの償却の修正

[前提条件]

① 国際財務報告基準を適用しているP社の在外子会社A社において，X1年4月1日に行った企業結合に伴い，のれんが発生した。A社ではIFRS第3号を適用し，当該のれんの償却を行っていない。両社の決算日は3月31日である。

② のれんの金額は500,000ユーロとする。

③ 本設例においては，実務対応報告第18号の適用にあたり，のれんの効果の及ぶ期間を10年と見積り，連結財務諸表において10年間で均等償却を行う。

④ X3年3月期期末に，在外子会社A社において，のれんの減損200,000ユーロを計上した。

⑤ 本設例においては，外貨換算については考慮しないこととする。

[会計処理]

＜X2年3月期における会計処理＞

① 在外子会社A社における会計処理

仕訳なし

② P社におけるのれんに係る連結修正仕訳

(借) のれん償却額	(※)50,000	(貸) のれん	(※)50,000

(※) 50,000＝500,000÷10

＜X3年3月期における会計処理＞
① 在外子会社A社における会計処理

(借) のれん減損損失　(※) 200,000　(貸) のれん　(※) 200,000

(※) 200,000…前提条件④参照

② P社におけるのれんに係る連結修正仕訳
ⅰ 開始仕訳

(借) 利益剰余金　(※) 50,000　(貸) のれん　(※) 50,000

(※) 50,000…前年度までののれんの償却額累計

ⅱ のれんの償却

(借) のれん償却額　(※) 50,000　(貸) のれん　(※) 50,000

(※) 50,000＝500,000÷10

ⅲ 連結上ののれんの減損損失への修正

(借) のれん　(※) 100,000　(貸) のれん減損損失　(※) 100,000

(※) 100,000＝A社減損損失200,000－連結上ののれん償却費計上額 (50,000＋50,000)
A社が計上した減損損失のうち，P社連結上のれん償却費累計額をP社連結上消去する。

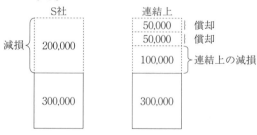

＜X4年3月期における会計処理＞
① 在外子会社A社における会計処理

仕訳なし

② P社におけるのれんに係る連結修正仕訳
ⅰ 開始仕訳

（借）利益剰余金　　　　　（※）0　（貸）のれん　　　　　　　（※）0

（※）0＝X2年3月期のれん償却額50,000＋X3年3月期のれん償却額50,000－X3年3月期連結上ののれん減損損失への修正100,000

ⅱ　のれんの償却

（借）のれん償却額　　　（※）37,500　（貸）のれん　　　　　（※）37,500

（※）37,500＝減損後帳簿価額（500,000－200,000）÷8（減損後残存償却年数）

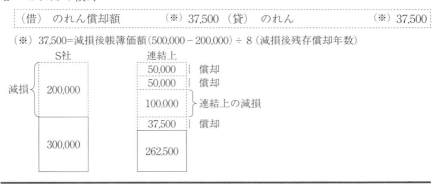

⑤　米国会計基準を適用する非公開の連結子会社および持分法適用関連会社に帰属するのれんの取扱い

　従来、米国会計基準において、のれんは非償却であった。しかし、平成26年（2014年）1月に米国会計基準が改正され、米国会計基準を適用している非公開会社はのれんを償却する代替的な会計処理を選択できるようになった。具体的な償却方法とてしては、10年間、またはより短い期間で償却することが適切であるときには10年より短い期間の定額法により償却するものとされている。

　このため、実務対応報告第18号の適用上は、当面の取扱いののれんの償却に関し、のれんを償却していない場合には日本基準への修正が必要と定められていることから、のれんの償却を選択した米国会計基準を適用している非公開会社に関しては、実務対応報告第18号に基づく修正は不要である。米国会計基準を適用する非公開の持分法適用関連会社に関しても、実務対応報告第24号において実務対応報告第18号の「当面の取扱い」を準用しており、子会社と同様の取扱いとなる。

　ただし、償却年数の選択に関し以下の論点がある。

　たとえば、米国子会社で米国企業の買収を行い、発生したのれんについて効

果の発現する期間が15年と見込まれたため，当該米国子会社はのれんについて
米国会計基準に基づき10年で償却を行っていると仮定する。この場合，当該のれんについて，実務対応報告第18号の適用上は，20年以内の効果の及ぶ期間にわたって償却するとされていることから，実務対応報告第18号の適用上，連結財務諸表において効果の及ぶ期間である15年に償却期間を修正できるかという論点である。

　この点に関し，実務対応報告第18号におけるのれんの償却に対する当面の取扱いとして，在外子会社において，のれんを償却していない場合には，連結決算手続上，その計上後20年以内の効果の及ぶ期間にわたって，規則的に償却し，当該金額を当期の費用とするよう修正することが必要であると定められている。これは米国会計基準や国際財務報告基準でのれんが非償却とされていることを前提に，当該修正項目が設けられているものと考えられる。「実務対応報告公開草案第44号『連結財務諸表作成における在外子会社の会計処理に関する当面の取扱い（案)』に寄せられた主なコメントとその対応」No.7，10にもあるとおり，在外子会社がのれんの償却処理を選択して償却期間を設定する場合には，通常，親会社の意図を反映したものと考えられ，連結決算手続上で修正することは認められないと考えられる。

　したがって，新規取引により発生するのれんについて，米国会計基準適用子会社において，効果の及ぶ期間内の償却期間で償却されていれば，米国会計基準適用子会社での処理をそのまま受け入れることになると考えられる。

⑥　在外子会社等および持分法適用在外関連会社等に帰属するのれんに関するその他の論点

ⅰ　米国子会社で計上されたのれんについて税効果を認識している場合

　たとえば，米国会計基準が適用される米国子会社において，会計上および税務上で同額の「のれん」が認識された場合，現地税法によって税務上ののれんのみが償却されることで，子会社の個別決算上で将来加算一時差異が生じ，繰延税金負債を計上しているケースがある。

　このとき，実務対応報告第18号を適用して米国会計基準による子会社決算を連結財務諸表上で取り込んでいる場合の取扱いが論点となる。

第4章　会計上の実務論点　*189*

　まず，のれんそれ自体については，我が国会計基準において求められる償却処理へと修正されるため，現地決算で認識された将来加算一時差異も連結財務諸表上ののれん残高をベースに見直され，繰延税金負債の金額も修正されることになる。

　また，後記「第5章5(1)　概論」に記載のとおり，我が国の会計基準においては，税務上ののれんを会計上ののれんとは別の性格を有するものとして捉えているが，実務対応報告第18号の適用に際して，米国会計基準における税務上ののれんの取扱いを企業結合適用指針第378-3項の定めに修正すべきかどうかが論点となる。この点については，以下の理由により，税務上ののれんを一時差異と捉える考え方への修正は求められないのではないかと考えられる。

- 資産調整勘定等に係る税効果の定めは，あくまで非適格合併等により発生したものを前提としているものであること
- 両基準におけるのれんに係る税効果の考え方は，税務上の取扱いも前提とした会計処理の相違であると考えられること
- 資産調整勘定等の性格は必ずしも会計上ののれんと同じものではないことをもって，税務上ののれんのすべてが会計上ののれんと同様の性格を有するものではないと考えることが適当ではないこと

ⅱ　米国会計基準適用子会社でプッシュダウン会計が適用されている場合の取扱い

　親会社が株式を取得したことによって他社を子会社化し，連結財務諸表上で生じたのれんについては，連結手続上でその減損の要否を判断することになるため，日本基準における減損のルールが適用となる。

　ここで，米国会計基準適用子会社の個別財務諸表でいわゆる「プッシュダウン会計」が適用となっている場合の取扱いが論点となる。プッシュダウン会計とは，被買収企業において，親会社の連結財務諸表上で識別されるのれんや資産等の時価評価を子会社の個別財務諸表に反映することができるとする会計ルールである。

　このプッシュダウン会計を適用し，子会社の個別財務諸表でのれんが認識されるとともに償却処理が行われている場合には，現地決算における減損会計の

適用結果を連結財務諸表でもそのまま取り込むことが考えられる。

他方，子会社の個別財務諸表でののれんが償却されていない場合には，連結財務諸表上で当該のれんを償却するとともに，のれんの減損についても改めて親会社側で検討することが考えられる。なお，現地決算で非償却とされているのれんが減損処理され，連結財務諸表上ののれんの残存簿価を下回る結果となった場合には，以下のいずれかの考え方によることになると考えられる。

- 現地決算におけるのれんの減損を戻し入れた上で，改めて連結財務諸表上ののれん残高を基礎としてのれんの減損の認識の要否を検討する
- 現地決算において計上されたのれんの減損損失のうち，連結財務諸表で当期末までに計上されたのれん償却額分を戻し入れる

ⅲ　在外子会社株式の減損処理の判断に際して用いる財務諸表

親会社の個別財務諸表上，在外子会社株式の評価をどの財務諸表に基づいて行うべきかという論点がある。

たとえば，在外子会社は合併，事業譲受および会社分割等の企業結合により在外子会社の個別財務諸表においてのれんを計上したとする。当該のれんは個別財務諸表では米国会計基準に基づき非償却としているが，連結財務諸表の作成にあたっては実務対応報告第18号に基づき償却しているとする。この場合，親会社の個別財務諸表上，在外子会社株式の評価を，実務対応報告第18号によってのれん償却額を修正した財務諸表に基づいて行うべきかどうかという点である。

この点に関し，親会社の個別財務諸表上の在外子会社株式の評価は，のれん償却額を修正した在外子会社の財務諸表を基礎として行うものと考えられる。時価を把握することが極めて困難と認められる株式の減損処理は，投資価値を評価することを意図して投資先の企業価値で当該株式を評価するのではなく，財政状態の実態を反映した実質価額により当該株式の投資の回収可能性を判断して，投資の回収が不能と認められる額を損失処理することを意図したものであると考えられる。

ここで，一般にのれんは時の経過に応じて減価するが，非償却のまま実質価額に加味した場合，自己創設のれんを実質価額に加味することと同義になるた

め，認められないものと考えられる。

6 のれんに対する税効果

(1) 当初認識時の税効果

　企業結合によって計上される「のれん」または「負ののれん」は取得原価の配分残余であることから，これに対する税効果は認識しないとされている（企業結合適用指針72項，378－3項，税効果適用指針43項，145項）。

　これは，税効果を認識しても同額の「のれん」または「負ののれん」が変動する結果となるため，あえて税効果を認識する意義は薄いと考えられるためである。

　具体的には，子会社において資産の部に計上されたのれんは将来加算一時差異となるが，これに対して繰延税金負債を計上すると，子会社純資産が減少することに伴い，子会社純資産に対する親会社持分額も減少するため，のれんが増加する。さらに，その増加額に対してまた繰延税金負債が計上され，それがのれんの増額となるため，両勘定との間に際限のない循環が生ずる結果となる（税効果適用指針145項）。

　これは，子会社を連結することにより発生するのれん（**図表4－10参照**），および合併等の企業結合により個別財務諸表上で発生するのれん（**図表4－11参照**）ともに同様である。

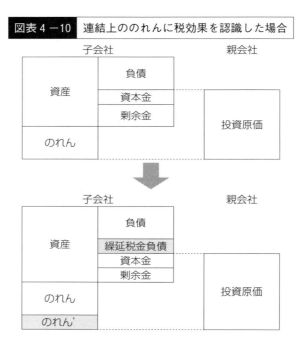

図表4-10 連結上ののれんに税効果を認識した場合

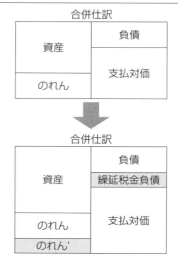

図表4-11 合併により個別財務諸表上発生するのれんに税効果を認識した場合

(2) のれんの償却および負ののれんの償却等に係る税効果

① 子会社への投資に係る一時差異

図表4－12の上段のように，子会社へ投資を行った時点では，親会社における投資の連結貸借対照表上の価額（子会社資本の親会社持分額と資産の部に計上されたのれんとの合計額）は，付随費用の額を除き，親会社における個別貸借対照表上の投資簿価と一致しており，付随費用に係る部分以外については，子会社への投資に係る一時差異は存在しない。

しかし，図表4－12の下段のように，投資後ののれんの償却は，子会社への投資の連結貸借対照表上の価額と親会社における個別貸借対照表上の投資簿価との間に差異をもたらし，その結果，投資に係る一時差異が発生する。投資に係る一時差異の発生原因としては，のれんの償却以外に投資後に発生した子会社の損益および為替換算調整勘定等がある。

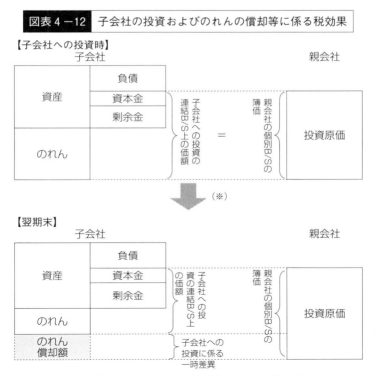

図表4－12　子会社の投資およびのれんの償却等に係る税効果

（※）子会社への投資の翌年の取引は，のれんの償却のみであると仮定する。

② のれんの償却に係る将来減算一時差異

のれんの償却は，それにより子会社への投資の連結貸借対照表上の価額が減少することに伴い，子会社への投資の連結貸借対照表上の価額が親会社の個別貸借対照表上の投資簿価を下回ることになる（**図表4−11参照**）。この差額は，主に親会社による投資の売却によって解消する。たとえば，将来，親会社が当該投資を第三者にすべて売却した場合，個別損益計算書上の子会社に対する投資の売却簿価が連結損益計算書上の売却簿価より大きくなるため，個別損益計算書上の子会社投資売却益（損）が小さく（大きく）なり，税金を減額させる効果が生ずるため，将来減算一時差異に該当する。

当該のれんの償却に係る将来減算一時差異については，通常，売却等による解消の時期をスケジューリングするのは困難であるため，原則として，連結手続上，親会社において繰延税金資産を計上しない（税効果適用指針22項）。

ただし，次の要件のいずれも満たす場合においては繰延税金資産を計上するものとされている（税効果適用指針8項(3)，22項，107項(3)①）。

- 将来減算一時差異は，予測可能な将来，税務上の損金算入が認められる評価減の要件を満たすか，または予測可能な将来，第三者への投資の売却によって解消される可能性が高いこと
- 繰延税金資産の計上につき，将来の課税所得等にその回収可能性が高いと判断できていること（具体的には，企業会計基準適用指針第26号「繰延税金資産の回収可能性に関する適用指針」第6項から第9項に基づき，その回収可能性を検討することになる）

③ 負ののれんの償却等に係る将来加算一時差異

資本連結手続により計上された負ののれんが償却された場合または負ののれん発生益が計上された場合には，投資の連結貸借対照表上の価額が親会社の個別貸借対照表上の投資簿価を上回ることになる。当該差額は，たとえば，将来，親会社が当該投資を第三者にすべて売却することにより税金を増額させる効果が生ずるため，将来加算一時差異に該当する。負ののれんの償却または発生益の計上に係る将来加算一時差異は，将来における投資の売却等によって解消する。

第4章　会計上の実務論点　*195*

　したがって，原則として当該将来加算一時差異につき繰延税金負債を計上することとなるが，親会社がその投資の売却を親会社自身で決めることができ，かつ，予測可能な将来の期間に，その売却を行う意思がない場合には，当該将来加算一時差異に対して税効果を認識する必要はない（税効果適用指針23項，107項(3)②）。

　なお，税務上の非適格組織再編において生じる資産調整勘定や差額負債調整勘定に関する税効果については，後記「第5章5　資産調整勘定に対する税効果会計」で解説する。

7 ｜ のれんに関する開示

(1)　財務諸表本表における取扱い

①　貸借対照表における表示

　のれんは，企業結合会計基準において，貸借対照表の資産の部の無形固定資産の区分に表示すると定められている（企業結合会計基準47項）。

　のれんを資産の部の無形固定資産に掲記する場合の具体的な表示方法を各財務諸表についてまとめたものが図表4－13である。

図表4－13　のれんを資産の部の無形固定資産に掲記する場合の表示方法

種類	表示方法	参照条文等
財務諸表	「のれん」の名称で区分表示する。	財規28条
連結財務諸表	「のれん」の名称で区分表示する。ただし，のれんの金額が総資産の100分の1以下である場合には，その他の区分掲記されない科目と併せて「その他」等の科目で表示する。	連結財規28条

四半期財務諸表	のれんを含む無形固定資産に属する資産を一括して，「無形固定資産」の名称で表示する。ただし，のれんの金額が総資産の100分の10を超える場合または100分の10以下であっても区分表示することが適切な場合には，「のれん」の名称で区分表示する。	四半期財規32条2号，35条
四半期連結財務諸表	「のれん」の名称で区分表示する。ただし，のれんの金額が総資産の100分の1以下である場合には，その他の区分掲記されない科目と併せて「その他」等の科目で表示する。	四半期連結財規40条
中間財務諸表	のれんを含む無形固定資産に属する資産を一括して，「無形固定資産」の名称で表示する。ただし，のれんの金額が総資産の100分の5を超える場合には，「のれん」の名称で区分表示する。	中間財規16条，18条
中間連結財務諸表	「のれん」の名称で区分表示する。ただし，のれんの金額が総資産の100分の1以下である場合には，その他の区分掲記されない科目と併せて「その他」等の科目で表示する。	中間連結財規29条1項

② 損益計算書における表示・開示

　のれんの当期償却額は，企業結合会計基準において，損益計算書の販売費及び一般管理費の区分に表示すると定められている（企業結合会計基準47項）。販売費及び一般管理費には「のれん償却額」等の科目で表示する。

　また，負ののれん発生益は，原則として，損益計算書の特別利益に表示する（企業結合会計基準48項）。特別利益には，「負ののれん発生益」等の科目で表示する。

　のれんの当期償却額および負ののれん発生益を損益計算書に表示する場合の具体的な表示方法を，各財務諸表の別に以下にまとめている。

第4章 会計上の実務論点 **197**

ⅰ のれん償却額（販売費及び一般管理費）の区分掲記

まず，のれん償却額について，損益計算書の販売費及び一般管理費の区分に表示するため，各財務諸表の販売費及び一般管理費の表示方法の規定に従って開示することになる。販売費及び一般管理費の表示方法には2通りの方法があり，その内容は以下のとおりである。ただし，中間財務諸表のみ以下と異なるため，後記する。

---

① 適当と認められる費目に分類し，当該費用を示す名称を付した科目，すなわち費用の内容がわかるような科目名によって掲記する方法（財規85条1項本文，連結財規55条1項本文，四半期財規61条1項本文，四半期連結財規69条1項本文，中間連結財規56条1項本文）

② 販売費の科目もしくは一般管理費の科目または販売費及び一般管理費の科目に一括して掲記し，その主要な費目およびその金額を注記する方法（財規85条1項ただし書き，連結財規55条1項ただし書き，四半期財規61条1項ただし書き，四半期連結財規69条1項ただし書き，中間連結財規56条1項ただし書き）

ここで，上記②の表示方法による場合の注記対象となる主要な費目の別掲基準を，各財務諸表についてまとめたものが**図表4-14**である。なお，上記①の表示方法によった場合，財務諸表本表における区分掲記の明示的な基準は設けられていないが，**図表4-14**における基準が1つの目安になるのではないかと考えられる。

図表4-14 販売費及び一般管理費の主要な費目として注記が必要される別掲基準

種類	別掲基準	参照条文等
財務諸表	販売費及び一般管理費の合計額の100分の10	財規85条2項
連結財務諸表	販売費及び一般管理費の合計額の100分の10	連結財規55条2項
四半期財務諸表（※）	販売費及び一般管理費の合計額の100分の20	四半期財規61条2項

四半期連結財務諸表 （※）	販売費及び一般管理費の合 計額の100分の20	四半期連結財規69条2項
中間連結財務諸表	販売費及び一般管理費の合 計額の100分の10	中間連結財規56条2項

（※）第1四半期および第3四半期においては，販売費及び一般管理費を販売費の科目もし
くは一般管理費の科目または販売費及び一般管理費の科目に一括掲記した場合でも，そ
の主要な費目およびその金額を注記しないことが認められている（四半期財規61条3項，
四半期連結財規69条3項）。

一方，中間財務諸表における販売費及び一般管理費の表示方法としては，原
則，「販売費及び一般管理費」の名称で一括掲記すると規定されている。また，
一括掲記した場合でもその主要な費目およびその金額の注記は要求されていな
い。ただし，一括掲記せず適当と認められる費目に分類し，当該費用を示す名
称を付した科目，すなわち費用の内容がわかるような科目名によって掲記する
方法によることも認められている（中間財規44条）。

ⅱ　負ののれん発生益（特別利益）の区分掲記

次に，負ののれん発生益について，原則として，損益計算書の特別利益の区
分に表示するため，各財務諸表の特別利益の表示方法の規定に従い開示するこ
とになるが，その内容は以下のとおりである。ただし，中間財務諸表のみ以下
と異なるため，後記する。

- 当該利益を示す名称を付した科目，すなわち利益の内容がわかるような科目名
によって掲記する（財規95条の2本文，連結財規62条本文，四半期財規66条本文，
四半期連結財規74条本文，中間連結財規61条本文）。
- ただし，各利益のうち，その金額が特別利益の総額の一定基準以下のものにつ
いては，当該利益を一括して示す名称を付した科目をもって掲記することがで
きる（財規95条の2ただし書き，連結財規62条ただし書き，四半期財規66条た
だし書き，四半期連結財規74条ただし書き，中間連結財規61条ただし書き）。

ここで，上記の表示方法のなかで，一括掲記が認められる基準を各財務諸表
についてまとめたものが**図表4－15**である。

第4章　会計上の実務論点　*199*

| 図表4−15 | 特別利益の一括掲記が認められる基準 |

種類	一括掲記の基準	参照条文等
財務諸表	特別利益の総額の100分の10以下	財規95条の2ただし書き
連結財務諸表	特別利益の総額の100分の10以下	連結財規62条ただし書き
四半期財務諸表	特別利益の総額の100分の20以下	四半期財規66条ただし書き
四半期連結財務諸表	特別利益の総額の100分の20以下	四半期連結財規72条ただし書き
中間連結財務諸表	特別利益の総額の100分の10以下	中間連結財規61条ただし書き

　一方，中間財務諸表における特別利益の表示方法としては，原則として，「特別利益」の名称で一括掲記すると規定されている。ただし，一括掲記せず，適当と認められる項目に分類し，当該利益を示す名称を付した科目，すなわち利益の内容がわかるような科目名によって掲記する方法によることも認められている（中間財規49条1項）。

③　損益計算書の表示に係る実務上の論点

i　持分法適用会社に係るのれんの減損損失の表示区分

　連結財務諸表上，持分法の適用により生じたのれんについて，その減損処理額は持分法による投資損益に含めて，営業外収益または営業外費用に表示されることが示されている（持分法会計基準16項，27項なお書き）。このため，親会社または連結子会社で生じた減損損失のように，特別損失に表示することは認められていない。

ii　段階取得に係る差損と負ののれん発生益の相殺表示

　持分法適用関連会社の株式を追加的に取得し，当該会社に対する支配を獲得した場合，従前の持分法評価額は時価で評価替えされる（資本連結実務指針8

項また書き(2))。仮に，時価が持分法評価額を下回っている場合には，特別損失に段階取得に係る差損が計上されるが，他方で企業結合に関する会計処理において，子会社となった会社の純資産（資産および負債の時価評価後）の持分相当額を取得原価（時価）が下回っているときには負ののれん発生益が特別利益に計上される。この「段階取得に係る差損」と「負ののれん発生益」は，前者は持分法適用会社に対する投資がいったん清算されたとみなされることにより生じた損益であり（企業結合会計基準89項参照），後者は企業結合により生じたものであって，その性格を異にするものであるため，両者を相殺して表示することは認められない。

(2)　各財務諸表におけるのれんに関する注記事項

①　のれんの償却方法および償却期間の注記

ⅰ　規則における規定

のれんの償却方法および償却期間は，連結財規において重要な会計方針としての注記が求められている（連結財規13条5項8号）。なお，財規，中間財規および中間連結財規においては，重要な会計方針の注記のなかでのれんの償却方法および償却期間の注記は求められていない（財規8条の2，中間財規4条，中間連結財規10条5項）。一方で，四半期財規および四半期連結財規では，そもそも重要な会計方針の注記自体が求められていない。

ⅱ　のれんの償却方法および償却期間の注記の開示分析

のれんの償却方法および償却期間の注記に関し，次の条件の「分析対象会社」（計186社）を設定し，分析を行った（**図表4－16参照**）。

- 平成29年4月1日現在，日経株価指数300に採用されている。
- 3月31日決算である。
- 平成29年6月30日までに有報を提出している。
- 連結財務諸表を作成している。
- 日本基準を採用している。

分析対象会社（186社）のなかで，「のれんの償却方法および償却期間」の注

記をしている会社は，160社であった。

図表４−16 のれんの償却方法および償却期間の注記に関する開示分析

【償却方法】

償却方法	会社数
定額法	157社
発生時一括償却	1社
償却方法を明示していない	2社

【償却期間】

償却期間	会社数
償却期間を明示（○年〜○年というように範囲で償却年数を記載している会社を含む）	82社
償却期間を明示していない（20年以内のその効果の及ぶ期間にわたってと記載している会社を含む）	69社
「効果の発現する期間の見積りが可能なものについてはその年数で，それ以外のものについては５年間で」というように記載	9社

　また，償却期間を明示している82社のうち，選択している償却期間で最も多かったのは５年で，38社であった。

②　取得による企業結合が行われた場合の注記

　ⅰ　規則における規定

　取得による企業結合が行われた場合には，企業結合会計基準において，取得による企業結合に関連する注記が求められているが，そのなかで以下ののれんに関する注記を記載する必要がある（企業結合会計基準49項(4)②，③，④）。

① 発生したのれんの金額，発生原因，償却方法および償却期間
② 負ののれんの発生益および発生原因
③ 取得原価の配分は完了していない場合には，その旨および理由
④ 取得原価の大部分がのれん以外の無形固定資産に配分された場合には，のれん以外の無形固定資産に配分された金額およびその主要な種類別の内訳ならびに全体および主要な種類別の加重平均償却期間

　企業結合が行われた場合の注記のなかののれんに関する注記事項に関し，各財務諸表についてまとめたものが**図表４−17**である。

図表４−17　のれんに関する注記事項

種類	注記事項	参照条文等
財規	上記①〜④のすべての注記が必要	財規8条の17第1項6号，9号，10号
連結財規	上記①〜④のすべての注記が必要	連結財規15条の12第1項7号，10号，11号
四半期財規	上記①〜③の注記が必要（④の注記は要求されていない）	四半期財規15条1項5号
四半期連結財規	上記①〜③の注記が必要（④の注記は要求されていない）	四半期連結財規20条1項6号
中間財規	上記①〜④のすべての注記が必要	中間財規5条の10
中間連結財規	上記①〜④のすべての注記が必要	中間連結財規17条の4

ⅱ　暫定的な会計処理に係る開示

　前記の注記事項のうち，③の「取得原価の配分は完了していない場合には，その旨および理由」は，取得による企業結合が行われた場合において，取得原価の配分が完了しておらず，暫定的な会計処理（企業結合会計基準28項，（注6））を行った場合に求められる注記である。

　その後，暫定的な会計処理の確定が企業結合年度の翌年度に行われた場合に

は，企業結合年度に当該確定が行われたかのように会計処理を行う必要がある。ここで，企業結合年度の翌年度の財務諸表と併せて企業結合年度の財務諸表を表示するとき（すなわち，金融商品取引法に基づく開示の場合）には，比較情報である当該企業結合年度の財務諸表に暫定的な会計処理の確定による取得原価の当初配分額の見直しを反映させる必要がある（企業結合会計基準（注6））。なお，暫定的な会計処理の確定に伴う表示については，前記「第2章2(6)③確定時の会計処理」を参照のこと。

　また，当該暫定的な会計処理の確定による取得原価の当初配分額の見直しが重要である場合には，当該見直しの内容および金額を注記しなければならない（企業結合会計基準49-2項）。この際，当該見直しの内容および金額には暫定的な会計処理の確定による比較情報である企業結合年度の財務諸表に与える影響が含まれることにも留意が必要である。当該注記は，各財務諸表において注記が求められている（財規8条の17第4項，連結財規15条の12第4項，四半期財規15条3項，4項，四半期連結財規20条3項，4項，中間財規5条の10，中間連結財規17条の4）。

　なお，四半期（連結）財務諸表においては，第1四半期または第2四半期に企業結合が行われて暫定的な会計処理の定めを適用し，同一事業年度（または連結会計年度）内の後続の四半期に暫定的な会計処理の確定が行われることも考えられる。この場合，暫定的な会計処理の確定の影響は比較情報には反映されないことになるため，注記が求められる事項は以下の事項のみとされている（企業会計基準適用指針第14号「四半期財務諸表に関する会計基準の適用指針」66項(2)②，四半期財規15条3項，四半期連結財規20条3項）。

- 四半期（連結）会計期間において，企業結合に係る暫定的な会計処理が確定した旨
- のれん等の金額に係る見直しの内容およびその金額

iii　企業結合が当期首に完了したと仮定したときの当期の連結損益計算書への影響の概算額の開示

前記「i　規則における規定」および図表4-17に記載した事項以外に，の

れんに関連する開示として，「企業結合が当期首に完了したと仮定したときの当期の連結損益計算書への影響の概算額」の開示がある（企業結合会計基準49項(5)，連結財規15条の12第1項12号，中間連結財規17条の4。なお，四半期連結財務諸表においては，開示事項とされていない）。

当該概算額の注記について，企業結合日（みなし取得日を含む）が当期首または当期末以外の日の場合，のれん償却額に関する影響の算定に際しては，年間の償却額から結合企業が連結損益計算書に計上している償却額を控除して算定することになるとされている（企業結合適用指針327項(1)③）。

③　セグメント情報等に関する注記

ⅰ　のれんおよび負ののれんに係る注記規定

セグメント会計基準において，のれんおよび負ののれんに関し，以下の事項に係る報告セグメントごとの概要の注記が求められている（セグメント会計基準34項，34－2項）。

- のれんの償却額または負ののれん償却額および未償却残高
- 負ののれん発生益

これらは，財規，連結財規，中間財規，中間連結財規において注記が求められている（財規8条の29第3項2号，3号，財規様式第四号（記載上の注意）3，4，連結財規15条の2第3項2号，3号，連結財規様式第三号（記載上の注意）3，4，中間財規5条の20第3項2号，3号，中間財規様式第三号（記載上の注意）3，4，中間連結財規14条3項2号，3号，中間連結財規様式第三号（記載上の注意）3，4）。一方で，四半期財規および四半期連結財規では，これらの注記は求められていない。

このののれんおよび負ののれんに関する注記については，重要性がない場合には注記を省略できることとされている（財規8条の29第4項，連結財規15条の2第4項，中間財規5条の20第4項，中間連結財規14条4項）。

なお，のれんおよび負ののれんについて，報告セグメントに配分していないものがある場合には，その償却額および未償却残高ならびにその内容を注記することとされている（セグメント会計基準34項なお書き，財規様式第四号（記

載上の注意）3後段，連結財規様式第三号（記載上の注意）3後段，中間財規様式第三号（記載上の注意）3後段，中間連結財規様式第三号（記載上の注意）3後段）。ただし，セグメント情報の中で同様の情報が開示されている場合には，当該情報の開示を要しない（セグメント会計基準34項ただし書き）。

ⅱ 連結上ののれんの報告セグメントへの分類

連結上ののれんについて，たとえば「1社1セグメント」（会社ごとに分類される事業セグメントは1つであり，1社が複数の事業セグメントに跨ることはないという考え方）という方針でセグメントの分類を行っている場合などに，投資した会社と投資先の会社のセグメントが異なるケースが生じ得る。例を挙げると，事業セグメントの分類に際して「地域別」のセグメンテーションをしており，「日本」「アジア」「欧州」「米州」という区分をしているケースで，日本の親会社が，中国（アジア）の会社を買収し，のれんが計上されるケースを考えてみる。このとき，のれんの分類は，投資元（日本）を基礎とするのか，投資先（アジア）を基礎とするのかという点が問題となる。

このとき，のれんの発生原因は投資先株式の取得であり，たとえば超過収益力なども投資先において存在するものであると考えられるため，通常は投資先が含まれる事業セグメントにのれんを分類することが考えられる。

ⅲ 持分法適用会社に係るのれんの開示の要否

セグメント情報等の開示におけるのれんおよび負ののれんに関する注記において，持分法適用会社に係るのれんも含めて開示する必要があるかという点が論点となる。

この点に関し，報告セグメントごとののれんの償却額および未償却残高に関する情報については，「当該企業が財務諸表を作成するために採用した会計処理に基づく数値」によって開示しなければならないことが明示されており（セグメント会計基準34項），これは，連結財務諸表において，「のれん」および「のれん償却額」ならびに「負ののれん発生益」として計上されているものを対象にしているものと考えられる。

持分法適用会社について，のれんは「投資」に含めて処理し，のれんの当期

償却額および減損処理額ならびに負ののれん発生益は「持分法による投資損益」に含めて表示することとされているため（持分法会計基準11項，27項），セグメント情報等ののれんおよび負ののれんに関する注記には含めないものと考えられる。

④　四半期（連結）キャッシュ・フロー計算書の開示省略と注記

第1四半期および第3四半期に係る四半期（連結）キャッシュ・フロー計算書は，その開示を省略することができる。この場合，第1四半期から省略することとされ，第3四半期のみ省略することは，原則として認められない（四半期会計基準5－2項，6－2項）。

また，四半期（連結）キャッシュ・フロー計算書の開示を省略した場合には，キャッシュ・フローの状況の把握に資する情報として，重要な非資金損益項目のうち，期首からの累計期間に係る以下の情報を開示することとされている（四半期会計基準19項（20－2），25項（19－2））。

- 有形固定資産および無形固定資産（のれんを除く）の減価償却費
- のれんおよび負ののれんの償却額

(3)　会社法におけるのれんの表示・開示

会社法において，株式会社の会計は，一般に公正妥当と認められる企業会計の慣行に従うものとされ（会社法431条），また，会社計算規則第3条においては，会社計算規則上の用語の解釈および規定の適用に関しては，一般に公正妥当と認められる企業会計の基準その他の企業会計の慣行をしん酌しなければならないと規定されている。

ここで，会社計算規則において，のれんも含めた企業結合に関する注記は明示的には求められていないが，上記趣旨を踏まえ，連結計算書類，計算書類における注記表のその他の注記のなかで，各企業の判断により，のれんも含めた企業結合に関する注記を記載することになる（会社計算規則98条1項19号）。

第4章　会計上の実務論点　*207*

コラム・外貨建のれんに関する経過措置

　在外会社の株式を購入して同社に対する支配を獲得（子会社化）したときに生じる外貨建のれんは，毎期末の決算日レートで換算され，換算差額は為替換算調整勘定となる（企業結合適用指針77－2項，外貨建実務指針40項）。この処理は，平成22年4月1日以後の企業結合から適用されており（平成21年4月1日以後開始する年度において最初に実施される企業結合から早期適用可能），それより前に行われた在外会社の子会社化などにより生じたのれんは，支配獲得時に円貨で金額を確定させ，事後的に換算替えされることはなかった。当該従前の処理は，会計基準の改正後も特に遡及的に見直されることはなく，従来処理を継続することとされている（企業結合適用指針331－3項なお書き）。

第 5 章

税務上ののれん

1 税務上ののれんとは

(1) 資産調整勘定とは

「会計上ののれん」と「税務上ののれん」とは概念が異なるものであり，いわゆる「税務上ののれん」と呼ばれるものは，法人税法上は「資産調整勘定」という。税務上非適格合併等とされた組織再編，もしくは事業譲受により資産または負債の移転を受けた場合において，当該非適格合併等により交付した対価の額が，移転を受けた資産および負債の時価純資産価額等を超えるときの差額として算出されるものである（法法62条の8）。

なお，対価の額が下回る場合に計上される負債は，「差額負債調整勘定」と呼ばれる。

税務上で段階的に廃止された退職給与引当金などの資産および負債の非適格組織再編における取扱いの明確化や，平成18年4月1日以後開始事業年度から適用された企業結合会計基準等の会計基準との調和を図るために，平成18年度税制改正において，一定の非適格組織再編や事業譲受について，資産調整勘定または差額負債調整勘定（以下「資産調整勘定等」という）を計上することとなったものである。

適格組織再編に該当しない非適格合併の場合，または非適格分割，非適格現物出資もしくは事業譲受のうち事業およびその事業に係る主要な資産および負債のおおむね全部が承継法人等に移転する場合において，移転する資産および負債（負債調整勘定の金額を含む）の差額である時価純資産価額とその対価額

との差額が生じた場合，当該差額は資産調整勘定等として計上される（**図表5 −1参照**）。これらの資産調整勘定または差額負債調整勘定は，一定期間で減額処理されていくとともに，それぞれ損金算入または益金算入されることとなる（法法62条の8）。

図表5−1　資産調整勘定および差額負債調整勘定のイメージ図

【資産調整勘定のイメージ図】

時価純資産価額より対価額が大きい場合

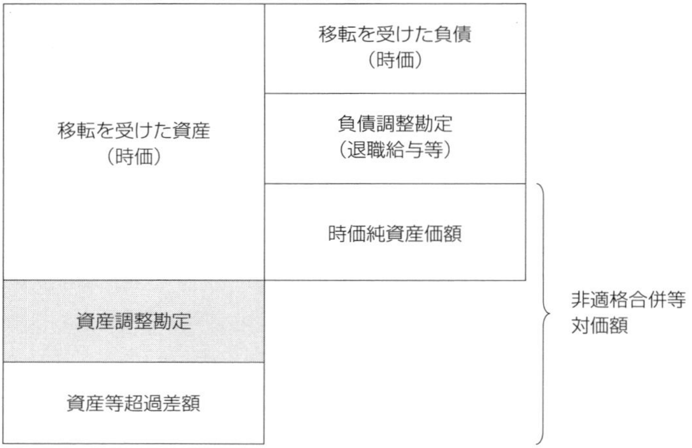

	移転を受けた負債 （時価）
移転を受けた資産 （時価）	負債調整勘定 （退職給与等）
	時価純資産価額
資産調整勘定	
資産等超過差額	

非適格合併等
対価額

【差額負債調整勘定のイメージ図】

時価純資産価額より対価額が小さい場合

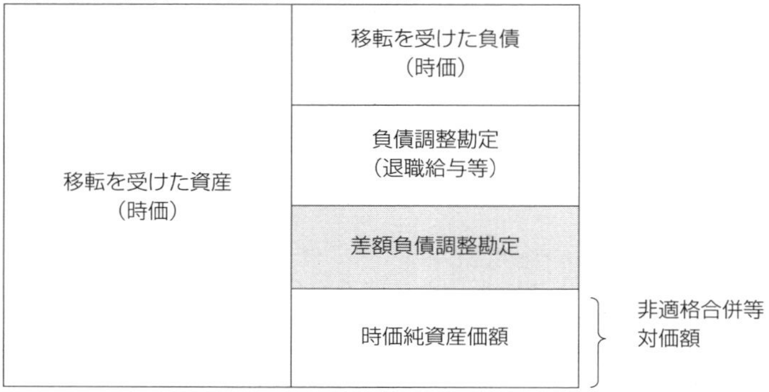

	移転を受けた負債 （時価）
移転を受けた資産 （時価）	負債調整勘定 （退職給与等）
	差額負債調整勘定
	時価純資産価額

非適格合併等
対価額

(2) 資産調整勘定等が生じる場合

　会計上ののれんは，主に取得とされる企業結合取引（共通支配下の取引で生じる場合もある）で生じるが，税務上の資産調整勘定等は，非適格組織再編と呼ばれる組織再編成時や事業譲渡取引を行った場合に生じるものである。

　具体的には，「非適格合併等」が生じた場合に資産調整勘定等が生じることとなるが，その「非適格合併等」とは，次のものをいう（法法62条の8第1項，法令123条の10第1項）。

---

① 　非適格合併
② 　非適格分割，非適格現物出資または事業の譲受け（以下「非適格分割等」という）のうち，非適格分割等に係る分割法人，現物出資法人または移転法人（事業の譲受けをした法人（以下「譲受け法人」という）に対して事業の移転をした法人をいう）の非適格分割等の直前において行う事業および当該事業に係る主要な資産または負債のおおむね全部が非適格分割等により非適格分割等に係る分割承継法人，被現物出資法人または譲受け法人に移転をするもの

---

(3) 資産調整勘定，差額負債調整勘定の算定方法

　内国法人が非適格合併等により被合併法人等[1]から資産または負債の移転を受けた場合において，内国法人が当該非適格合併等により交付した金銭の額および金銭以外の資産の価値の合計額（以下「非適格合併等対価額」という）が移転資産および負債の時価純資産価額（営業権については，独立した資産として取引される慣習のあるものに限る）を超えるときは，その超える部分の金額のうち，資産等超過差額相当額以外の金額が，資産調整勘定の計上額となる（法法62条の8第1項，法令123条の10第3項，4項）。

資産調整勘定の金額
　＝　①非適格合併等対価額
　　　－②時価純資産価額
　　　　（移転を受けた資産（時価）－（移転を受けた負債（時価）＋③負債調整勘定））
　　　－④資産等超過差額

1　当該非適格合併等に係る被合併法人，分割法人，現物出資法人および事業の譲受けに係る移転法人をいう（法法62条の8第1項，法令123条の10第2項）。

また，非適格合併等対価額が，移転資産および負債の時価純資産価額に満たないときは，その満たない部分の金額は，差額負債調整勘定の計上額となる（法法62条の8第3項）。

① 「非適格合併等対価額」とは

非適格合併等対価額とは，取得する側の企業が交付した金銭の額および金銭以外の資産の価額の合計額のことをいう。

なお，再編当事者の間で寄附金が生じている場合には，寄附金相当額を調整することとなっている。この非適格合併等対価額には，被合併法人等から受けた寄附金に相当する金額を含み，逆に被合併法人等に対して支出した寄附金に相当する金額は除くことになっている（法法62条の8第1項）。

このため，通常の寄附金が生じている場合だけでなく，低廉譲渡や高額譲渡が行われたことにより寄附金認定がされた場合にも，非適格合併等対価が調整され，適正な時価に基づいて資産調整勘定等が算定されることとなる。

たとえば，適正時価よりも高額の値段で取得した場合，資産調整勘定が高値部分まで計上され，将来にわたって損金算入されてしまうことになるため，適正時価との差額につき寄附金認定がされた場合は，資産調整勘定についてその寄附金相当額が減額され，将来にわたって損金算入される金額も減少することとなる。

② 「時価純資産価額」とは

時価純資産価額は，非適格合併等により移転を受ける資産の取得価額の合計額から負債の額の合計額を控除した金額をいう（法法62条の8第1項）。

当該資産の金額には，営業権のうち，独立した資産として取引される慣習のあるものが含まれることになっている（法令123条の10第3項）。会計上は，法律上の権利など分離して譲渡可能な無形資産について，のれんではなく識別可能資産として配分することになるため，概念的な違いが生じている部分である。

また，負債の金額には，退職給与債務引受額といった後記「③ 「負債調整勘定」とは」の負債調整勘定が含まれるものとされており，会計上の負債の概念に近づくような調整がされることになる。

③ 「負債調整勘定」とは

　時価純資産価額を算定する際に負債の額に含めることとなる負債調整勘定は，退職給与負債調整勘定と短期重要負債調整勘定の２つにより構成される。なお，負債調整勘定は，広義には差額負債調整勘定も含まれるが，ここではその差額を算定する際に考慮される負債調整勘定を取り扱う。会計における退職給付引当金等に類似した概念であり，実質的な負債の額を算定するために調整するものである。

ⅰ　退職給与負債調整勘定

　内国法人が非適格合併等に伴い被合併法人等から引継ぎを受けた従業者につき退職給与債務引受けをした場合には，その従業者に係る退職給与債務引受けに係る金額（以下「退職給与債務引受額」という）を退職給与負債調整勘定として計上することとなる（法法62条の８第２項１号）。

　退職給与債務引受けとは，非適格合併等後の退職その他の事由により当該非適格合併等に伴い引継ぎを受けた従業者に支給する退職給与の額につき，非適格合併等前における在職期間その他の勤務実績等を勘案して算定する旨を約し，かつ，これに伴う負担の引受けをすることをいう（法法62条の８第２項１号）。

　退職給与債務引受額は，非適格合併等の時における従業員に係る退職給付引当金の額であり，一般に公正妥当と認められる会計処理の基準に従って算定され，かつ，その額について申告書に添付する明細書に記載がある場合の金額に限られる（法令123条の10第７項，９項）。

　会計上の退職給付引当金は，税務上は損金として認められず加算調整されることとなるが，組織再編を行う場合，対価を決定する際に通常考慮されるものであるため，税務上でも考慮されることになっている。

ⅱ　退職給与負債調整勘定の減額

　退職給与債務引受けの対象とされた引継ぎ従業者（以下「退職給与引受従業者」という）が，退職その他の事由によりその取得企業の従業者でなくなった場合，または退職給与引受従業者に対して退職給与を支給する場合には，これらの退職給与引受従業者（以下「減額対象従業者」という）に係る部分の金額をその事由が生じた日の属する事業年度において減額することになる（法法62

条の8第6項1号，法令123条の10第10項)。

　減額する金額の具体的な計算方法は，退職給与負債調整勘定の当初計上額(すでに減額した部分を除く)を，退職給与引受従業者の総数(すでに取得企業の従業者でなくなったものおよび退職給与の支給を受けたものを除く)で除して計算した金額の合計額を減額して算出する。

$$
（A）減額金額＝減額対象従業者×\left(\frac{退職給与負債調整勘定の当初計上額}{退職給与引受従業者の総数}\right)
$$

　(※) ただし，退職給与引受従業者ごとの退職給付引当金額の計算に関する明細を記載した書類を保存している場合には，退職給与引受従業者ごとの引当金の合計額とすることができる(法令123条の10第12項)。

　減額すべきこととなった退職給与負債調整勘定の金額相当額は，その減額すべきこととなった日の属する事業年度の益金の額に算入される(法法62条の8第8項)。通常の税務処理において退職給与の支給額が損金算入されることになるが，それに対応してすでに認識している退職給与負債調整勘定を取り崩して益金算入するものである。

ⅲ　短期重要負債調整勘定

　内国法人が非適格合併等により被合併法人等から移転を受けた事業に係る将来の債務(その事業の利益に重大な影響を与えるものに限られ，退職給与債務引受額および確定債務は除く)で，その履行が非適格合併等の日からおおむね3年以内に見込まれるものについて，その内国法人がその履行に係る負担の引受けをした場合において，その債務の額が短期重要負債調整勘定の金額とされる(法法62条の8第2項2号)。

　なお，金額的に重要なものに限られることから，損失の額として見込まれる金額が，その非適格合併等により移転を受けた資産の取得価額の合計額の20％に相当する額を超える場合に限られている(法令123条の10第8項)。

ⅳ　短期重要負債調整勘定の減額

　上記の短期重要債務に係る損失が実際に生じた場合には，その短期重要負債調整勘定の金額のうちその損失の額相当額を損失が生じた日の属する事業年度

において，減額することになる。また，非適格合併等の日から３年が経過した場合や，自己を被合併法人とする非適格合併を行う場合，または残余財産の確定が行われる場合には，その事由が生じた日の属する事業年度において，その金額を減額することになる（法法62条の８第６項２号）。

　そして，その減額すべきこととなった短期重要負債調整勘定の金額相当額は，益金の額に算入される（法法62条の８第８項）。

④　資産等超過差額の金額

　資産調整勘定の金額を算定する際に除かれる資産等超過差額とは，次のi，iiに記載する価額をいう（法令123条の10第４項，法規27条の16）。資産等超過差額は，契約時に比べ著しく高い支払対価額が交付された場合などに，資産調整勘定を調整するために算定されるものとなっている。

i　非適格合併等により交付された株式その他の資産（以下「非適格合併等対価資産」という）の非適格合併等の時における価額（以下「交付時価額」という）が，合併契約時の価額（以下「約定時価額」という）の２倍を超える場合における（イ）または（ロ）に掲げる金額
　（イ）非適格合併等対価資産の交付時価額から，移転を受けた事業の価値に相当する金額として当該事業により見込まれる収益の額を基礎として合理的に見積られる金額を控除した金額
　（ロ）非適格合併等対価資産の交付時価額から約定時価額を控除した金額
ii　非適格合併または非適格分割において，非適格合併等対価額のうち移転資産および負債の時価純資産価額を超える部分の金額が，合併または分割により移転を受ける事業により見込まれる収益の額の状況その他の事情からみて，実質的に被合併法人または分割法人の欠損金額（移転を受ける事業による収益の額によって補填されると見込まれるものを除く）に相当する部分からなると認められる金額

　なお，上記i，iiのいずれにも該当する場合には，それぞれの金額の合計額となる。

(4)　資産調整勘定および差額負債調整勘定の減額
①　資産調整勘定
　資産調整勘定は月割による均等償却によって損金算入されることとなる。

具体的には，資産調整勘定の金額を有する内国法人は，各資産調整勘定の当初計上額を60で除して計算した金額に事業年度の月数を乗じて計算した金額に相当する金額を，当該事業年度において減額しなければならない（法法62条の8第4項）。また，その減額金額は，その事業年度の所得の計算上，損金の額に算入されることとなる（法法62条の8第5項）。

②　差額負債調整勘定

　差額負債調整勘定についても，月割による均等償却により益金算入されることとなる。

　具体的には，差額負債調整勘定の金額を有する内国法人は，各差額負債調整勘定の金額の当初計上額を，60で除して計算した金額に事業年度の月数を乗じて計算した金額に相当する金額を，当該事業年度において減額しなければならない（法法62条の8第7項）。また，その減額金額は，その事業年度の所得の計算上，益金の額に算入されることとなる（法法62条の8第8項）。

2 ┃ 会計上ののれんと税務上ののれんの相違点

　企業結合のうち，主に取得とされる企業結合により計上される会計上ののれんは，企業結合会計基準に基づき計上される識別可能資産および負債の時価純資産価額と，取得原価の差額として認識される（企業結合会計基準31項）。

　一方で，税務上ののれんである資産調整勘定等は，移転資産および負債の時価純資産価額と，非適格組織再編や事業譲受により交付した対価の額の差額として算出される（法法62条の8第1項，3項）。

　このように会計上ののれん（または負ののれん）と税務上ののれん（資産調整勘定または差額負債調整勘定）は，いずれも組織再編により譲渡した対価と受入資産および引受負債の時価（純額）の差額として生じるものであるが，その算定方法や性質は異なるものである。

　また，会計上は個別財務諸表だけでなく，株式を取得した場合など連結財務諸表作成手続上でも生じ得るものであるが，税務上においては一定の組織再編に限定されて生じる申告上のものであり，その概念は大きく異なる。会計上の

第5章　税務上ののれん　*217*

のれんと税務上ののれんの相違点は，主に**図表5－2**において示した項目が該当する。

図表5－2　会計上ののれんと税務上ののれんの相違点のまとめ

項目	会計上の取扱い	税務上の取扱い
貸方差額	一括収益計上（取得の場合には，取得原価の配分等の見直しが求められる）（負ののれん発生益）。	負債に計上され，5年間で益金の額に算入される（差額負債調整勘定）。
償却期間	のれん（借方差額）について20年以内の効果が及ぶ期間で規則的に償却（費用処理）	借方差額（資産調整勘定）・貸方差額（差額負債調整勘定）ともに5年償却
営業権	無形資産の要件を満たす場合には資産に計上する。	独立した資産として取引される慣習がある営業権が時価譲渡資産に含まれる。
税効果会計上の扱い	のれんについては税効果は認識しない。のれん償却額，負ののれん発生益については，要件を満たす場合に税効果会計の対象となる。	資産調整勘定および差額負債調整勘定は，ともに一時差異（将来減算一時差異および将来加算一時差異）となり，税効果会計の対象となる。

出所：「ケースから引く組織再編の会計実務」新日本有限責任監査法人編，中央経済社，P.1058。

(1)　貸方差額の取扱い

　会計上では，取得原価が，受け入れた資産および引き受けた負債に配分された純額を下回る場合は，識別可能資産および負債の網羅性や取得原価の配分の適切性を考慮したのち，なお負ののれんが生じる場合は，企業結合取引が生じた事業年度に一括して利益計上される（企業結合会計基準31項，33項）。

　一方，税務上においては，移転資産および負債（退職給与負債引受額および短期重要債務見込額を含む）の時価純資産価額が交付した対価の額を上回った場合，差額負債調整勘定が認識される。この差額負債調整勘定は60か月で益金算入されることになる（法法62条の8第7項，8項）。

このように，貸方差額が生じる場合は，会計上は一括で収益計上されるが，税務上は別表五（一）に計上され繰り延べられ，前記「1(4)② 差額負債調整勘定」に記載のとおり，60か月で益金算入されることとなるため，会計と税務の大きな相違点となっている（図表5－3参照）。

図表5－3	貸方差額の会計上と税務上の違い

会計上ののれん		税務上ののれん	
のれん →資産計上	負ののれん →一括収益計上	資産調整勘定 →繰延	差額負債調整勘定 →繰延

(2) 償却方法

　会計上では，資産に計上されたのれんは，20年以内のその効果の及ぶ期間にわたって規則的に償却される（企業結合会計基準32項）。

　税務上の資産調整勘定および差額負債調整勘定は，ともに60か月で損金算入または益金算入されることとなる（法法62条の8第4項から第8項）。

　会計上ののれんは，企業結合取引ごとに償却年数が異なることとなるが，税務上の資産調整勘定および差額負債調整勘定は，償却年数が固定されていることが相違点となっている。

(3) 差額の計算方法

　会計上は，識別可能資産および負債の純額と取得原価の差額で計上され，その識別可能資産・負債は時価で評価される。

　税務上は，移転資産および負債の時価純資産価額から負債調整勘定（退職給与負債引受額および短期重要債務見込額）を控除した額と，交付した対価の額の差額として計算される。

　会計上は，すべての資産および負債を時価評価し，差額を顧客リストやデー

タベース等の無形資産を含めた識別可能資産に配分した後の残額が，のれんとして計上されるのに対し，税務上は，まず税務上認識されている資産・負債を基礎として時価評価される。このため，税務上認識されない退職給与負債引受額および短期重要債務見込額といった影響が多額になる可能性のある項目を個別列挙して調整を行う点が異なっている。

3 組織再編税制の概要

　資産調整勘定は，適格合併に該当しない合併の場合や，または一定の非適格分割，非適格現物出資もしくは事業譲受の場合に発生する。ここでは，主な発生原因となっている，組織再編税制における非適格組織再編成の概要を把握する。

(1) 組織再編税制の意義

　法人が合併や分割その他の組織再編成により資産を他の法人に移転した場合には，通常の資産の売買を行った場合と同様に，譲渡損益の計上を行うことが法人税法の原則的な考え方になる。

　しかしながら，組織再編成により資産を移転するその前後で，経済的実態に実質的な変更がないと考えられるような場合には，譲渡損益を認識せず課税関係を継続させることが適当と考えられる。そこで，組織再編成により移転する資産に対する支配が組織再編成後も継続していると認められるものについては，移転する資産の譲渡損益の計上を繰り延べることとされている。

　このように組織再編成による資産の移転について，時価による譲渡として譲渡損益を計上することを原則としつつも，一定の要件を充足する場合には，帳簿価額による譲渡をしたものとしてその譲渡損益の計上を繰り延べて課税関係を継続させることを主眼とする法人税法の税制を組織再編税制という。

　また，時価移転をしたものとして移転する資産の譲渡損益を計上する組織再編成を「非適格組織再編成」といい，簿価移転をしたものとして移転する資産の譲渡損益の計上を繰り延べる組織再編成を「適格組織再編成」という。

(2) 適格組織再編成

　法人税法では，図表5－4のように組織再編成を種類に応じて分類し，適格組織再編となる要件を定めている。

図表5－4	適格組織再編成の種類

	種類
1	適格合併
2	適格分割（分割型分割，分社型分割）および適格現物出資
3	適格現物分配
4	適格株式分配
5	適格株式交換等および適格株式移転

図表5－5	合併の場合における適格，非適格の判定

（企業グループ内の適格合併の要件）

①100％支配関係の場合の合併
　・金銭等の交付がないこと（※）
　・完全支配関係の継続要件
②50％超支配関係の場合の合併
　・金銭等の交付がないこと（※）
　・従業者引継要件
　・移転事業継続要件
　・支配関係の継続要件

（共同事業を行う場合の適格合併の要件）

　・金銭等の交付がないこと（※）
　・事業関連要件
　・事業規模または経営参画要件
　・従業者引継要件
　・移転事業継続要件
　・株式継続保有要件

合併 → 適格（簿価引継ぎ）／非適格（時価移転による課税）

※一定の場合の金銭交付は除く。

　適格組成再編成の要件は，主に「企業グループ内の組織再編」と「共同事業を行うための組織再編」に分けて規定されており，組織再編成により資産を移

第5章　税務上ののれん　*221*

転するその前後で，経済的実態に実質的な変更がないと考えられるような場合と認められるかを判定することになる。

　実際には，組織再編の種類により，金銭等の交付がないことや，事業関連要件，事業規模または経営参画の要件，従業者引継要件，移転事業継続要件，株式継続保有要件といった詳細な規定に照らし合わせて判定する必要がある。たとえば，組織再編成のうち合併の場合における，適格，非適格の判定は，**図表5－5**のように行われる。企業結合会計における共通支配下の取引および共同支配企業の形成の考え方のイメージに近いともいえる。

　この適格組織再編に該当する場合には，移転する資産および負債は帳簿価額による引継ぎが強制されるため，移転資産および負債に係る譲渡損益は発生しない。帳簿価額による資産および負債の引継ぎが行われ，対価との差額が生じないことから，適格組織再編に該当する場合は，資産調整勘定は発生しないことになる。

(3)　非適格組織再編成

　上記の適格組織再編成の要件を満たさない組織再編が非適格組織再編成となる。

①　譲渡損益の認識

　非適格組織再編による資産および負債の移転については，時価による資産および負債の譲渡があったものとされ，時価と税務上の帳簿価額との差額が譲渡損益として課税対象となる。

②　移転された資産および負債の評価

　受け入れた資産および負債は，時価で把握されることになり，特に非適格合併等（非適格合併，非適格分割，非適格現物出資，事業の譲受け）において，資産および負債の時価純資産価額と対価額に差額が生じた場合は，その差額に対処するために資産調整勘定または差額負債調整勘定が認識されることになる。

(4)　組織再編成の会計と税務の相違

　組織再編の際の処理は，原則的には，会計・税務ともに時価による譲渡（被

結合企業側で移転損益を認識し，結合企業側では時価により資産および負債を受け入れる）になるが，一定の要件を満たした場合には，被結合企業側で移転損益を認識せず，結合企業側でも帳簿価額により資産および負債を受け入れることになる。

ただし，税務上は，組織再編の種類別に定められた適格組織再編の要件を満たした場合に簿価引継ぎとなり，一方，会計上は，共通支配下の取引，共同支配企業の形成の要件を満たした場合に簿価引継ぎとなる。このため，会計と税務の概念は似ているが，判定の要件が異なることから会計と税務の処理が一致するとは限らない。

(5)　グループ法人税制の影響

平成22年度税制改正において，グループ内組織再編を円滑に行うことを企図し，グループ法人税制が導入されている。100％グループ内の法人間の取引については，経済的実態として資産に対する支配が継続していることから，100％グループ内の一定の取引については，課税関係を生じさせない仕組みとなっている。

ここで，税制非適格の組織再編が行われる場合は，原則として譲渡損益が発生するが，その非適格組織再編がグループ法人税制の対象となる100％グループ内の法人間で行われた場合は，グループ法人税制が適用され，一定の資産の譲渡損益は認識されないことになる。

このグループ法人税制において譲渡損益の調整対象となる資産（以下「譲渡損益調整資産」という）は限定されており，帳簿価額が1,000万円以上の固定資産，棚卸資産である土地（土地の上に存する権利を含む），金銭債権，有価証券および繰延資産のみが対象となっている（法法61条の13第1項，法令122条の14第1項）。

完全支配関係のある法人間における組織再編においても，金銭等の交付がある一定の企業再編や，事業譲受の場合は非適格組織再編となるが，このグループ法人税制の適用により，前記の一定の資産については譲渡損益が繰り延べられることになる。

ここで，完全支配関係がある内国法人間でも，非適格合併等や事業譲渡を行っ

た場合には，資産調整勘定が発生することがあるが，資産調整勘定は譲渡損益調整資産となっていないことに留意が必要となる（法法61条の13第1項，法令122条の14）。このようなのれんは，時価が1,000万円以上であっても，帳簿価額自体はゼロであることから，譲渡損益調整資産の適用除外資産（帳簿価額1,000万円未満の資産）に該当し[2]，原則どおり譲渡益を認識し課税が生じることとなる。グループ法人税制においては，グループ内の法人間の譲渡損益を繰り延べることを目的としているが，その範囲が限定されているため，非適格組織再編取引により資産調整勘定が生じる場合においてもグループ法人税制の適用は受けず，譲渡法人において課税の繰延べは生じないこととなる。

設例5-1　完全支配関係がある場合の非適格合併

[前提条件]

① 当社（P社）の子会社A社（完全支配関係あり）は，完全支配関係のあるB社との間で，A社を合併法人，B社を被合併法人とする合併を行い，対価として現金を当社（P社）に交付した。この合併は金銭を交付していることから非適格合併に該当する。

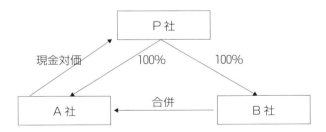

② 合併対価は8,400（金銭交付），土地の含み益（譲渡損益調整資産）は2,000，その他の資産（譲渡損益調整の対象外）の含み益は1,000とする。
③ のれん対価は1,000とし，P社におけるB社株式の税務上の帳簿価額は2,000

2　「グループ法人税制・連結納税制度の実務ガイダンス」新日本アーンストアンドヤング税理士法人編，中央経済社，P.17。

224

とする。

④　法定実効税率は30％とする。

⑤　みなし配当に係る源泉税に関しては省略している。

⑥　被合併法人B社の合併直前の税務貸借対照表は以下のとおりである。

科目	金額	科目	金額
資産	10,000	負債	5,000
（うち：その他資産の含み益）	(1,000)	資本金等の額	2,000
（うち：土地の含み益）	(2,000)	利益積立金額	3,000

⑦　非適格合併のため，被合併法人B社の資産および負債は時価により合併法人A社に移転し，譲渡損益が生じるが，移転資産および負債のうち，土地については，譲渡損益調整資産であるため繰延べの対象となり，A社で譲渡損益は認識されず，B社では税務上の帳簿価額で取得したこととなる。

[会計処理]

＜B社（被合併法人）の仕訳＞

（借）　負債	（※1）5,000	（貸）　資産	（※2）10,000
未払法人税等	（※3）600	譲渡益	（※4）2,000
現金	（※5）8,400	利益積立金額（繰延譲渡益）	（※6）2,000

（※1）5,000…貸借対照表参照

（※2）10,000…貸借対照表参照

（※3）600＝譲渡益2,000×法定実効税率30％

（※4）差額により算出

（※5）8,400…前提条件①参照

（※6）土地の含み益の繰延譲渡益2,000…前提条件②参照

（借）　資本金等の額	（※1）2,000	（貸）　現金	（※2）8,400
利益積立金額	（※3）6,400		

（※1）2,000…貸借対照表参照

（※2）8,400…前提条件①参照

（※3）利益積立金額6,400＝利益積立金3,000＋譲渡益2,000－法人税等600＋繰延譲渡益2,000

第5章　税務上ののれん　*225*

＜A社（合併法人）の仕訳＞

（借）	資産	（※1）11,000	（貸）	負債	（※2）5,000
	資産調整勘定	（※3）1,000		未払法人税等	（※4）600
	利益積立金額	（※5）2,000		現金	（※6）8,400

（※1）11,000＝資産の帳簿価額10,000＋その他の資産の含み益1,000
（※2）5,000…被合併法人B社の貸借対照表参照
（※3）差額により算出
（※4）600…B社（被合併法人）の仕訳の（※3）参照
（※5）2,000…B社（被合併法人）の仕訳の（※6）参照
（※6）8,400…B社（被合併法人）の仕訳の（※5）参照

＜P社（被合併法人の株主）の仕訳＞

（借）	現金	（※1）8,400	（貸）	B社株式	（※2）2,000
				みなし配当	（※3）6,400

（※1）8,400…前提条件①参照
（※2）2,000…前提条件⑤参照
（※3）差額により算出

---

4 事業譲渡のケース

　資産調整勘定等は，非適格組織再編の概念とは異なる事業譲渡取引においても発生することとなる。

　事業譲渡による取引は，包括的な組織再編とは異なり，資産および負債は個別に承継されることとなる。法人税法上，事業譲渡についての包括的な規定は設けられておらず，通常の資産の売買と同様の課税関係になるが，資産調整勘定等に関する規定（法法62条の8）が個別に設けられている。このため，事業譲渡取引により引き継がれる資産および負債と，対価との差額が生じた場合には，譲受法人において資産調整勘定等が計上されることとなる。

　具体的には，譲受法人は，事業譲渡により取得した資産および負債の取得価額については，個々の資産および負債の時価により計上するとともに，他の組織再編の場合と同様に，退職給与負債調整勘定等の負債調整勘定を認識した上で，時価純資産価額と事業譲渡の対価の差額について，資産調整勘定または差

額負債調整勘定を計上することになる（法法62条の8，法令123条の10）。

　計上された資産調整勘定または差額負債調整勘定の処理は，他の組織再編の場合と同様である。

　なお，資産調整勘定または差額負債調整勘定の計上が認められるのは，事業譲渡の直前において行う事業およびその事業に係る主要な資産または負債のおおむね全部が事業譲渡によって譲受法人に移転するものに限られている（法令123条の10第1項）。

5 資産調整勘定に対する税効果会計

(1) 概　論

　前記「第4章6(1)　当初認識時の税効果」に記載したとおり，会計上ののれんは税効果会計の対象とならないが，税務上で資産調整勘定（または差額負債調整勘定）が計上される場合には，税効果会計上の取扱いが論点となる。

　この点，税効果会計上の取扱いとしては，会計上ののれんと税務上ののれん（資産調整勘定や差額負債調整勘定）は異なる性質のものとして整理されている。すなわち，資産調整勘定は税務上のみ認識される資産として将来減算一時差異に該当し，また，差額負債調整勘定は税務上のみ認識される負債として将来加算一時差異に該当し，税効果会計の対象となる。この点，仮に会計上ののれんと税務上の資産調整勘定が同額であったとしても同様の考え方となっている。

(2) 取得による企業結合

① 取得による企業結合（税務上非適格組織再編）により資産調整勘定が計上された場合

　非適格組織再編により資産調整勘定または差額負債調整勘定が計上された場合には，その額を将来減算一時差異または将来加算一時差異として認識し，通常の一時差異と同様に回収可能性やスケジューリングを考慮の上，繰延税金資産または繰延税金負債を計上することとされている。

　当該繰延税金資産または繰延税金負債は，取得原価の配分手続において計上

される資産および負債であり，その配分を行った後の残余として会計上ののれん（または負ののれん）が算定されることとなる（企業結合適用指針378－3項）。

設例5－2　取得における資産調整勘定に係る繰延税金資産

[前提条件]
① 当社（P社）の子会社A社は，Q社の子会社B社から，現金を対価とする会社分割を実施し，X事業を移転する。この会社分割は，会計上は取得として処理され，また税務上は，非適格分割に該当する。なお，本設例において繰延税金資産の回収可能性には特段の問題がないものとする。

② 分割事業はX事業であり，その分割対価（時価）は8,000（金銭交付）とする。また，のれん相当額は2,000であり，資産の含み益はなく，事業の超過収益力等から2,000の差額が生じているものとする。
③ 法定実効税率は30％とする。
④ 分割法人B社の分割直前の貸借対照表は，以下のとおりである。

科目	金額	科目	金額
資産	10,000	負債	5,000
（うち：X事業）	(6,000)	資本金等の額	2,000
（うち：Y事業）	(4,000)	利益積立金額	3,000

⑤ 非適格の会社分割のため，分割法人B社のX事業の資産は時価により分割承継法人A社に移転し，分割法人B社では譲渡損益が生じ，分割承継法人A社では移転資産と分割対価との差額が資産調整勘定として税務上計上される。

[会計処理]

＜B社（分割法人）の仕訳＞

（借）	現金	（※1） 8,000	（貸）	資産		（※2） 6,000
				譲渡益		（※3） 2,000
（借）	法人税等	（※4） 600	（貸）	未払法人税等		（※4） 600

（※1）8,000…前提条件②参照
（※2）6,000…貸借対照表のX事業参照
（※3）2,000…前提条件②参照
（※4）600＝譲渡益2,000×法定実効税率30％

＜A社（分割承継法人）の仕訳＞

（借）	資産	（※1） 6,000	（貸）	現金		（※2） 8,000
	のれん	（※3） 1,400				
	繰延税金資産	（※4） 600				

（※1）6,000…貸借対照表のX事業参照
（※2）8,000…前提条件②参照
（※3）差額により算出
（※4）600＝税務上の資産調整勘定2,000×法定実効税率30％

参考

＜A社（分割承継法人）の税務仕訳＞

（借）	資産	（※1） 6,000	（貸）	現金		（※2） 8,000
	資産調整勘定	（※3） 2,000				

（※1）6,000…貸借対照表のX事業参照
（※2）8,000…前提条件②参照
（※3）2,000…前提条件②参照

② 資産調整勘定に係る繰延税金資産が計上されている会社に対して支配を
獲得した場合

前記「① 取得による企業結合（非適格組織再編）により資産調整勘定が計
上された場合」では，企業結合によって資産調整勘定が税務上で計上された場
合の取扱いを確認したが，すでにその個別財務諸表上で資産調整勘定に係る繰
延税金資産が計上されている会社を，株式を取得する形で買収した場合の連結
財務諸表上の取扱いが論点となる。

税務上の資産調整勘定は，会計上ののれんとは異なるものとして，それ自体
を将来減算一時差異として取り扱う（企業結合適用指針378－3項）。今回の
ケースのように，すでに被取得企業（買収された企業）の個別財務諸表上で資
産調整勘定に関する繰延税金資産が計上されているようなときにおいても，当
該資産調整勘定が連結財務諸表でも将来減算一時差異として取り扱われること
に相違はないと思われる。このため，当該将来減算一時差異に係る繰延税金資
産を識別した上で連結上ののれんが算定されるべきであり，前記の企業結合適
用指針第378－3項の定めに準じて会計処理することが考えられる。

(3) 共通支配下の取引による企業結合

共通支配下の取引においても，現金対価等の事由により非適格組織再編とさ
れ，資産調整勘定等が計上される場合がある。ただし，企業結合適用指針第
378－3項の定めは，取得による企業結合の会計処理に係る結論の背景として
記載されているため，共通支配下の取引において生じた資産調整勘定等の処理
が明確ではない。

この点，株式以外の現金等の財産を対価とする場合には，以下のいずれかの
考え方で会計処理することが考えられる。

① 取得のケースと同様に，資産調整勘定に対する繰延税金資産を計上した上で，
配分残余としてのれんを認識する（前記「(2) 取得による企業結合」参照）。
② 共通支配下の取引では企業結合の前後で帳簿価額が相違しないことが基本と
されるため，分離元と分離先の会計処理は整合的になるべきであり，当該税務上
ののれんに関して計上された繰延税金資産の相手勘定は法人税等調整額となる。

共通支配下の取引に係る個別財務諸表上の会計処理の考え方は，企業結合の

前後で純資産等の帳簿価額が相違しないことが前提となっているため（企業結合会計基準119項），この考え方を敷衍すると，移転した資産および負債の差額と交付した現金等の適正な帳簿価額との差額としてののれん（または負ののれん）の額を算定すべきという結論になる（企業結合適用指針448項(2)）。

このため，資産調整勘定に関する繰延税金資産は，その相手勘定を法人税等調整額として処理することが適当であると考えられる[3]。

設例5－3　共通支配下の取引における資産調整勘定に係る繰延税金資産

[前提条件]
① 当社（P社）の子会社B社は，子会社A社に対し，現金を対価とする会社分割を実施し，X事業を移転する。この会社分割は，会計上は共通支配下の取引として処理され，また税務上は，金銭を交付していることから非適格分割に該当する。なお，本設例において繰延税金資産の回収可能性には特段の問題がないものとする。

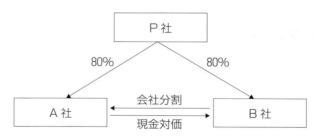

② 分割事業はX事業であり，分割対価（時価）は8,000（金銭交付）とする。また，のれん相当額は2,000であり，資産の含み益はなく，事業の超過収益力等から2,000の差額が生じているものとする。
③ P社におけるB社株式の税務上の帳簿価額は2,000とする。
④ 法定実効税率は30％とする。
⑤ 分割法人B社の分割直前の貸借対照表は，以下のとおりである。

---

3 「ケースから引く組織再編の会計実務」新日本有限責任監査法人編, 中央経済社, P.1062。

科目	金額	科目	金額
資産	10,000	負債	5,000
（うち：X事業）	(6,000)	資本金等の額	2,000
（うち：Y事業）	(4,000)	利益積立金額	3,000

⑥　非適格の会社分割のため，分割法人B社のX事業の資産は時価により分割承継法人A社に移転し，分割法人B社では譲渡損益が生じ，取得した分割承継法人A社では移転した資産と対価との差額が資産調整勘定として税務上計上される。

[会計処理]

＜B社（分割法人）の仕訳＞

（借）　現金	（※1）8,000	（貸）　資産	（※2）6,000
		譲渡益	（※3）2,000
（借）　法人税等	（※4）600	（貸）　未払法人税等	（※4）600

（※1）8,000…前提条件②参照
（※2）6,000…貸借対照表のX事業参照
（※3）2,000…前提条件②参照
（※4）600＝譲渡益2,000×法定実効税率30%

＜A社（分割承継法人）の仕訳＞

（借）　資産	（※1）6,000	（貸）　現金	（※2）8,000
のれん	（※3）2,000		
（借）　繰延税金資産	（※4）600	（貸）　法人税等調整額	（※4）600

（※1）6,000…貸借対照表のX事業参照
（※2）8,000…前提条件②参照
（※3）2,000…前提条件②参照
（※4）600＝税務上の資産調整勘定2,000×法定実効税率30%

参考

＜A社（分割承継法人）の税務仕訳＞

（借）　資産	（※1）6,000	（貸）　現金	（※2）8,000
資産調整勘定	（※3）2,000		

（※1）6,000…貸借対照表のX事業参照

（※2）8,000…前提条件②参照
（※3）2,000…前提条件②参照

＜連結財務諸表作成時における連結修正仕訳＞

（借）　譲渡益（B社）　　　（※1）2,000　（貸）　のれん（A社）　　　（※2）2,000

（※1）B社（分割法人）の仕訳の（※3）参照
（※2）A社（分割承継法人）の仕訳の（※3）参照

6 ｜ その他

(1)　組織再編が生じた場合の資産調整勘定等の取扱い

①　適格合併等

内国法人が，自己を被合併法人，分割法人または現物出資法人とする適格合併，適格分割または適格現物出資（以下「適格合併等」という）を行った場合には，その適格合併等直前における資産調整勘定等の金額は，合併法人，分割承継法人または被現物出資法人（以下「合併法人等」という）に引き継ぐものとされている（法法62条の8第9項）。

合併法人等が引継ぎを受けた資産調整勘定等の金額は，それぞれ合併法人等が適格合併等の時において有する資産調整勘定等の金額とみなし（法法62条の8第10項），合併法人等において減額され損金算入または益金算入されることとなる。

たとえば，適格合併が行われた場合は，**図表5－6**のように，合併直前の資産調整勘定，退職給与負債調整勘定のうち一定の部分，短期重要負債調整勘定，差額負債調整勘定および資産等超過差額が引き継がれることとなる（法法62条の8第9項，法令123条の10第5項）。

第5章　税務上ののれん　*233*

	図表5－6　適格合併の場合の引継ぎ項目
1	合併直前の資産調整勘定
2	退職給与負債調整勘定のうち，被合併会社の退職給与引受従業者が合併法人の業務に従事することになった場合の，退職給与引受従業者に係る部分の金額
3	短期重要負債調整勘定
4	差額負債調整勘定
5	資産等超過差額

②　非適格合併

　非適格合併の場合には，資産調整勘定等は合併法人に引き継がれず，被合併法人の最後事業年度終了の時の資産調整勘定等の金額を減額しなければならない（法法62条の8第4項，第6項，第7項）。被合併法人の最後事業年度において減額すべきこととなった金額は損金の額または益金の額に算入されることになる（法法62条の8第5項，第8項）。

(2)　連結納税制度における資産調整勘定等の取扱い

　連結納税制度においても，譲渡損益調整資産の譲渡損益は繰り延べられるが，グループ法人税制と同様に，資産調整勘定は譲渡損益調整資産の対象外の取扱いとなっている。

　「譲渡損益調整資産」とは，固定資産，棚卸資産たる土地（土地の上に存する権利を含む），有価証券（売買目的有価証券またはその譲渡を受けた当該他の内国法人において売買目的有価証券とされるものを除く），金銭債権および繰延資産でその資産の譲渡直前の帳簿価額が1,000万円以上のものをいう（法法61条の13第1項，法令122条の14第1項）。

　たとえば，連結法人S1社が譲渡損益調整資産を連結法人S2社に譲渡した場合，連結法人S1社が，その有する譲渡損益調整資産を連結グループ内の他の連結法人S2社に譲渡したことにより生じた譲渡利益額または譲渡損失額に相当する金額は，その譲渡した連結事業年度の連結所得の金額の計算上，損金

の額または益金の額に算入することとされ（法法81条の3第1項，61条の13第1項），譲渡損益が繰り延べられることとなる。

　ここで，譲渡損益調整資産の対象に資産調整勘定が含まれておらず，また，そもそも帳簿価額自体はゼロであることから，譲渡損益調整資産の適用除外資産（帳簿価額1,000万円未満の資産）に該当するため，連結法人間の非適格組織再編等および事業譲渡の際でも資産調整勘定は通常どおり計上されることとなる。

(3)　営業権の取扱い

　会計上は，企業結合会計基準の導入により，営業権として独立した科目は存在せず，のれんの概念に包含されている。企業結合会計上，たとえば，顧客関連資産など無形資産の計上要件を満たす場合に識別可能資産として計上されることになるが（企業結合会計基準29項），分離して識別可能という要件を満たさない場合，残余差額としてのれんが計上されることになる。営業権として計上される訳ではなく，あくまでのれんとして計上されることになる（**図表5－7**参照）。

　これに対し，税務上は，独立した資産として取引される慣習のある営業権を，資産として取り扱うこととなっている。非適格組織再編における移転資産の時価純資産価額を算定する際に営業権が含まれると規定されており（法法62条の8第1項，法令123条の10第3項），税務上ののれん（資産調整勘定）とは別の無形資産として計上される。

　この「独立した資産として取引される慣習のある営業権」は，法令上明確ではないが，以下の通達に例示が示されている。

> **（法人税取扱通達　基本通達7－1－5）織機の登録権利等**
> 　繊維工業における織機の登録権利，許可漁業の出漁権，タクシー業のいわゆるナンバー権のように法令の規定，行政官庁の指導等による規制に基づく登録，認可，許可，割当等の権利を取得するために取得する費用は，営業権に該当するものとする。

　なお，営業権の計上により会計と税務の資産が異なる場合は，将来減算一時差異として，資産調整勘定と同様に税効果会計の対象となる。

第5章 税務上ののれん　235

| 図表5－7 | 営業権の会計と税務の概念イメージ |

会計		税務
顧客リスト 特許で保護されていない技術 データベース　等	←　概念が 　　異なる　→	営業権 （取引の慣習があるもの）
のれん（差額）		資産調整勘定

> ### コラム・M&Aにおける株式譲渡と事業譲渡の課税関係の違い
>
> 　会計上ののれんと税務上の資産調整勘定の概念や算定方法が異なることから，M&Aにより他社の事業を買収する際においては，そのスキームにより課税関係や会計処理の結果が大きく異なることとなる。
> 　ここでは，B社のX事業を買収する際に，株式譲渡と事業譲渡とで2つの異なるスキームで実行した場合，課税関係や会計処理の結果がどう異なるかを解説する。
>
> ［前提条件］
> ①　A社がB社のX事業（B社は単一事業のみ）を買収するものとする。
> ②　譲渡対価は10,000（スキームにより対価が変わらないものとする），B社（＝X事業）の純資産は5,000（簿価と時価は一致しているものとする），税務上で資産調整勘定として計上される額は5,000とする。
> ③　法定実効税率は30％とする。
>
> ［株式譲渡による買収の場合］
>
>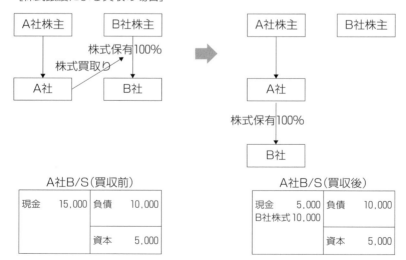
>
> 　株式譲渡による買収の場合には，会計上は連結財務諸表上でのれん5,000

が計上されることになるが，税務上はあくまで株式の取得であり，資産調整勘定は計上されない。会計上は連結上ののれんが償却され費用計上がなされるが，税務上は株式の帳簿価額は固定され，基本的には株式を譲渡するまで損金は計上されない。

[事業譲渡による買収の場合]

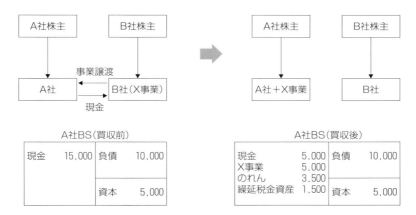

　事業譲渡の場合，会計上は連結上ののれんだけでなく，個別財務諸表上ものれんが計上される。税務上も，X事業の時価との差額5,000が資産調整勘定として計上されることとなる。この税務上の資産調整勘定が計上されることから，将来減算一時差異が生じ，会計上は繰延税金資産が1,500計上され，その残額の3,500がのれんとして計上される。

　会計上は決定した償却年数に従いのれんが償却され，また，資産調整勘定の一時差異の解消（60か月均等償却）に伴い，繰延税金資産が取り崩されていくこととなる。税務上は，5,000の資産調整勘定が60か月均等償却により損金算入されることから，株式譲渡と違い将来の税金の減額効果が生じることになる。

　このように，M&Aのスキームにより課税関係が異なることから，結果的に会計処理にも影響が生じることとなっている。

第 6 章

国際的な会計基準におけるのれん

1 国際財務報告基準および米国会計基準ののれん

(1) 国際財務報告基準および米国会計基準におけるのれんの会計処理の概要

① のれんの会計処理の国際的統一化の流れ

国際的に適用されている会計基準に，国際財務報告基準と米国会計基準がある。

のれんに関する計算や会計上の取扱いを含めた企業結合に関する会計基準は，国際的な統一化の流れにあり，平成19年（2007年）11月に米国の財務会計基準審議会（FASB）が公表した財務会計基準書SFAS141（R）「企業結合」と，平成20年（2008年）1月に国際会計基準審議会（IASB）が公表した改訂IFRS第3号は，双方によるコンバージェンス・プロジェクトの成果物であり，両者の内容はほぼ同じとなっている。

一方，日本基準においてもIASBと企業会計基準委員会（ASBJ）が両基準のコンバージェンスを図ることで合意している。企業結合に関する会計基準等に生じていた会計基準の差異については，EUによる第三国の会計基準の同等性評価に関連したヨーロッパ証券規制当局委員会（CESR）から公表された技術的助言の中に含まれており，これに対応する形で，平成20年12月および平成25年9月に基準の改正が行われ，国際的な会計基準との基準差が解消する方向での改正が行われている。このように国際的に適用されている会計基準と日本基準との差異については，解消する方向で進んでいる。

② 会計基準間の相違点

前記のような統一化の流れはあるものの，必ずしも日本の会計基準における
のれんの会計処理が国際財務報告基準および米国会計基準におけるものと同一
の取扱いとなったわけではない。

i のれんの計上範囲

国際財務報告基準および米国会計基準の概念フレームワークが経済的単一体
説に基づくことから，のれんの計上範囲が国際財務報告基準および米国会計基
準では非支配持分も含めた全部のれんで計算できるのに対して（IFRS第3号
32項，ASC805－30－25－1，30－1），日本基準ではのれんの計上は有償取
得に限るべきという立場から，のれんの計上範囲は購入のれんに限定されるな
ど（企業結合会計基準98項なお書き），会計基準の基本的な考え方の違いから
のれんの計上対象に基準上差異が生じている。

ii のれんの償却

日本基準はのれんを毎期規則的に償却するのに対して（企業結合会計基準32
項），国際財務報告基準およびのれんを償却する代替的会計処理を採用する非
公開会社を除く米国会計基準では規則的な償却を行わない（IAS第36号10項，
ASC350－20－35－1）。

このことから，国際財務報告基準では必ず毎年減損テストを行うのに対して，
日本基準ではのれんに限らず固定資産の減損の検討は最初に減損の兆候の有無
を検討し，減損の兆候がなければ減損テストは不要となるため，必ずしも毎年
減損テストは実施されない（減損会計基準二1）。

iii のれんの減損

減損テストについても，手順が異なる。日本基準は減損の兆候があった場合
で，たとえば，のれんの使用価値をDCF法で評価する場合においては，まず，
割引前将来キャッシュ・フローと帳簿価額の比較を行い減損の認識の有無を検
討し，割引前将来キャッシュ・フローが帳簿価額を下回った場合には割引後将
来キャッシュ・フローに基づいて減損額を測定する2段階アプローチを採用し

ている（減損会計基準二2，3）。

　これに対して，国際財務報告基準では割引前将来キャッシュ・フローと帳簿価額の比較は行わず，回収可能価額，すなわち処分コスト控除後の公正価値と使用価値の大きい方と帳簿価額を比較し，回収可能価額が帳簿価額を下回った場合にはその差額を減損損失として計上する1段階アプローチを採用している。ここで検討に用いられる使用価値は割引後将来キャッシュ・フローを基に算定される（IAS第36号59項）。

　一方で，米国会計基準ではASU2017−04適用前では日本基準同様に認識と測定の2段階アプローチを採用している（ASC350−20−35−4〜6，8〜13）。ASU2017−04はSEC登録の公開企業については平成31年（2019年）12月15日より後に開始する事業年度から適用となるが，適用後は米国会計基準でも1段階アプローチとなる（**図表6−1**参照）。

図表6−1 のれんの償却および減損に関する主な相違点

項目	日本基準	国際財務報告基準	米国会計基準
のれんの償却	毎期償却を行う	償却しない	原則非償却 償却処理を採用した非公開会社は規則的償却
減損テスト	兆候があった場合	年に1度必ず実施 加えて兆候があった場合	年に1度必ず実施 加えて兆候があった場合
減損の検討過程	2段階アプローチ	1段階アプローチ	2段階アプローチ ASU2017−04適用後は1段階アプローチ

③　減損の検討単位

　前記の事項とは別に，減損の検討単位となるのれんを含んだグルーピングの手法に，米国会計基準と日本基準との間に差異がある。のれんは差額であるた

め単独でキャッシュ・フローを生成する単位ではないことから，他の資産や資産グループとのグルーピングを行い減損の検討を行う必要があり，日本基準ではのれんが認識された取引において取得された事業の単位に応じて合理的な基準に基づき分割するが（減損会計基準四2(8)），この事業の単位については特段の定めはない。

一方，米国会計基準では，グルーピングの単位はのれんを含む報告単位に基づいて減損の判定を実施しなければならず，報告単位は事業セグメントかその一つ低いレベルとなっているため，日本基準のグルーピングよりも大きくなる場合が多いと考えられる（ASC350－20－20, 35－1）。

さらに，国際財務報告基準においては，企業の内部管理目的で検討されるキャッシュ・フローの生成単位に基づいてグルーピングが行われるため（IAS第36号80項），米国会計基準よりも小さくなる場合が多いと考えられる。

したがって，日本基準を適用している会社に国際財務報告基準または米国会計基準を適用している子会社があった場合には，当該子会社が計上しているのれんの会計処理については会計基準の差異の影響およびその取扱いについて考慮する必要がある。

⑵ 連結決算手続における在外子会社等の会計処理の統一

実務対応報告第18号によれば，連結財務諸表を作成する場合，同一環境下で行われた同一の性質の取引について，親会社および子会社が採用する会計方針は，原則として統一しなければならない（連結会計基準17項）としている。

その一方，在外子会社の財務諸表が国際財務報告基準または米国会計基準に準拠して作成されている場合，および国内子会社が指定国際会計基準または修正国際基準に準拠した連結財務諸表を作成して金融商品取引法に基づく有価証券報告書を開示している場合には，当面の間，それらを連結決算手続上利用することができるものとされている。

しかしながら，取扱いの大きく異なる特定の項目や，明らかに合理的でないと認められる会計処理については，連結決算手続上で日本基準に合わせるよう修正を要求している（**図表6－2**参照）。

第 6 章　国際的な会計基準におけるのれん　*243*

原則的取扱い	原則として統一
当面の取扱い（全般）	• 在外子会社の決算が国際報告基準または米国会計基準に準拠している場合 • 国内子会社（有価証券報告書提出会社に限る）の決算が指定国際会計基準または修正国際基準に準拠している場合 ⇒連結決算手続上利用することができる
当面の取扱い（調整項目）	• 上記の場合であっても，以下 4 項目は重要でない場合を除き調整が必要 　—のれんの償却 　—退職給付会計における数理計算上の差異の費用処理 　—研究開発費の支出時費用処理 　—投資不動産の時価評価および固定資産の再評価
当面の取扱い（その他）	• 上記の項目以外についても明らかに合理的でないと認められる場合には，連結決算手続上で修正を行う必要がある

図表 6 − 2　実務対応報告第18号の会計方針の取扱い

　のれんの取扱いについては，日本基準と国際財務報告基準および米国会計基準との間には前記のとおり複数の相違点がある。中でも特に重要な影響が考えられるのがのれんの償却の取扱いである。

　日本基準上では企業結合会計基準において，のれんは20年以内のその効果の及ぶ期間にわたって定額法その他合理的な方法により償却することとしている（企業結合会計基準32項）。しかしながら，国際財務報告基準およびのれんを償却する代替的会計処理を採用する非公開会社を除く米国会計基準においては，のれんの規則的な償却は認められておらず，一方で少なくとも年に 1 度の減損テストが要求されている点で大きく異なっている（IAS第36号10項，ASC350 − 20 − 35 − 1 ）。

　実務対応報告第18号では，のれんの償却については重要性が乏しい場合を除き，連結決算手続上は日本基準に従い当期純利益が適切に計上されるよう，当

該子会社の会計処理を修正しなければならないとしている。具体的には，国際財務報告基準および米国会計基準の適用によりのれんの償却を行っていない在外子会社等について，連結決算手続上，その計上後20年以内の効果が及ぶ期間にわたって，定額法その他合理的な方法により規則的に償却し，当該費用を当期の費用となるように修正する。

このように規則的な償却が行われる日本基準と，規則的な償却を行わない国際財務報告基準および米国会計基準とでは，それぞれに準拠した場合において償却が行われただけ帳簿価額に差異が生じるため，連結決算手続上その差異の修正が要求される。

特に日本基準においては規則的な償却が行われる結果，年々帳簿価額が減少するのに対して，償却が行われない国際財務報告基準や米国会計基準は帳簿価額が据え置かれるため，国際財務報告基準や米国会計基準では減損が必要になるのに対して日本基準では減損が不要という場合も考えられる。

国際財務報告基準および米国会計基準の適用会社が，減損テストの結果として減損を行った場合，当該減損処理後の帳簿価額が日本基準に基づいて規則的な償却が行われた修正後の帳簿価額を下回っている場合には，日本基準への連結決算修正を行う際に減損認識時の決算においては，連結決算上修正不要となる。また，それ以降の期間にわたっては，減損処理後の帳簿価額に対して規則的な償却を行うよう連結決算手続上修正する必要があるとしている。

逆に，当該減損処理後の帳簿価額が日本基準に基づいて規則的な償却が行われた修正後の帳簿価額を上回っている場合には，差額がのれんの償却不足額となる（**図表6－3**参照）。

図表6－3 償却調整のある会社に減損が生じた際の連結決算手続

	日本基準上の連結決算手続
のれんの償却	毎期規則的に実施する。
減損後簿価＞規則的償却後簿価	減損認識時の決算において，規則的償却後簿価まで連結決算手続上修正する。

減損後簿価＜規則的償却後簿価	減損認識時の連結決算手続上の修正は不要である。その後の期間は，減損後簿価を規則的に償却するよう連結決算上修正する。

　このように，のれんの償却の取扱いについては重要な基準差があるとして，実務対応報告第18号では修正が必要な項目として挙げているが，その他の会計処理上の相違についても大きく取扱いが異なり，明らかに合理的でないと認められる場合には，連結決算手続上で修正を行う必要があるとしている。

　したがって，実務対応報告第18号を適用するにあたり，国際財務報告基準または米国会計基準を適用している子会社が実施したのれんに関する会計処理についての検討に資するため，以下においてのれんに関する会計基準の相違点の整理を行う。

2 ｜ 日本基準と国際財務報告基準の相違点

(1) のれんの定義と算定方法

　国際財務報告基準においてのれんとは，企業結合で取得した，個別に識別されず独立して認識されない他の資産から生じる将来の経済的便益として定義されている（IFRS第3号付録A）。

　取得日におけるのれんの取得価額の算定は，（取得に要した対価＋被取得企業に対する非支配持分＋取得企業が従前保有していた被取得企業に対する持分の取得日現在の公正価値）－（識別可能取得資産および引受負債の取得日現在の公正価値の純額）という式により求められる。この式のなかで，非支配持分を公正価値で評価することにより，いわゆる全部のれんアプローチを採用することができる（IFRS第3号32項）。

　これに対して日本基準では，親会社持分に加え非支配株主持分についてのれんを認識する，いわゆる全部のれんアプローチは認められておらず，親会社持分に関してのみのれんを認識する，いわゆる購入のれんアプローチを採用する必要がある（企業結合会計基準98項なお書き）。

設例6－1　のれんの算定方法

［前提条件］

① 　P社はS社株式の発行済株式総数のを30％を保有している。帳簿価額は750であり，支配獲得日の公正価値も750である。

② 　当期において，S社株式の発行済株式総数の50％を追加で取得した。取得価額は3,000である。

③ 　非支配（株主）持分の公正価値は，支配獲得日の対価を基に3,000×20％÷50％から1,200で取得したものと仮定し算定する。

④ 　S社の貸借対照表は以下のとおりとする。

科目	金額	科目	金額
資産	4,000	負債	2,500
		資本金	1,000
		利益剰余金	500

⑤ 　追加取得時のS社の公正価値は，資産については5,000，負債については帳簿価額と同額（2,500）とする。

［会計処理］

＜全部のれんアプローチに基づく連結修正仕訳＞

　全部のれんアプローチに基づいた場合，非支配（株主）持分についても公正価値評価を行い，非支配（株主）持分からものれんが発生する前提で計算される。

（借）	資本金	（※1）1,000	（貸）	子会社株式	（※2）3,750
	評価差額	（※4）1,000		非支配(株主)持分	（※3）1,200
	利益剰余金	（※5）500			
	のれん	（※6）2,450			

（※1）　1,000…前提条件④参照

（※2）　3,750＝公正価値750（前提条件①参照）＋3,000（前提条件②参照）

（※3）　1,200…前提条件③参照

（※4）　1,000＝公正価値5,000（前提条件⑤参照）－簿価4,000（前提条件④参照）

（※5）　500…前提条件④参照

（※6）　差額により算出

第6章　国際的な会計基準におけるのれん　*247*

<購入のれんアプローチに基づく連結修正仕訳>

　購入のれんアプローチに基づいた場合，非支配（株主）持分については公正価値評価は行わず，のれんの発生は購入対象に限定して計算される。

（借）	資本金	（※1）1,000	（貸）	子会社株式	（※2）3,750
	評価差額	（※4）1,000		非支配（株主）持分	（※3）500
	利益剰余金	（※5）500			
	のれん	（※6）1,750			

（※1）　1,000…前提条件④参照
（※2）　3,750＝公正価値750（前提条件①参照）＋3,000（前提条件②参照）
（※3）　500＝（資産の公正価値5,000－負債の公正価値2,500（ともに前提条件⑤参照））×
　　　　　非支配（株主）持分比率20％
（※4）　1,000＝公正価値5,000（前提条件⑤参照）－簿価4,000（前提条件④参照）
（※5）　500…前提条件④参照
（※6）　差額により算出

　上記のとおり，非支配（株主）持分に対するのれんを評価対象とするのか，しないのかによりのれんの計上金額に差異が生じている。

(2)　無形資産の範囲

　国際財務報告基準では，IAS第38号第21項において，以下の両方を満たす場合に無形資産が認識されると定義している。

- 資産に起因する，期待される将来の経済的便益が企業に流入する可能性が高い
- 資産の取得原価を，信頼性をもって測定することができる

　企業結合により区分して識別可能な無形資産を取得した場合には，その分個別に識別できないのれんの金額が変動する。企業結合により識別される無形資産の範囲はのれんの測定に影響を与えるため，のれんの評価に係る基準差の検討を行うにあたっては，識別可能な無形資産の範囲の検討が必要となる。

　無形資産の識別可能性は，当該無形資産が契約その他の法的権利から生じているものかどうか，あるいは分離可能な資産かどうか，すなわち事業全体の処分を伴わず当該無形資産を販売，ライセンス付与，賃貸または交換できるかどうかにより判断される（図表6－4参照）。

また，IAS第38号では，企業結合で取得した無形資産については，分離可能であるまたは契約その他の法的権利から生じている場合には，公正価値を測定するための十分な情報が存在していると考え，測定の要件は常に満たされるものとみなしている（IAS第38号33項）。

加えて，IFRS第3号IE16項ないし44項においては，企業結合で取得した項目のうち，のれんとは別個に認識すべき無形資産の例が多数挙げられている（図表6－4参照）。

| 図表6－4 | 国際財務報告基準の無形資産の例 |

契約上またはその他の法的権利から生じる無形資産	分離可能なその他の無形資産
マーケティング関連	
• 商標，商号，ロゴなどのサービスマーク，団体マーク，および認証マーク • トレードドレス（製品やサービスの独特な色彩，形状，またはパッケージ） • 新聞の名称 • インターネットのドメイン名 • 非競合契約	
顧客関連	
• 注文または製品受注残高 • 顧客との契約および関連する顧客との関係	• 顧客リスト • 契約の基づかない顧客との関係
芸術関連	
• 演劇，オペラ，およびバレエ • 書籍，雑誌，新聞，その他の文学作品 • 作曲，歌詞，コマーシャルソングなどの音楽作品 • 絵画および写真	

• ビデオおよびオーディオビジュアル素材（映画，音楽ビデオおよびテレビ番組を含む）	
契約に基づくもの	
• ライセンス，ロイヤルティ，およびスタンドステイル契約（ライセンス前に実施される対象の評価に係る取決め） • 広告，建設，管理，サービスまたは供給契約 • リース契約	
• 建設許可 • フランチャイズ契約 • 営業権および放送権 • 不動産担保貸付の回収などのサービシング契約 • 雇用契約 • 掘削，水資源，大気，鉱物資源，森林伐採および道路などの利用権	
技術に基づくもの	
• 特許を取得した技術 • コンピュータ・ソフトウェアおよびマスクワーク（半導体の回路配置） • 成分，プロセス，製法などの企業秘密	• 特許を取得していない技術 • タイトル・プラントを含むデータベース

　IFRS第3号では，IE16項ないし44項は網羅的な例示ではないとしている。また，前記の定義により，集合的な人的資源や見込顧客との潜在的な契約といった識別可能でない，無形資産としての認識要件を満たさないものの価値は，のれんに含まれる。

　これに対して，日本基準では，のれんは取得対価と受け入れた純資産との差額として定義され，分離して譲渡可能な無形資産についてはのれんとは区別して認識することとしている。当該無形資産をのれんと区別して認識できるかどうかは，無形資産の独立した価格を合理的に算定することが可能かどうかによ

250

り判定される。これは独立した価格の算定が可能であれば，企業または事業から独立して売買することができるためである。

　したがって，無形資産の識別可能性の検討にあたっては，測定の信頼性が重要な要件となる。すなわち，IFRS第3号では無形資産の測定に関する信頼性の要件は明示的に要求されていないのに対して，日本基準では測定の信頼性を要件としている点について文言上の差異が生じている。また，これに加えて，日本基準の企業結合適用指針に挙げている無形資産の例示は法律上の権利に限定されており（図表6－5参照），IFRS第3号のように広範に無形資産の例を挙げていない。このようなことから，実務上は日本基準で認識されていなかった無形資産が認識される可能性がある点について留意すべきである（企業結合適用指針59項）。

図表6－5　日本基準上の無形資産の例	
法律上の権利	分離して譲渡可能な無形資産
特定の法律に基づく知的財産権等の権利 ・産業財産権（特許権，実用新案権，商標権，意匠権） ・著作権 ・半導体集積回路配置 ・商号 ・営業上の機密事項 ・植物の新品種等	受け入れた資産を譲渡する意思が取得企業にあるか否かにかかわらず，企業または事業と独立して売買可能なもの そのためには独立した価格を合理的に算定できなければならない （具体的な例示なし）

(3)　条件付対価の会計処理

①　条件付対価とは

　のれんの取得対価の評価に影響を与える対価に，条件付（取得）対価がある。条件付（取得）対価とは，企業結合契約において定められるものであって，企業結合契約締結後の将来の特定の事象または取引の結果に依存して，企業結合日後に追加的に交付または引き渡される取得対価をいう（企業結合会計基準（注

第6章　国際的な会計基準におけるのれん　*251*

2））。

　条件付対価は，通常，将来特定の事象が発生した場合または特定の条件が満たされた場合に，取得企業が取得日後に追加の対価を，取得した事業の旧所有者に支払う義務を負うという合意により生じる。また逆に，以前に支払った対価の返還を受ける権利を取得企業に与える場合もある。

　条件付対価の具体的な例としては，将来の一定期間における一定以上の利益水準の確保や，発行金融商品の市場価値の持続または一定額以上の達成といった偶発的な将来事象に基づいて取得対価が修正されるような場合である。

②　条件付対価の会計処理

　条件付対価の会計処理について，IFRS第3号第39項では，取得企業は必ず当該条件付対価を取得対価に含めて認識し，取得日現在の公正価値で測定しなければならないとしている。すなわち，条件付対価の契約によって，将来の特定の事象等が発生した場合に，取得企業がすでに支払った対価の返却を受ける権利を有する場合には取得日の公正価値により資産として認識され，逆に支払義務を有する場合には取得日の公正価値により負債として認識される必要がある。

　当該評価にあたっては，取得日にすでに存在していた事象や状況に関する追加の情報を企業結合の構成要素の測定期間中に得た結果，条件付対価の公正価値の評価結果に変動が生じた場合には，それは企業結合の構成要素の測定期間内における修正となるが，取得日後に発生した事象や状況の変化に起因する条件付対価の公正価値の変動は，測定期間中であったとしても，取得対価やのれんの測定には影響させないとしている（IFRS第3号58項）。

　これに対して日本基準では，条件付取得対価は交付または引渡しの発生可能性が確実となり，その評価額が合理的に決定可能となった時点で取得対価として認識し，のれんの再測定により調整を行うとしている。また，この再測定に伴い，追加的に認識したのれんまたは負ののれんは企業結合時点で当初から認識されたものと仮定して計算し，追加認識した事業年度よりも以前の期間に対応する償却額および減損損失は損益として認識する。さらに，この再測定に伴うのれんの修正については企業結合の構成要素の測定期間内であるか否かに限

252

定されない（企業結合会計基準27項(1)）。

設例6−2　条件付対価の会計処理

[前提条件]

① 　P社はS社の発行済株式総数の100％を3,000で購入した。

② 　契約において，購入後にS社の決算値が計画利益を2年連続上回った場合，P社はS社の旧株主に対して追加で300を支払う旨が明記されている。

③ 　取得時点ではS社がその後の計画利益を2年連続上回る可能性は50％と仮定する。

④ 　S社の取得時点の貸借対照表（公正価値も等しいものとする）は以下のとおりである。

科目	金額	科目	金額
資産	5,000	負債	2,500
		資本	2,000
		利益剰余金	500

⑤ 　結果として，その後S社は計画利益を2年連続上回ることに成功し，P社はS社の旧株主に対して300を追加で支払った。

⑥ 　日本基準におけるのれんの償却期間は5年であるとし，条件は取得対価の認識時点までに2年分償却していたものとする。

[会計処理]

<IFRS>

① 　IFRSに基づく連結仕訳

IFRSに基づいた場合，条件付対価の評価は取得日の公正価値で行われる。

（借）	資本金	（※1）2,000	（貸）	子会社株式	（※2）3,000
	利益剰余金	（※4）500		金融負債	（※3）150
	のれん	（※5）650			

（※1）　2,000…前提条件④参照
（※2）　3,000…前提条件①参照

第6章 国際的な会計基準におけるのれん **253**

（※3）　150＝300（前提条件②参照）×50％（前提条件③参照）
（※4）　500…前提条件④参照
（※5）　差額により算出

② IFRSに基づく利益計画達成時の仕訳

IFRSに基づいた場合，取得日後に発生した事象に基づく条件付対価の公正価値の変動はのれんの測定に影響させない。

| （借） | 費用 | （※1）150 | （貸） | 金融負債 | （※1）150 |
| （借） | 金融負債 | （※3）300 | （貸） | 現金預金 | （※2）300 |

（※1）　150＝300（前提条件⑤参照）－既計上額150
（※2）　300…前提条件⑤参照
（※3）　300＝既計上額150＋達成時追加額（※1）150

＜日本基準＞

① 日本基準に基づく連結仕訳

日本基準に基づいた場合，条件付取得対価は取得時において発生が確実な場合に限って認識される。

（借）	資本金	（※1）2,000	（貸）	子会社株式	（※2）3,000
	利益剰余金	（※3）500			
	のれん	（※4）500			

（※1）　2,000…前提条件④参照
（※2）　3,000…前提条件①参照
（※3）　500…前提条件④参照
（※4）　差額により算出

② 日本基準に基づく利益計画達成時の仕訳

日本基準に基づいた場合，条件付取得対価の発生が確実となった時点で取得対価として認識し，のれんの再測定として調整する。

（借）	子会社株式	（※1）300	（貸）	未払金	（※1）300
（借）	のれん	（※1）300	（貸）	子会社株式	（※1）300
（借）	のれん償却額	（※2）120	（貸）	のれん	（※2）120

（※1）　300…前提条件⑤参照
（※2）　120＝のれん追加計上300÷5年×2年

⑷ のれんの償却

国際財務報告基準ではのれんの償却について，IFRS第 3 号およびIAS第36号において規則的な償却を行うのではなく，毎年減損テストを行うとしている。

これに対して日本基準においては，のれんは規則的な償却を行うものとしている。具体的には，20年以内ののれんの効果の及ぶ期間にわたって，定額法その他の合理的な方法による償却を行うとされている（企業結合会計基準32項）。したがって，どちらの基準を採用したかによりのれんの帳簿価額が大きく変わる可能性がある。

この点については双方の会計基準差として非常に大きな影響があることが想定されているため，実務対応報告第18号において，のれんの償却を行っていない子会社がある場合には，連結決算手続上，計上後20年以内の効果の及ぶ期間にわたって，定額法その他の合理的な方法によって規則的な償却を行い，償却額を当期の費用とするよう修正するとしている。

また，減損処理が行われたことにより，減損処理後の帳簿価額が規則的償却を行った場合における帳簿価格を下回る場合には上記の修正が不要となるが，以降は減損処理後の帳簿価額に基づき規則的な償却を行い，いずれにしても修正する必要があることに留意する。

設例6－3　のれんの償却

［前提条件］

① 企業結合時にのれんを1,000計上した。

② 取得した事業は単独のCGUを構成する単独の事業である。事業を構成する固定資産は1,000であり，取得後10年間で償却する。残存価格はゼロと仮定し，5 年後の帳簿価額は500である。

③ 取得したのれんについては日本基準上20年で償却を行う。

④ 取得して 5 年後に経営環境が悪化し，割引前将来キャッシュ・フローは1,300，割引後将来キャッシュ・フローが950と見積られた。なお，当該割引後将来キャッシュ・フローは使用価値であり，処分コスト控除後の公正価値よりも高く見積られている。

第6章 国際的な会計基準におけるのれん　*255*

⑤　その後の将来キャッシュ・フローは改善したため追加の減損は不要である。

[会計処理]

＜IFRS＞

①　IFRSに基づく規則的償却の仕訳

　IFRSでは，のれんの規則的償却は行われないため，固定資産の償却のみでのれんの償却は該当がない。

②　IFRSに基づく取得後5年後の減損の仕訳

　IFRSでは規則的償却が行われないため，未償却残高に対して減損損失が識別される。また，減損損失は使用価値として割引後のキャッシュ・フローにより評価される。

> （借）　減損損失　　　　　　　　（※）550　（貸）　のれん　　　　　　　　（※）550

（※）　550＝1,000（前提条件①参照）＋500（前提条件②参照）－950（前提条件④参照）

　以降もIFRS上は，規則的償却は行われない。

　また，前提条件⑤のとおり以降の減損も不要となるが，過去の減損処理についての戻入れの検討はのれんの場合は実施されない。

＜日本基準＞

①　日本基準に基づく規則的償却の仕訳

> （借）　のれん償却額　　　　　　　（※）50　（貸）　のれん　　　　　　　　（※）50

（※）　50＝1,000（前提条件①参照）÷20年（前提条件③参照）

②　日本基準に基づく取得後5年後の減損の仕訳

　日本基準においては，規則的償却後の帳簿価額に対して減損の認識測定が行われる。認識は割引前のキャッシュ・フローが用いられる。

　日本基準ののれんの帳簿価額は1,000－50×5年＝750であり，固定資産と合計した帳簿価額は1,250である。

　これに対して，前提条件④より割引前将来キャッシュ・フローは1,300となっており帳簿価額を上回っていることから，減損の認識は不要と判断される。

> 仕訳なし

なお，以降の年度も継続して規則的に償却が行われる。

また，当該事例で，IFRSを適用している会社が日本基準適用会社の子会社であった場合，実務対応報告第18号において，連結手続上の修正が必要となる。

③　連結手続上追加される規則的償却の仕訳

日本基準においては，規則的償却が行われるため，連結上追加の償却が必要となる。

（借）　のれん償却額	（※）50	（貸）　のれん	（※）50

（※）　50＝1,000（前提条件①参照）÷20年（前提条件③参照）

④　連結手続上追加される減損金額の調整の仕訳

連結財務諸表上規則的償却が追加されるため，減損テストの際に比較すべき帳簿価額も償却後の数値に置き換えて検討する必要がある。5年目にIFRS上減損が550認識されるが，連結財務諸表上は日本基準に調整されすでに5年分償却済みであるので，差額を調整する必要がある。

（借）　のれん	（※）250	（貸）　減損損失	（※）250

（※）250＝1,000（前提条件①参照）÷20年（前提条件③参照）×5年

⑤　連結手続上追加される減損後の規則的償却の仕訳

減損テスト後の帳簿価額を起点として，残りの年数で連結財務諸表上規則的償却が行われる。5年目で減損が行われ，のれんの帳簿価額は450となる。以降の年数15年で残りの期間は修正仕訳が必要となる。

（借）　のれん償却額	（※）30	（貸）　のれん	（※）30

（※）30＝1,000（（前提条件①参照）－550）÷20年（（前提条件③参照）－5年）

---

(5)　のれんの減損─減損の兆候の把握

前記「(4)　のれんの償却」で記載のとおり，国際財務報告基準において，のれんは規則的な償却が実施されないため，のれんが当該帳簿価額を上回る経済的便益を創出するかどうかについて慎重に検討する必要がある。したがって，国際財務報告基準においては，毎年減損テストすなわちのれんの回収可能価額

第6章　国際的な会計基準におけるのれん　*257*

の見積りと帳簿価額との比較を実施しなければならない（IAS第36号10項）。

　国際財務報告基準において，通常の資産の減損の検討に際しては，基本的に減損の兆候の有無を検討し，兆候があると判断した場合には減損損失の認識および測定という手順に従って減損の会計処理は行われる。しかしながら，のれんについては規則的な償却が行われないことから，減損の兆候の存在に関係なく，毎年必ず帳簿価額と回収可能価額を比較しなければならないのである。また，これに加えて，減損の兆候があった場合にはその都度減損のテストが必要となる（IAS第36号96項，98項）。

　これに対して日本基準においては，のれんおよびそのほかの固定資産についてどちらも毎期規則的な償却の実施を前提としており（企業結合会計基準32項），減損の認識手順についても同様に区別して取り扱っていない。すなわち，その他の資産同様，減損の兆候の有無を判定し，減損の兆候が認められた場合に，減損の認識の判定が行われるという手順となる（**図表6－6**参照）。

図表6－6　減損テストの手順に関する相違点

項目	国際財務報告基準	日本基準
のれんの償却について	・のれんの償却は実施しない。 ・他の固定資産と，取扱いは異なる。	・毎期規則的に償却を行う。 ・他の固定資産と，取扱いは異ならない。
減損テストについて	・年に1度は必ず実施する。 ・上記に加え，減損の兆候が認められた場合には実施する。	・減損の兆候が認められた場合，実施する。 ・他の固定資産と手順は変わらない。

　減損の兆候の検討に関連して，国際財務報告基準においても日本基準においても，資産が減損している可能性を示す兆候の例示がある（IAS第36号12項から16項，減損会計基準二1）（**図表6－7**参照）。

　両基準ともに，減損の兆候について検討する点は共通である。

| 図表6-7 | 減損の兆候の対比表（国際財務報告基準） |

国際財務報告基準	日本基準
• 取得時または取得後の操業・維持に係る支出が，当初予算よりも著しく高額 • 正味キャッシュ・フローまたは営業損益が予算よりも著しく悪化 • 営業損失または正味キャッシュ・アウトフロー	• 営業活動から生じる損益またはキャッシュ・フローが継続してマイナスの場合
• 資産価値が当期中に，著しく低下しているという観察可能な兆候がある。 • 資産の陳腐化または物的損害の証拠が入手できる。	• 使用範囲または方法について回収可能性を著しく低下させる変化がある場合
• 企業にとって悪影響のある著しい変化が，当期中に発生したかまたは近い将来発生すると予想される。 • 資産の遊休化，事業の廃止もしくはリストラクチャリング計画，以前の予想よりも早い処分の計画等の存在	• 経営環境の著しい悪化の場合
• 純資産が，その企業の市場価値を超過している。	• 市場価格の著しい下落の場合
• 市場金利または他の市場投資収益率が当期中に上昇し，割引率に影響した結果資産の回収可能価額を著しく減少させる見込がある。 • 子会社等から投資があり，かつ，当該投資の帳簿価額が連結財務諸表における投資先の純資産の帳簿価額を超えている，または配当が宣言された期間における当該子会社等の包括利益の合計額を超えている。	（対応する項目なし）

第6章　国際的な会計基準におけるのれん　*259*

しかしながら，基準が例示している内容についてはそれぞれ文言が異なるものであるため，必ずしも兆候の有無の判断が国際財務報告基準と日本基準とは同じ結果とならない可能性がある点について留意が必要である。

(6)　のれんの減損─認識・測定

①　回収可能価額の評価

i　国際財務報告基準における取扱い

のれんの帳簿価額を回収可能価額が下回った場合に，その差額が減損損失として認識・測定される。国際財務報告基準において，のれんの回収可能価額として処分費用控除後の公正価値または使用価値の2つの評価額が定義されているが，どちらかの評価額が帳簿価額を超過していると認められる場合には，もう一方の評価額を見積る必要はない（IAS第36号19項）。

評価対象である資産と同種の資産に関して活発な市場での取引が行われておらず，また，拘束力のある売買契約がない場合であっても，処分費用控除後の公正価値を見積ること自体は認めているが，市場参加者が用いる仮定や評価技法に関して信頼しうる見積りを得る基礎がないと判断される場合には，処分費用控除後の公正価値の見積りは行わず，回収可能価額は使用価値に基づいて算定するとしている（IAS第36号20項）（**図表6−8**参照）。

図表6−8　国際財務報告基準の回収可能価額

回収可能価額の見積り	・処分費用控除後の公正価値または使用価値のどちらかが超過していればどちらかだけ見積ればよい。
活発な市場や売買契約がない場合	・処分費用控除後の公正価値を見積ること自体は問題ない。
市場参加者が用いる仮定や評価技法に関して信頼しうる見積りを得る基礎がない場合	・使用価値に基づいて算定する。

また，使用価値を算定する場合には，企業は将来キャッシュ・フローを見積

り，その金額を適切な割引率で割り引かなければならないとしている（IAS第36号30項）。したがって，算定される使用価値は割引後将来キャッシュ・フローである。

　加えて，キャッシュ・フロー予測については，経営者によって承認された最新の予算等を基礎として行わなければならないが，企業がコミットしていない将来予想されるリストラクチャリングまたは資産の機能の改善もしくは拡張によって生じることが期待される将来のキャッシュ・インフローまたはアウトフローの影響を，キャッシュ・フロー予測に含めてはならないとしている（IAS第36号33項）。

　さらに，これらのキャッシュ・フロー予測の基礎として用いる経営者の予算の見積期間は，より長い期間を対象に見積ることの正当性が認められない場合には，最長でも5年でなければならないと制限している。また，5年を超える見積りについては原則として一定または逓減的な成長率を用いる必要がある（IAS第36号35項）。

ⅱ　日本基準における取扱い

　これに対して日本基準においては，回収可能価額の定義を，資産または資産グループの正味売却価額と使用価値のいずれか高い方の金額としている（減損会計基準注解（注1）1）。また，減損の認識の手順として，まず回収可能価額と帳簿価額の比較を行う前に，割引前の見積将来キャッシュ・フローと帳簿価額の比較を行う。

　ここで割引前の見積将来キャッシュ・フローが帳簿価額を上回っていた場合には減損の認識は行われないため，最初から割引後の見積将来キャッシュ・フローに基づいて減損の検討を行う国際財務報告基準よりも減損の認識が遅くなる傾向があるといえる。

　同様に，日本基準においてのれんは規則的償却が行われることから（企業結合会計基準32項），時間の経過により帳簿価額が減少するのに対して，国際財務報告基準では規則的償却が行われないことから，減損テストの結果測定される日本基準上の減損損失金額は，国際財務報告基準による場合よりも小さくなる傾向があるといえる。

第6章　国際的な会計基準におけるのれん　*261*

　また，日本基準において，将来キャッシュ・フローは，資産または資産グルー
プの現在の使用状況および合理的な使用計画等を考慮して見積られる必要があ
るとしている。計画されていない将来の設備の増強や事業の再編の結果として
生じる将来キャッシュ・フローは見積りには含めないものの（減損会計基準注
解（注5）），計画されている設備の増強等については将来キャッシュ・フロー
の見積りに含めることができると考えられるため，見積る上で将来事象の考慮
の余地については日本基準の方が広いと考えられる（減損適用指針38項）。

　さらに，将来の見積りの基礎となる年数については，日本基準上は原則とし
てのれんの残存償却年数であり，当該期間の予測キャッシュ・フローを見積る
こととなるため，見積りの基礎となる計画値についても国際財務報告基準が要
求するような原則5年以内という制限もなく，複数の点において基準差がある
ため留意する必要がある（減損会計基準二4）。

　以上の相違点を**図表6−9**にまとめている。

図表6−9　減損テストの内容に関する相違点	
国際財務報告基準	日本基準
減損の認識	
・帳簿価額と比較する回収可能価額の評価は処分コスト控除後の公正価値と使用価値の高い方であり，使用価値は見積り割引後将来キャッシュ・フローにより行われる。	・減損の認識の検討は，割引前将来キャッシュ・フローと帳簿価額の比較を行い，割引前将来キャッシュ・フローが帳簿価額を下回った場合には，割引後将来キャッシュ・フローを見積り，減損の測定が行われる。
予測キャッシュ・フローと将来事象の考慮	
・判定時点の資産から生成される予測キャッシュ・フローを前提とする。	・計画されている設備の増強等から期待される予測キャッシュ・フローも含めることができる。
予測キャッシュ・フローの基礎	

| ・経営者によって承認された計画値であり，予測の期間は最長でも5年が原則である。 | ・評価対象資産の経済的耐用年数の期間にわたる適切な承認を経た予測キャッシュ・フローの見積りが必要となり，予測の期間に上限はない（のれんの場合はその残存償却期間となる）。 |

② 減損検討の単位

　最後に，減損を行う上でののれんに係る資産のグルーピングについてである。のれん自体は独立したキャッシュ・フローを生まないことから，減損を認識するかどうかの判定を行う際には，のれんが帰属する事業に関連する複数の資産グループにのれんを加えた，より大きな単位で行うことになる。

　日本基準上は，まず，のれんが認識された取引が複数の事業に関連する場合には，のれんの帳簿価額を事業の単位に応じて合理的な基準に基づいて分割するとしている。この次に，のれんが関連する事業に含まれる複数の資産グループにのれんを帰属させ，より大きな単位でグルーピングを行うほか，のれんの帳簿価額を関連する資産グループに合理的な基準で配分できる場合には各資産グループに配分した上で，減損損失の認識を判定できるとして，2つの方針を容認している（減損会計基準二8）。

　これに対して国際財務報告基準においては，取得した際に企業結合のシナジーによる便益が生じると期待された個々の資金生成単位または資金生成単位グループに，取得時に発生したのれんを配分しなければならないとしているため，配分の方針は限定されている（IAS第36号80項）。

　加えて，実際に減損損失が発生した場合には，どちらの基準による場合でも，最初にのれんが減損損失を負担し，のれんが負担しきれない場合には残りの資産で比例配分するといった会計処理が行われる。しかし，国際財務報告基準においては帳簿価額に基づいた比例按分を前提としているのに対して（IAS第36号104項），日本基準では合理的な方法により配分すべきと定めているため（減損会計基準注解（注10）），配分の方法についても日本基準の方が選択の余地があるという点で，会計基準に差異があるといえる（**図表6−10参照**）。

第6章 国際的な会計基準におけるのれん **263**

図表6－10	のれんの減損テストのグルーピングに関する相違点

国際財務報告基準	日本基準
グルーピングの手法	
• のれんの帳簿価額は企業結合のシナジーから便益を得ると見込まれる資金生成単位または資金生成単位グループに配分し，それぞれの会計単位で減損の判定を行う。	• のれんのグルーピングは事業と関連する複数の資産グループをまとめた大きな単位で行う手法と，関連する資産グループにのれんの帳簿価額を配分する手法の2つが認められている。
のれんの減損の配分	
• 減損損失が発生した場合には，まずのれんが減損損失を負担し，のれんが負担しきれない金額は残りの資産で比例配分する。	• 減損損失が発生した場合には，まずのれんが減損損失を負担し，のれんが負担しきれない金額は合理的な方法により残りの資産に配分を行う。

(7) 減損の戻入処理

　国際財務報告基準においては，減損の戻入れの定めが存在する。具体的には過年度認識された減損がもはや存在しないか，または減少している可能性を示す兆候があるかどうかを毎期評価しなければならないとして，減損の戻入れの兆候を検討し，また，兆候がある場合には回収可能価額を再度算定する必要があるとしている。しかしながら，のれんについてはどのような状況であっても減損損失の戻入れは内部創出のれんの認識につながるため，認められていない（IAS第36号124項）。

　減損損失の戻入れについては日本基準にはない定めであるため，のれんの減損の戻入処理が認められない点について国際財務報告基準と日本基準との間に差異はない。

3 ┃ 日本基準と米国会計基準との相違点

(1) のれんの定義と算定方法

　米国会計基準ASC805において，のれんとは，取得した資産と引き受けた負

債に配分された純額を上回る取得企業の取得原価と定義されている。差額であり，取得原価に含まれる個別に資産として識別できない価値も含まれる。

取得日におけるのれんの算定は，（通常は公正価値で測定される譲渡した対価＋被取得企業の非支配持分の公正価値＋段階的な取得における企業結合における取得企業の被取得企業への持分投資の取得日の公正価値）－（識別可能な取得資産と引受負債の取得日の純額）により求められる。この算定式は国際財務報告基準のものと同様であり，いわゆる全部のれんアプローチに基づくものである（ASC805－30－25－1，30－1）。

日本基準では，親会社持分に加え非支配株主持分についてのれんを認識する，いわゆる全部のれんアプローチは認められておらず，親会社持分に関してのみのれんを認識する，いわゆる購入のれんアプローチを採用する必要がある（企業結合会計基準98項なお書き）（**図表6－11**参照）。

図表6－11 のれんの計上対象

米国会計基準	日本基準
• 全部のれんアプローチに基づき，非支配持分に対してものれんを認識する。	• 購入のれんアプローチの基づき，親会社持分に対してのみのれんを認識する。

設例については前記「設例6－1 のれんの算定方法」を参照のこと。

米国会計基準は全部のれんアプローチを採用しているため，国際財務報告基準において全部のれんアプローチを採用した場合と同様の結果となる。

(2) 無形資産の範囲

企業結合により区分して識別可能な無形資産を取得することがある。のれんは差額であり，個別に識別可能なものではないため，企業結合により識別される無形資産の範囲はのれんの測定に影響を与える。したがって，のれんの評価について基準差の検討を行うにあたっては，何が無形資産として識別可能かどうかについて，その範囲について検討が必要となる。

米国会計基準では，企業結合で取得した無形資産について，識別可能なもの

第6章 国際的な会計基準におけるのれん　*265*

はのれんと区別して認識なければならないとしている。識別可能の要件として
以下の2つがあり，いずれかを満たせば識別可能となる（ASC805-20-10,
25）。

- 契約またはその他の法的な権利から生じた無形資産（契約・法的要件）
- 分離可能な無形資産（分離可能要件）

　ここでいう分離可能要件とは，取得した無形資産が被取得企業から分離する
ことができ，個々にまたは関連する契約や資産・負債と一緒に販売する，ライ
センス付与する，賃借する，または交換できることを意味する。分離可能要件
を満たす無形資産は，のれんとは別に，取得企業が販売等を意図していなくて
も識別される（ASC805-20-55-3）。
　識別可能無形資産について，米国会計基準においては例があるが，あくまで
も例示としている（ASC805-20-55-11～43）（**図表6-12**参照）。

図表6-12 米国会計基準の無形資産の例示

契約または法的な権利から生じた 無形資産	分離可能な無形資産
マーケティング関連	
• 商標，商号，サービス・マーク，共同 　マーク，認可マーク • トレードドレス（独自の色，形，パッ 　ケージデザイン） • 新聞名 • インターネットドメイン名 • 競業避止契約	
顧客関連	
• 受注残 • 顧客との契約および関連する顧客と 　の関係	• 顧客リスト • 契約によらない顧客の関係

芸術関連	
• 演劇，オペラ，バレエ • 書籍，雑誌，新聞，その他の著作物 • 音楽（作曲，作詞，広告ソング） • 絵画，写真 • 動画（映画，音楽ビデオ，テレビ番組）	
契約関連	
• ライセンス，ロイヤルティ • 広告，建設，管理，サービス，商品購入契約 • リース契約 • 建設許可 • フランチャイズ契約 • 営業許可，放送権 • サービス契約（抵当回収契約） • 雇用契約 • 利用権（採掘，水，空気，鉱物，伐採） • 特許権を得た技術 • ソフトウェア，マスクワーク • 企業機密（秘密の製法,工程,レシピ）	• 特許権が得られていない技術 • データベース

　人的資源については，のれんから区別して無形資産として認識されないとの明記がある（ASC805-20-55-6）。

　日本基準については前記「2(2)　無形資産の範囲」で述べたとおり，識別可能な無形資産の要件には測定の信頼性がある。また，米国会計基準のような詳細な例はない（日本基準の無形資産の例示については，前記「図表6-5　日本基準上の無形資産」の例を参照のこと）。このようなことから，国際財務報告基準同様，実務上日本基準では認識されていなかった無形資産が米国会計基準では認識される可能性がある点に留意すべきである。

(3)　条件付対価の会計処理

　条件付（取得）対価とは，企業結合契約において定められるものであって，

第6章　国際的な会計基準におけるのれん　**267**

企業結合契約締結後の将来の特定の事象または取引の結果に依存して，企業結合日後に追加的に交付または引き渡される取得対価である（企業結合会計基準（注2））。

米国会計基準では，取得企業は，条件付対価を取得に要した対価の一部として，取得日の公正価値で認識しなければならないとしている（ASC805－30－25－5）。米国会計基準においても，企業結合においての公正価値の評価には1年以内の測定期間が設けられており，条件付対価について取得日以降，公正価値の変動が生じた場合，それが測定期間修正であるならばのれんが再測定される（ASC805－10－25－14）。

一方で測定期間修正として適格でない場合には，のれんの修正として会計処理はされず，資本に分類される条件付対価であれば再測定は行われず決済は資本の内部で行われ，資産または負債に分類された条件付対価はその他包括利益の変動か各報告期間の損益として認識される（ASC805－30－35－1）。当該処理は国際財務報告基準と同様の処理である。

日本基準については前記「2(3)　条件付対価の会計処理」で述べたとおり，追加的な対価の修正が行われ，のれんにより調整される。また，これについては暫定的な会計処理の期間内（企業結合日から1年以内）であるか否かに限定されない（**図表6－13**参照）。

具体的な基準差については前記「設例6－2　条件付対価の会計処理」を参照のこと。

図表6－13　条件付対価とのれんの測定

日本基準	国際財務報告基準	米国会計基準
・対価の算定が可能になった時点で測定する。 ・条件付取得対価の認識によりのれんの再測定が行われる。	・条件付対価の公正価値は取得日時点で行われる。 ・のれんの再測定は行われない。	

⑷ のれんの償却

米国会計基準では，のれんは非償却無形固定資産と同様に規則的な償却は原則として行われない（ASC350－20－35－1）。

一方で，日本基準においては，前記「2⑷ のれんの償却」で述べたとおり，20年以内ののれんの効果の及ぶ期間にわたり定額法等その他の合理的な方法によって規則的な償却が行われることから，国際財務報告基準同様，基準差として非常に大きな影響があることが想定される。実務対応報告第18号において，のれんの償却を行っていない在外子会社等がある場合には，連結決算手続上，当該のれんの効果の及ぶ期間にわたって，定額法その他の合理的な方法によって規則的な償却を行い，償却額を当期の費用とするよう修正するとしている。

しかしながら，米国会計基準では国際財務報告基準と異なり，公開会社向けの会計基準に加えて，非公開会社のための会計基準の設定が行われている（ASU2017－04）。これによる場合には，のれんの償却が認められている（**図表6－14**参照）。

図表6－14　のれんの規則的償却

日本基準	米国会計基準	国際財務報告基準
・規則的償却	・原則として償却しない。	・償却しない。
	・（非公開会社）規則的償却が認められている。	

米国会計基準に準拠している在外子会社が当該基準に基づき償却処理を選択したのれんについては，日本基準上，企業結合ごとに以下のいずれかの方法を適用するとしている。

> ・連結財務諸表におけるのれんの残存償却期間に基づき償却する。
> ・在外子会社が採用する償却期間が連結財務諸表におけるのれんの残存償却期間を下回る場合に，当該償却期間に変更する。この場合，変更後の償却期間に基づき将来にわたり償却する。

したがって，在外子会社が米国会計基準を採用している場合には，当該子会

第6章　国際的な会計基準におけるのれん　*269*

社がのれんの会計処理にあたってどの基準を採用しているのかについて留意する必要がある。

(5)　のれんの減損—減損の兆候の把握

　米国会計基準においては，前記「(4)　のれんの償却」で記載のとおり，公開会社についてのれんは規則的な償却は行われず，毎年のれんの減損テストを実施する単位（報告単位）について減損テストを行う（ASC350 - 20 - 35 - 1 ）。

　その際，のれんの減損テストを実施する必要があるかどうかについて，その前段階において定性的な評価を行う。

　定性的な評価は，のれんを含んだ報告単位の公正価値が帳簿価額を下回る可能性が50％を超えるかどうかについて，減損テストの前に評価するものであり，以下の事象と状況を総合的に評価する（ASC350 - 20 - 35 - 3 A, 3 C）。

- 一般的な経済状況の悪化，資本評価の制限，換算レートの変動，または資本市場と信用市場でのその他の発展などのマクロ経済の状況
- 企業が活動する環境の悪化，競争の激化，市場依存係数の下落（絶対的な条件または同等物に関連する条件の双方を考慮），企業の製品もしくはサービス市場の変化，または規制もしくは政治的な発展などの産業と市場の検討
- 利益とキャッシュ・フローに悪影響を及ぼす原料，労働，またはその他の費用の増加などの費用の要素
- 過年度の実際または予想の結果と比較して，キャッシュ・フローのマイナス（もしくは低下），または実際（もしくは計画）の収入（もしくは利益）の低下などの全体的な財務成績
- マネージメント，主要な人物，戦略，または顧客（倒産の完了もしくは係争事件）の変更などのその他の関連する企業固有の事象
- 純資産の構成または帳簿価額の変動，報告単位のすべて（もしくは一部）の売却または処分の50％を超える期待，報告単位内の重要な資産グループの回収可能性のテスト，報告単位を構成する子会社の財務諸表でののれんの減損の認識などの報告単位に影響を与える事象
- 該当があれば，株価の継続している低下（絶対的な条件または同等物に関連する条件の双方を考慮）

　上記のような事象または状況を総合的に評価した後に，のれんを含んだ報告

単位の公正価値が帳簿価額以下である可能性が50％以下という結論となった場合には，定量的なのれんの減損テストを実施する必要はないとしている。なお，定性的な評価を省略して，最初から定量的な減損テストを実施することも認められる（ASC350－20－35－3B）。

これに対して日本基準はその他の資産同様，減損の兆候の有無を先に判定し，兆候がある場合に減損の認識の判定が行われる（減損会計基準二1）。したがって，米国会計基準同様に，まず減損テストを行う前に減損が認識されるリスクを評価する，すなわち兆候の有無を検討するというステップを踏まえて減損テストが行われるといえる（ASC350－20－35－3E）。

しかしながら，基準が例示している内容についてはそれぞれ文言が異なるものであるため，必ずしも兆候の有無の判断が日本基準とは同じ結果とならない可能性がある点について留意が必要である（**図表6－15**参照）。

図表6－15 減損の兆候の対比表（米国会計基準）

米国会計基準	日本基準
• 過年度の実際または予想と比較してキャッシュ・フローのマイナスなど全体的な財務成績	• 営業活動から生ずる損益またはキャッシュ・フローが継続してマイナスの場合
• 利益とキャッシュ・フローに悪影響を及ぼす費用の増加などの要素 • 純資産の構成または簿価の変動，報告単位の全部または一部の売却の期待や，報告単位を構成する重要な資産や子会社でののれんの減損の認識等報告単位に影響を与える事象	• 使用範囲または方法について回収可能価額を著しく低下させる変化がある場合
• 企業が活動する環境の悪化，競争の激化，製品またはサービス市場の変化等産業と市場の検討	• 経営環境の著しい悪化の場合
• 一般的な経済環境の悪化等マクロ経済の状況	• 市場価格の著しい下落の場合

第6章　国際的な会計基準におけるのれん　*271*

・マネージメントや戦略，顧客の変更などの関連する企業固有の事象 ・株価の継続的低下	（対応する項目なし）

(6)　のれんの減損―認識・測定

　米国会計基準において減損テストは，減損の認識テストとして，減損の検討単位である報告単位ののれんを含む公正価値と報告単位の帳簿価額の比較が行われる。このテストの結果，公正価値が帳簿価額を下回る場合には，減損の測定を行うためのテストとして，のれん自体の公正価値とのれんの帳簿価額の比較を行い，公正価値が帳簿価額を下回る場合には，その差額が減損損失として認識される（ASC350−20−35−4〜6，8〜13）。

　この認識と測定の2段階アプローチの考え方は，日本基準の減損の認識判定に行われる考え方と同様であるが，実際に行われる減損テストの内容は異なる。日本基準と異なり，米国会計基準では最初のステップから報告単位の公正価値は割引後の現在価値を基に評価されるためである（ASC350−20−35−14）。

　なお，米国会計基準では前記「1(1)　国際財務報告基準および米国会計基準におけるのれんの会計処理の概要」に述べたとおり，ASU2017−04適用後は1段階アプローチとなる。

設例6−4　　のれんの減損テスト

［前提条件］

①　A事業のみを企業結合し，のれんが500発生した。当該のれんに減損の兆候が発生した。

②　A事業に関連する資産はのれんの他は固定資産700のみとする。この資産は非償却資産であり，帳簿価額と公正価値は等しい仮定する。

③　A事業は報告単位である。

④　A事業の公正価値は1,000と見積られた。

⑤　A事業の使用価値は，割引前将来キャッシュ・フローで1,300，割引後将来キャッシュ・フローで1,000と見積られた。

[会計処理]

① ASU2017－04適用前の米国会計基準によった場合の減損テスト

米国会計基準によった場合，最初に報告単位の公正価値と，報告単位の帳簿価格の比較が行われる。

報告単位の公正価値…1,000[※1]

報告単位の帳簿価額…1,200[※2]

（※1）1,000…前提条件④参照
（※2）1,200＝500（前提条件①参照）＋700（前提条件②参照）

また，公正価値＜帳簿価額であるため，のれんの公正価値とのれんの帳簿価額の比較による減損の測定のテストが行われる。

のれんの公正価値…300[※1]

のれんの帳簿価額…500[※2]

（※1）300＝A事業の公正価値1,000（前提条件④参照）－固定資産の公正価値700（前提条件②参照）
（※2）500…前提条件①参照

そして，減損テストの結果，減損損失が認識・測定される。

| （借）減損損失 | （※）200 | （貸）のれん | （※）200 |

（※）減損の測定テストの公正価値と帳簿価額の差額

② 日本基準によった場合の減損テスト

日本基準によった場合，最初に資産グループの割引前将来キャッシュ・フローと，帳簿価額の比較が行われる。

A事業の割引前使用価値…1,300[※1]

A事業の帳簿価額…1,200[※2]

（※1）1,300…前提条件⑤参照
（※2）1,200＝500（前提条件①参照）＋700（前提条件②参照）

そして，割引前将来キャッシュ・フロー＞帳簿価額であるため，減損は不要と判定される。

| 仕訳なし |

第6章 国際的な会計基準におけるのれん　*273*

　米国会計基準では，公正価値との比較により減損の認識・測定が行われるが，公正価値の評価は，企業結合の際にのれんを認識するために用いられた評価技法と同様の方法により決定される（ASC820-10-35-14）。

　評価技法としてはマーケット・アプローチ，コスト・アプローチ，インカム・アプローチの３つが広く使用されており，企業結合の際にこれらの中から単一の評価技法を用いたのか，複数の評価技法を用いたのか，その方法と同様の方法をもって算定することになる（ASC820-10-35-24）。

　日本基準では明文で評価技法の継続性について定めはない。ただし，減損テストが企業結合時に評価した超過収益力の再評価を行うという趣旨からは，評価技法を都度変更するのは適切ではなく，日本基準においても継続して評価を行うことが合理的と考えられる。

　また，のれんについては，単独で活動しキャッシュ・フローを生成するものではないため，米国会計基準においても減損テスト目的のためにのれんは単独で評価しない。のれんは事業活動の単位に配分されるが，米国会計基準では事業セグメントまたはその１つ下のレベルである報告単位に割り当てられて評価されると定められている（ASC350-20-20，35-41，42）。

設例6-5　のれんの減損テスト（グルーピング）

[前提条件]
① 　会社は報告セグメントとして，X事業，Y事業，Z事業を有している。
② 　Z事業に関連して，資産グループA，B，Cがある。
③ 　Z事業に帰属するのれんについて，減損テストを行う。

[会計処理]
① 　米国会計基準に基づくグルーピング
　　のれんが帰属するZ事業は事業セグメントであることから，Z事業を１つの報告単位として減損の検討を行う。
② 　日本基準に基づくグルーピング
　　　のれんが関連する事業に含まれる複数の資産グループにのれんを帰属させ大きな単位でグルーピングを行う場合には，米国会計基準同様Z事業に

関連するグループを1つの会計単位として減損の検討を行うことができる。

また，合理的な基準によりのれんの帳簿価額を資産グループに配分することができる場合には，のれんを資産グループA，B，Cにまで配分して，それぞれの単位で減損の検討を行うことができる。

また，公正価値の評価に用いられる事業計画等については企業の適切な予算等に基づくものと想定されるが，国際財務報告基準と異なり，予算の使用年数に定めはない。

一方で，将来キャッシュ・フローの見積りには減損テスト時点の資産グループの機能を前提に行われるもので，資産グループの機能を拡大するために必要な支出やそこから期待される効果としての収入の拡大については見積将来キャッシュ・フローには含まない。この点は国際財務報告基準と同様であり，日本基準との差異がある点といえる（ASC350-10-35-33）。

(7) 減損の戻入処理

米国会計基準においては，減損後の減損損失の戻入れについては認められていないため，この点は日本基準と差異はない。

第6章　国際的な会計基準におけるのれん　*275*

コラム・共通支配下の取引における対価と純資産の差額の基準比較

　日本基準では，共通支配下の取引においてものれんが生じることがある。具体的には，たとえば子会社同士の合併において，現金を対価とするケースなどで，存続会社において受け入れた資産および負債の差額（簿価純資産）よりも対価として支払われた企業価値（時価）の金額の方が高い場合には，時価と簿価純資産の差額がのれんとなる（企業結合適用指針243項(1)）。

　一方，国際的な会計基準のうち米国会計基準では，上記のような取引は経済的実質がないことから資本取引として取り扱われ，日本基準でのれんとされる部分は資本として処理される[1]。また，IFRSにおいて，共通支配下の取引に係る明示的な定めはないものの，同じく，日本基準でのれんとして処理される対価と受け入れた純資産の差額は，資本として計上される[2]。

　のれんに関する会計基準の差異は，こんなところにも存在するのである。

1　平成26年6月12日　第289回企業会計基準委員会　審議資料(1)　P.27。
2　「完全比較　国際会計基準と日本基準（第3版）」新日本有限責任監査法人編，清文社，P.300。

●参考文献

「ケースから引く　組織再編の会計実務」新日本有限責任監査法人編，中央経済社

「M&AにおけるPPA（取得原価配分）の実務」EY Japan編，中央経済社

「こんなときどうする？　減損会計の実務詳解Q&A」新日本有限責任監査法人編，中央経済社

「連結財務諸表の会計実務（第2版）」新日本有限責任監査法人編，中央経済社

「設例でわかる　資本連結の会計実務」新日本有限責任監査法人編，中央経済社

「外貨建取引会計の実務（第2版）」新日本有限責任監査法人編，中央経済社

「為替換算調整勘定の会計実務（第2版）」新日本有限責任監査法人編，中央経済社

「完全比較国際会計基準と日本基準（第3版)」新日本有限責任監査法人編，清文社

「IFRS　国際会計の実務」アーンスト・アンド・ヤングLLP編，レクシスネクシスジャパン

「グループ法人税制・連結納税制度の実務ガイダンス」新日本アーンスト アンド ヤング税理士法人編，中央経済社

「組織再編の税務ガイダンス（第3版)」新日本アーンスト アンド ヤング税理士法人編，中央経済社

「詳解　減損会計適用指針」企業会計基準委員会事務局財団法人財務会計基準機構編，中央経済社

「平成29年版　図解 組織再編税制」中村慈美著，一般財団法人大蔵財務協会

「法人税の実務　Q&Aシリーズ　組織再編」税理士法人プライスウォーターハウスクーパース編，中央経済社

「税務申告でミスしないための組織再編の申告調整ケース50＋6」西村美智子・中島礼子・長沼洋佑著，中央経済社

「国際会計の実像」杉本徳栄著，同文舘出版

「米国会計基準の実務（第9版）」長谷川茂男著，中央経済社

「中小企業のための知的資産経営マニュアル」独立行政法人中小企業基盤整備機構編

企業会計ナビ　用語集（EY新日本有限責任監査法人WEBサイト）
https://www.shinnihon.or.jp/corporate-accounting/glossary/restructuring/chouka-shuueki-ryoku.html

【執筆者略歴】 (五十音順)

佐久間 大輔 (さくま だいすけ)

公認会計士 マネージャー 金融事業部

銀行業を中心にリース業, 信用金庫, 信用組合等の監査業務, 経営統合支援, 米国会計基準への移行や内部統制報告制度 (J-SOX) の導入支援, 文書化支援, 内部監査支援業務, オペレーショナル・リスク管理に関するコンサルティング等の業務に従事するほか, セミナー講師なども務める。

著書 (共著) に「図解でざっくり会計シリーズ5 連結会計のしくみ (第2版)」,「ケース別 債務超過の会計実務」,「設例でわかる 資本連結の会計実務」,「ここが変わった! 税効果会計」,「図解でスッキリ デリバティブの会計入門」,「ヘッジ会計の実務詳解Q&A」(以上, 中央経済社) がある。このほかに, 雑誌への寄稿も行っている。

永田 滋 (ながた しげる)

公認会計士 シニアマネージャー 第2事業部

製造業, 卸, ソフトウェア等の監査業務を中心に担当し, 多くの企業結合, のれんの実務に従事している。

平川 浩光 (ひらかわ ひろみつ)

公認会計士 シニアマネージャー 第4事業部

製造業, 金融業, 小売業, 不動産等の上場会社, 上場準備会社の監査業務に従事するほか, 株式上場 (IPO) に関する制度調査・財務調査業務や, M&Aおよび事業承継の支援業務にも従事している。また, 日本公認会計士協会会計制度委員会委員を務めるほか, 金融機関, 公的機関でM&Aに関するセミナー講師を歴任。

著書 (共著) に,「IPOをやさしく解説!上場準備ガイドブック」(同文館出版) があるほか, 雑誌等への寄稿も行う。

船木 博文 (ふなき ひろふみ)

公認会計士 マネージャー 金融事業部

主に地方銀行, 信用金庫等の監査業務および会計アドバイザリー業務に従事している。また, 金融事業部金融センターに所属し, 地域金融機関向けサービスの拡充に取り組む。

著書 (共著) に,「ヘッジ会計の実務詳解Q&A」,「持株会社の運営・移行・解消の実務」(以上, 中央経済社),「信用金庫・信用組合の会計実務と監査—自己査定・償却引当編—」(経済法令研究会) などがある。このほかに, 雑誌への寄稿も行っている。

松本　貴弘（まつもと　たかひろ）

公認会計士　マネージャー　第2事業部

主に，電気機器，機械，食料品等の製造業やサービス業，情報通信業（IFRSに基づく財務諸表に対する監査業務を含む）の監査業務に従事している。

著書（共著）に「電機産業の会計・内部統制の実務」（中央経済社），「業種別会計実務ガイドブック」（税務研究会）がある。

山田　仁徳（やまだ　よしのり）

公認会計士　マネージャー　第3事業部

主に，人材派遣業，計測機器製造業，小売業の監査業務を中心に担当するとともに，上場準備業務に従事している。また，財務調査業務にも従事している。

渡邊　裕介（わたなべ　ゆうすけ）

公認会計士　シニアマネージャー　第1事業部

主に，電機機器製造業やプラントエンジニアリング業等の監査業務に従事している。

著書（共著）に「電機産業の会計・内部統制の実務」（中央経済社）がある。

【編集責任者】山岸　聡

【編集】（五十音順）佐久間　大輔・吉田　剛

【レビューア】（五十音順）

奥見　正浩

北澄　裕和

窪寺　信

黒木　賢治

佐久間　佳之

定留　尚之

藤田　建二

【編者紹介】

EY | Assurance | Tax | Transactions | Advisory

EY 新日本有限責任監査法人について

EY 新日本有限責任監査法人は，EY の日本におけるメンバーファームであり，監査および保証業務を中心に，アドバイザリーサービスなどを提供しています。詳しくは，www．shinnihon.or．jp をご覧ください。

EY について

EY は，アシュアランス，税務．トランザクションおよびアドバイザリーなどの分野における世界的なリーダーです。私たちの深い洞察と高品質なサービスは，世界中の資本市場や経済活動に信頼をもたらします。私たちはさまざまなステークホルダーの期待に応えるチームを率いるリーダーを生み出していきます。そうすることで，構成員，クライアント，そして地域社会のために，より良い社会の構築に貢献します。

EY とは，アーンスト・アンド・ヤング・グローバル・リミテッドのグローバルネットワークであり，単体，もしくは複数のメンバーファームを指し，各メンバーファームは法的に独立した組織です。アーンスト・アンド・ヤング・グローバル・リミテッドは，英国の保証有限責任会社であり，顧客サービスは提供していません。詳しくは.ey.com をご覧ください。

本書は一般的な参考情報の提供のみを目的に作成されており，会計，税務およびその他の専門的なアドバイスを行うものではありません。EY 新日本有限責任監査法人および他のEY メンバーファームは.皆様が本書を利用したことにより被ったいかなる損害についても，一切の責任を負いません。具体的なアドバイスが必要な場合は，個別に専門家にご相談ください。

そこが知りたい！
「のれん」の会計実務

2018年7月20日　第1版第1刷発行
2025年6月5日　第1版第14刷発行

編　者　EY新日本有限責任監査法人
発行者　山　　本　　　　継
発行所　㈱　中　央　経　済　社
発売元　㈱中央経済グループ
　　　　パ　ブ　リ　ッ　シ　ン　グ

〒101-0051　東京都千代田区神田神保町1-35
電話　03 (3293) 3371 （編集代表）
　　　03 (3293) 3381 （営業代表）
https://www.chuokeizai.co.jp
印刷・製本／文唱堂印刷㈱

©2018 Ernst & Young ShinNihon LLC.
All Rights Reserved
Printed in Japan

＊頁の「欠落」や「順序違い」などがありましたらお取り替えいた
しますので発売元までご送付ください。(送料小社負担)
ISBN978-4-502-26601-0　C3034

JCOPY〈出版者著作権管理機構委託出版物〉本書を無断で複写複製（コピー）することは，
著作権法上の例外を除き，禁じられています。本書をコピーされる場合は事前に出版者著
作権管理機構（JCOPY）の許諾を受けてください。
　JCOPY〈https://www.jcopy.or.jp　eメール：info@jcopy.or.jp〉

一目でわかるビジュアルガイド

図解でざっくり会計シリーズ　全9巻

新日本有限責任監査法人 [編]　　　　　各巻1,900円＋税

本シリーズの特徴
■シリーズキャラクター「ざっくり君」がやさしくナビゲート
■コンセプトは「図とイラストで理解できる」
■原則，1テーマ見開き
■専門用語はできるだけ使わずに解説
■重要用語はKeywordとして解説
■「ちょっと難しい」プラス α な内容はOnemoreとして解説

1 税効果会計のしくみ

5つのステップでわかりやすく解説。連結納税制度や組織再編，資産除去債務など，税効果に関係する特殊論点についてもひと通り網羅。

2 退職給付会計のしくみ

特有の用語をまとめた用語集付き。改正退職給付会計基準もフォロー。

3 金融商品会計のしくみ

ますます複雑になる重要分野を「金融資産」，「金融負債」，「デリバティブ取引」に分けて解説。

4 減損会計のしくみ

減損会計の概念を携帯電話会社を例にしたケーススタディ方式でやさしく解説。

5 連結会計のしくみ

のれん・非支配株主持分・持分法などの用語アレルギーを感じさせないように，連結決算の基礎をやさしく解説。

6 キャッシュ・フロー計算書のしくみ

どこからお金が入り，何に使ったのか，「会社版お小遣い帳」ともいえる計算書のしくみを解説。

7 組織再編会計のしくみ

各章のはじめに組織再編の全体像を明示しながら解説。組織再編の類型や適用される会計基準，さらに各手法の比較まで言及。

8 リース会計のしくみ

リース取引のしくみや，資産計上するときの金額の算定方法等，わかりやすく解説。特有の用語集付。

9 決算書のしくみ

貸借対照表、損益計算書, CF計算書の構造から，決算書に表れる大小事件の読み方までわかりやすく解説。

■中央経済社■